萧云从研究文丛

（第二辑）

萧云从研究会　编

北京时代华文书局

目 录

大家名论

3　我看萧云从
——在芜湖市"纪念萧云从诞生410周年学术讨论会"
上的讲话
郭 因

13　萧云从与新安画派
萧 平

近论新研

25　萧云从与姑孰画派的形成
高 飞

50　胡季瀛与萧云从太白楼壁画考
唐 俊

62　黄钺《画友录》若干著录人物生平考
朱 寅

74　读画札记之尺木十则（附外七则）
王永林

107　萧云从《山水清音图》创作与收藏略考
唐 俊

114　读萧云从诗作笔札

詹绪左

135　佳作共欣赏　疑义相与析
——萧云从书法语言考释

詹绪左　吕永生

145　师古法、尚笔意
——萧云从绘画中书法用笔之探微

吴　杨

经典钩沉

157　宋起凤《萧尺木画学》笺注

唐　俊

162　汤燕生《题萧尺木山水册赞辞》笺释

唐　俊

166　萧云从年谱（校订本）

原著　胡　艺

校订　唐　俊　朱　寅

190　萧云从（校订本）

原著　王石城

校订　王永林　文字整理　朱　寅

257　编后记

王永林

大家名论

我看萧云从

——在芜湖市"纪念萧云从诞生410周年学术讨论会"上的讲话

郭 因

一 平视萧云从

看任何人,包括看萧云从,都不能俯视,也不必仰视,比较合适的做法是平视。平视才能看得真切,也才能谈得亲切。萧云从,字尺木,号默思、无闷道人等。他生于明神宗万历二十四年(1596年),死于清圣祖康熙十二年(1673年),恰在明末清初。在明代,他不满明王朝的腐败,参加复社,与马士英、阮大铖等权宦进行斗争。在清代,他不满清朝的统治,坚决不与清廷合作。他一生只爱结交具有民族气节与爱国思想的清介之士,一生只从事作画、写诗等艺术活动。他虽未在政治领域或经济领域有重大建树,但却在艺术领域创造了辉煌,留下了不少艺术珍品,产生了相当深远的影响。

二 萧云从一生有几大闪光点

(一)是姑孰画派的祖师

他出生于芜湖,也成长于芜湖,除了清兵侵入芜湖,曾一度避居江苏高淳外，他基本上一生都居住在芜湖。芜湖曾长期与当涂、繁昌同属太平府，府治在当涂。当涂城南有河名姑溪，又名姑孰溪，源出丹阳湖而下注于长江。作为府治的当涂县城因而古称姑孰。太平府出现的画派也就叫姑孰画派。而这个画派的祖师爷就是太平府所属的芜湖县人萧云从。可以说，萧云从是属于包括芜湖、当涂、繁昌在内的太平府人，姑孰画派也就是太平府的一个画派。如今的芜湖市加上芜湖、当涂、繁昌三个县[1]，甚至再加上如今管辖当涂的马鞍山市，都可以认他为自己人，都可以研究他、纪念他。最好是大家联合起来研究他、纪念他，不必争执，不必把他争为自己一家所有。

姑孰派是因为萧云从作画大有成就、大有影响，学他画的人越来越多才自然形成的，他理所当然地成为这个画派的祖师爷。直接学他画的，首先是他的弟弟、儿子、侄子。弟弟云倩，画山水和云从极其相似。儿子一旸，作画也酷似老子，侄子一荐、一箕，犹子一芸[2]，画山水亦都不失家法。这些人里面一芸的天资最高，成就最大。萧云从晚年的一些应酬之作都是由一芸代笔的。当年芜湖还有不少画家也都颇受萧云从的影响。到清代，姑孰画派中最著名的人物是曾官至户部尚书的当涂人黄钺。他的山水画甚得萧云从的风韵。他对萧很推崇，所著《画友录》记载了姑孰派的各位画家，第一名就是萧云从。他不仅继承与发展了萧的技法，而且还学了萧吸取古来诸画家之长这一路数，同时也推陈出新，形成了自己的面

---

[1] 2020年7月6日，国务院批复同意撤销芜湖县，设立芜湖市湾沚区，以原芜湖县的行政区域为湾沚区的行政区域；撤销繁昌县，设立芜湖市繁昌区，以原繁昌县的行政区域为繁昌区的行政区域。本文原发表于2016年，说法与如今的行政区划有所不同，故增注释提醒读者注意，后文出现类似情况不再赘述。

[2] 犹子，本义指的是兄弟的儿子，谓如同儿子，指侄子或侄女。但在萧云从的三个侄子（萧一荐、萧一箕、萧一芸）中，被称为"犹子"的只有萧一芸一人。可见虽然在现代汉语中的意思相同，但在某些具体语境下，"犹子"和"侄子"依然有亲疏远近之分。

貌。除了黄钺，其他成就较大的画家还有芜湖的施长春及其侄孙施道光等。欲知详情，可看黄的《画友录》（画派中人给自己的画派出《画友录》，这是姑孰画派胜于新安等画派之处。此做法无疑给后人研究此画派提供了很大方便）。

（二）是新安画派首席代表渐江的老师

新安画派的前身天都画派有十大家，新安画派有四大家。渐江既是天都画派十大家中的一家，更是新安画派四大家中的领军人物，而渐江的成功，乃至新安画派的形成，萧云从都起了很大的影响作用。

萧云从比渐江大14岁，渐江曾在芜湖的湾沚住过多年，与萧云从过从甚密。渐江与萧云从都爱梅花，又都喜欢画梅花，曾合作《梅花图卷》。渐江的画风和萧云从的画风很有相似之处，无疑是受了萧的影响。渐江48岁客居南京时作了一幅《十竹斋图》，画上有曹寅的一个题跋，更曾明确提出"渐江学画于尺木"。渐江所作的《黄山图册》，萧云从曾给其题跋。里面他谈到自己没到过黄山，只多次听到渐江谈及黄山之奇，他就告诉渐江，"天下至奇之山，须以至灵之笔写之"。他看了渐江所作的《黄山图册》之后，觉得很好，不禁感叹"余老画师也，绘事不让前哲，及睹斯图，令我敛手"。这显然是老师赞扬得意门生的口气。

渐江的绘画以他51岁以后的作品为最好，可以说，这也是和萧云从这位老师对他的指点、提示分不开的。

新安画派四大家中的孙逸和萧云从的关系也不同寻常。孙逸是休宁人，长期流寓芜湖，与萧并称为"孙萧"，又称"江左二家"。

此外，寓居芜湖的新安画家中休宁人韩铸与歙县人方兆曾，也在很大程度上受到萧的影响。

而徽州人胡曰从，因是年长于萧12岁的篆刻名家，萧则尊敬如师长。萧云从曾在胡90岁时，画了一幅山水画既题诗又题跋送给胡，作为祝寿的礼物。

姑孰与新安，可以说，很有不解之缘。

（三）是芜湖铁画创始人汤天池的导师

汤天池，名鹏，是芜湖的一个铁匠，他常去萧家看萧云从作画，并表示想跟萧学画，萧就拿了一幅画好的兰花给他去临。萧看了他的临摹之作，说他画的兰叶像铁打的一样。汤天池从萧的这句话里得到启发，就去锻铁为兰花。萧见了，十分赞赏，就陆续给他提供各种画稿，让他锻铁成画。由此，世界上才多出了一个名叫"铁画"的艺术品种。这个艺术品种，没有汤天池，固然不会出现；没有萧云从的启发与指导，也决然不会出现的。因此，如今的人民大会堂安徽厅，才有继承了汤天池铁画传统的储炎庆所制的铁画《黄山迎客松》，给安徽长了脸。

（四）是日本南宗文人画开拓者祇园南海与完成者池大雅的远师

所谓远师是指远方的师父，甚至是从未见过的、更谈不上当面授业的师父。

萧云从的《太平山水图》顺治五年刻本和《离骚图》顺治二年刻木先后流传到日本，日本画家祇园南海收藏并认真学习了《太平山水图》，并教柳里恭和池大雅临摹。池大雅在临摹时，还同时临摹了萧在画上的题字。他们在学习了萧的画作之后，祇园南海成为日本南宗文人画的开拓者，而池大雅则成为日本南宗文人画的完成者，从此大大改变了日本画原先的面貌。而《离骚图》在日本流传后，则对日本的人物画产生了很大的影响。

（五）是有多方面素养与成就的大师

大师不同于专家，大师必须有多方面的修养，有很高的综合素质，萧云从这个人是完全可以称作一代大师的。

首先，萧云从具有很高的道德情操，他在明朝反奸佞邪恶，在清朝不满朝廷的残暴统治，他赞颂忠臣义士，同情人民疾苦，写诗作画，常借此寄托自己的种种感慨。他以《闭门拒客图》及其题跋，鞭挞身为宋朝宗室而投降元朝去做官的赵荣禄（即赵孟頫），而赞赏因此拒不接待赵荣禄的赵子固，并即以子固的画法作图。他以《西台恸哭图》表现宋代谢翱在西台恸哭痛感宋室之亡的情景，借以抒发自己痛感明室之亡的悲愤。

其次，他学养丰厚，有多部著作。他写诗作文，包括题画诗跋，无不精彩。惜其所著，未全刊行，且多已散失。但仅从其传存下来的少量诗文作品看，确有非凡的才情与深刻的思想。

于画，他山水、人物、花鸟无不擅长，他的书法亦极俊秀。有如此种种素养与成就的画家，不仅在今天看来是奇迹，在当时也是为数不多的。

三　对萧云从艺术成就的美学分析

（一）艺术美学的几大原则

从艺术美学的角度来看，艺术首先有其社会功能方面的要求。艺术必须有能帮助人们了解历史与现实的认识功能，必须有能使人们从中得到良好影响与熏陶的教化功能，必须有能使人们从中得到精神愉悦的审美功能，而且认识功能与教化功能还得通过审美功能去实现。艺术当然还有艺术家以之明志与抒情的功能，但作为一个有社会责任感的艺术家，这种个人明志与抒情的功能应该也必然服从或融入有利于社会的社会功能。

艺术的本质是美，这种美又必须是以真与善为基础的美，是一种真、善、美相统一的美。这种美包括艺术家所反映的客体形神的美、艺术家主体情思的美，以及艺术家所掌握的技巧和他所选择的用以表现内容的形式的美。

艺术创作应该处理好艺术家所面对的客观现实与艺术家自己的基于社会理想的审美理想的关系，作品的内容与形式、继承传统与开拓创新，以至结构与情节、全局与细节等关系。对于一个绘画艺术家来说，还有用笔与用墨、笔墨与色彩等关系，并力求使种种关系恰到好处。

为此，艺术家必须从各个方面汲取营养，提高自身的整体素质，并具有卓越的创作技巧。艺术家应该不仅是个从事艺术创作的人，而且首先应该是个有很高的道德情操的人，是个有多方面文化素养的人，是个能诗能文能书法的人。艺术家不应该只是个艺匠，也不应该只是个手艺人。

在中国，还有个包括艺术美学在内的整个文化传统的主流精神，那就是"道中庸"而"致中和"以达"极高明"的精神，也就是通过不偏不倚、恰到好处、无可更易的途径与方法，实现整体和谐，达到真、善、美合一的最高境界的精神。中国历代艺术家，包括画家中杰出的人物，无不在其创作中体现了这种精神。

拿这些原则、这些要求来衡量萧云从，他无疑是一位真正意义上的艺术家，而且是一位卓越的艺术家。

（二）萧云从对艺术功能、艺术本质的正确认识与体现

可以说，萧云从的正确认识主要反映于他在艺术创作上的正确体现中。

萧云从以歌颂忠贞、鞭挞邪恶为主旨的《闭门拒客图》《西台

恸哭图》是借古喻今的，是借题发挥的，是明志的、抒情的，而这种明志抒情显然发挥了它的全部社会功能。他以画青山而表露高隐之意愿的《仙山楼阁图》《岩壑幽居图》既是明志抒情的，显然也发挥了它的全部社会功能。即使他的《江山胜览图卷》《太平山水图》等山水画、《离骚图》《九歌图》等人物画，甚至他的梅花、兰草画，也都通过配合诗、跋明了自己的志，抒了自己的情，同时也发挥了它们的认识、教化、审美等社会功能。

这些体现了艺术的社会功能的作品，又无一不表现了艺术之美的本质。当时在太平府任推官的张万选就曾称赞他"绘画妙天下"。郑振铎在看了萧采用历代各大画家的技巧所绘的《太平山水图》之后，也赞"大抵诸家山水画作风，无不毕于斯，可谓集大成之作矣"。萧云从自己对其作品，特别是对其一些精品也自诩"不让古人"。这无一不是对其作品的艺术美的肯定。

（三）萧云从对艺术创作中主客关系等的正确与独到的对待与处理

他登泰山，渡钱塘，游览长江两岸，师法自然，创作《太平山水图》，以自己热爱祖国大好河山的思想感情去熔铸与反映了旧时太平府所辖当涂、芜湖、繁昌三县的诸般景色，很好地处理了主观情思与客观景象的关系。

他画《闭门拒客图》《西台恸哭图》，以自己强烈的主观情思去选择并熔铸了最适合于表现这种情思的历史事件，很好地处理了主观情思与客观事件的关系。

他画《离骚图》等人物画，其人物与衬景，不仅造型准确，而且极其传神，即或不守绳墨，仍然栩栩如生，很好地处理了绘画对象形与神的关系。

他作《青山高隐图卷》，已经年届五十，想到往日清兵入关，明朝覆亡，自己流离颠沛，深觉"人处乱世，上不得击节抒奇，次不得弹琴高蹈"，遂向往于青山高隐，因而画出了此图。这是在确定了所想表现的内容之后才去构思表现内容的适当形式，很好地处理了作品的内容与形式的关系。

他作《秋山行旅图卷》，景物极其繁复，然而奇岩、瀑布、怪石、奇松、乔木、修竹、湖沼、溪流、石桥、栈道、山村、茅舍、茶亭、宝塔、船只、酒旗，牧童骑牛、行人乘马、旅客跋山、闲人垂钓，远、中、近景层次分明，诸般景象，组合得有如天造地设，很好地实现了"多样统一"这一美学要求。

他创作《太平山水图》，画家乡山水，既如实地反映了实实在在的客观景物，又根据不同的描绘对象，分别借用吴道子、李思训、王维、荆浩、关同、黄公望、沈周、唐寅等三十余位大家的技法，并加以变化，使《太平山水图》四十三幅各具特色，很好地处理了真山真水与传统技法的关系。

他为彭旦兮作"山水长卷"，"以黄公望瘦树、山石为之纵横，润之以马远泼墨之法"；他画《秋林出云图》，既参考了黄公望的《秋林图》，又参考了王蒙的《秋树图》，但觉得他俩都"未尽变"，都有不足之处，就又变化与发展了黄、王二人的技法；他的全部画作几乎既吸取了元代四大家淡逸雅洁的风格，也吸收了唐、宋画家浓丽鲜艳的做派；他出入唐、宋、元、明各大家，而又终于"原本古人，自出己意""不宋不元，自成一格"。他显然很好地处理了古人与古人、古人与自我之间，既综合继承传统又自我推陈出新的关系。

在技法的具体运用上，他在所作《深山溪流图卷》的题跋上，曾特别提到画山水既要讲究墨气，更要讲究笔气；他指出黄公望作画虽然"蒙茸杂乱，而力古势健，流览而莫尽者笔为之也"。他自己的作品也曾被清人黄钺赞为"笔踪健拔，墨法亦苍润"；他对其早期作品《秋山行旅图卷》，自诩"筋力强壮，工细自适"；后来，清朝乾隆皇帝在看过这幅作品之后，为之题诗，也赞其"粗中具工细"。由此可见，他在处理笔与墨、粗与细等技法的关系上，也是很有艺术匠心的。

他作画都要题诗题跋。他的即事忧时之作学杜甫，而一般题画诗基本上是学王维，大都能强化画作的意境。他又精于书法，篆、隶、真、行、草，均所擅长。最突出、最感人的是《太平山水图》四十三幅，均以篆字标题，再以隶、真、行、草题写诗文，字体俊逸疏朗。他把画与诗、书法有机地整合在一起，复加印章的配合，从而使之形成了一种整体、和谐的美。

正因为萧云从的画作十分出色，十分精彩，因此深受当世及后代的普遍爱好与赞誉。清代的宋荦在看了他的《当涂仙楼画》之后，高兴地写了一首长歌，诗中有云："泉声山石宛然在""细观始知是图画""今也见此心飞扬，众山皆响非寻常……但愿十日寝食留其旁"。郑振铎在看了他的《离骚图》之后感叹道："若黄钟大吕之音，非近人浅学者所能作也。"

宋荦的赞美仅是就其画作而言；而郑振铎的赞美，则包括他的全部学养和整体素质。

四 善待萧云从

萧云从，人品是十分高洁的，行止又是十分平民化的，成就是多方面的，画作是十分丰富、十分精彩的，其影响是十分深远的。他说他是宋代画家郭恕先的后身，其实他的成就与影响都比郭恕先大，二人志行高洁，在作画方面既守规矩又破绳墨，真是如出一辙。国学大师钱穆曾经说过，"对待民族历史文化，应满怀温情与敬意"。我认为，这是理所当然的。对一切创造民族历史文化的人，包括萧云从这样的人，我们也该满怀温情与敬意。

新安画派的渐江，在他逝世320周年的1984年，省里曾经为之组织了一次大规模、高规格、国际性的纪念活动与学术讨论。姑孰画派的萧云从似乎也应该由省里组织一次同样的纪念活动与学术讨论。纪念渐江的那一次活动，省里是由一位省委副书记和一位副省长挂帅，由省文化厅两位副厅长具体领导，由省文学艺术研究所和省博物馆具体操作的。很可惜，省里当下没有重要人物想到萧云从。幸好萧云从的家乡父老、行政当局与文艺界当局想到了他，在他诞生410周年之际，为他举办了这样一次规模也不小、档次也不低的纪念活动与学术研讨。我想萧老前辈地下有知，一定会感激他的芜湖老乡的。但是，善待古人，善待民族历史文化，对民族历史文化满怀温情与敬意，似乎要谨防两个偏向：一是赞颂一番，赞颂过了，也就完事了；二是怀有急切的功利目的，只是想打一张什么牌来发展旅游，来招商引资，让古人充当广告明星的角色。

我想，芜湖人是不会如此短视且唯利是图的。芜湖人一定会通过纪念萧云从来弘扬我们的民族历史文化，继承我们的优秀文化传统，使我们的优秀文化传统，包括萧云从留给我们的文化艺术遗产，在当代建设中特别是在精神文明建设中，发挥它们的巨大作用，以大大促进我们的社会主义现代化建设、社会主义和谐社会建设。

（本文原载《郭因文存》卷八，黄山书社2016年4月出版）

萧云从与新安画派

萧 平

　　二十八年前我曾出席安徽弘仁研讨会。会上，美国加州大学伯克利分校高居翰（James Cahill）教授发言，提出北京故宫博物院所藏弘仁《黄山图册》应为萧云从所作（代笔或别人更改款印所致）。此一论点，隔日即被徐邦达老师否定、纠正。《黄山图册》为弘仁偏早时所作应无疑问。但是，该册笔墨式样确与萧云从有相近或相似之处，这之间究竟有着怎样的关系呢？

　　弘仁《黄山图册》计六十开[1]（图1、图2、图3、图4），纸本设色，无款，每页钤"弘仁"小圆印。察其风貌，有以下三点似与弘仁常规作品有别。

　　（一）多用方折枯笔勾勒、皴擦，笔法略觉松散。

　　（二）率意而略具装饰风格的勾云之法，少见于弘仁之作而时见于萧云从的画作。

　　（三）画面所书黄山景名，用隶字，与弘仁书体不合。

---

[1] 册页是中国传统书画装裱体式之一。因画身不大，亦称"小品"，又称册叶、叶册。由一张张对折的硬纸板组成，可以左右或上下翻阅。在册页中，由对折的两页组成一开。这里的"开"，跟后世出版领域描述纸张开本的"开"含义不同，代表传统书画册页中对折的两页。

图1　弘仁　《黄山图册》之一

图2　弘仁　《黄山图册》之二

图3　弘仁　《黄山图册》之三

图4　弘仁　《黄山图册》之四

14

册后有杨自发、萧云从、汪滋穗、饶璟、汪家珍、程邃等同时友朋、画师作跋，多为其同乡歙县人，所言有据，且字自然，合于诸家风格，必是真迹。其中萧云从跋云："山水之游，似有前缘。余尝东登泰岱，南渡钱塘，而邻界黄海，遂未得一到。今老耄矣，扶筇难陟，惟喜听人说斯奇耳。渐公每为我言其概。余恒谓天下至奇之山，须以至灵之笔写之。乃师归故里，结庵莲花峰下，烟云变幻，寝食于兹，胸怀浩乐。因取山中诸名胜，制为小册。层峦怪石，老树虬松，流水澄潭，丹岩巨壑，靡一不备。天都异境，不必身历其间，已宛然在目矣。诚画中之三昧哉！余老画师也，绘事不让前哲，及睹斯图，令我敛手。钟山梅下七十老人萧云从题于无闷斋。"这段跋语清楚地说明了萧氏没有到过黄山，更无可能作黄山之具体写生，且量大至六十幅。这是其一。其二说到弘仁（渐公）每对其言黄山之奇，他关于黄山面目的意识，来自弘仁的形容。内中的一个"每"字，即屡屡，意指常常、往往，可见萧云从与弘仁的交往是不少的。《黄山图册》艺术面貌中的前述问题，只能从两位画家关系中寻求答案。

萧云从，安徽芜湖人，出生于明万历二十四年（1596年），卒于清康熙十二年（1673年），享年78岁[1]。字尺木，号默思、无闷道人等。明亡后称石人、钟山老人、钟山梅下，前者隐含对于时世的"愚顽"，后者则寓有怀念钟山明陵之意。明崇祯十一年（1638年），他与弟云倩一起加入了与东林党主旨一致的复社。萧云从的一生，逾越明清，在明49年，在清29年。崇祯九年（1636年）、崇祯十五年（1642年）两科副贡，入清不仕，是典型的遗民画师。

萧云从"所为诗文，援笔立就，大都以富有为集。精于律历、

---

[1] 见胡艺《萧云从年谱》。另有一说，谓其卒于1669年，享年74岁。而此年中萧云从还有不少杰作世传，如故宫所藏《松石图》3米长大卷，雄健苍劲，可见还很健康。

六书之学、阴阳术数靡不考究"（康熙《芜湖县志》）。在他的画作上，时时可以看到他的诗，大多即兴而作，寄情抒怀，颇具个性，可见其诗文功底之深。关于他的画，后人所论比较笼统："笔墨娱情，不宋不元，自成其格。"（明·韩昂《图绘宝鉴续纂》）"画山水高森苍润，具有格力，遂成姑孰一派。"（清·徐沁《明画录》）"善山水，不专宗法，自成一家，笔亦清快可喜，与孙逸齐名。"（清·张庚《国朝画征录》）

笔者在对可觅的萧云从传世作品审阅分析后，对于他的画途追求与风格形成，有了进一步的认识。他是少年即"笃志绘画，寒暑不废"（见1649年其作《青山高隐图卷》画后题识），但其现存早期作品甚少。最早的师承情况尚不清楚。上海博物馆藏萧云从《仿古山水册》（纸本设色，计八开）是我所见到的他最早的作品。此册分别意仿倪瓒、吴镇、米芾、米友仁、董源、孙君泽等，题识兼

图5 萧云从《仿古山水册》之一

16

用篆、隶、楷、行、草诸体。册中未署年款，仿董源一图题曰："董北苑笔墨干淡，遂与右丞分南北宗。国朝惟华亭太史独能阐扬，后来者滥觞矣！"（图5）在董其昌（华亭太史）前冠以"国朝"二字，可以证实其时必在明，且在明末骚乱事先。此册所绘，层次清晰，繁复多变，尚未形成萧氏特定风格，为其四十岁前后作。它给了我们如下信息：（一）他赞赏董其昌对于山水画的"南北宗论"，并以南宗为本，取法南宗诸大家。（二）他的取法又颇具主见。他在仿倪一图上题曰："倪高士取唐句为图，用深青绿，虽浓厚而实淡雅，惟自娱而已。后人掩拙谓前辈不甚着色，岂不诬耶！"他的这一观点，最后成了他的风格之一，即以枯淡之笔勾皴，复加青绿敷染。（三）他还能突破"南宗"，偶师北宗画家，此册中仿孙君泽一页即是。孙为元代晚期杭州画家，山水、人物师承马远、夏珪。他题识曰："宋元间有孙君泽名巨源，作画以干淡为深厚，倪、黄尝宗之，至取境幽奇则不可及。余见其踪，吮笔貌之，以明古人所学之博。"可见，他对于古人的师承，意正在一个"博"字。这大概就是韩昂说的"不宋不元"，亦张庚所言"不专宗法"吧！

《关山行旅图卷》亦上海博物馆藏品，作于崇祯壬午（1642年），萧云从47岁，取法巨然与黄公望，山峦间多见平台与矶头，又时用竖点及长披麻皴。

《岩壑奇观图卷》北京故宫博物院藏，是萧云从"崇祯十六年癸未春中，避寇石湖之滨"时动笔仿黄公望作，至"七月廿二日"还芜始成。"忽风雨骤发，怅懑离怀，古人有山云饶别愁之诗，应如是耶"！这是他题识的结语，可见作者当时的心境。这是明亡的前一年，作者48岁。察其画风笔墨苍遒，方圆并施。较之前图，个人面貌已渐有露出。

次年（1644年，崇祯甲申）他画的《春岛琪树图》（故宫博物院藏）作高远云山泉瀑，用方折枯劲之笔作方形山石，并缀以小圆点疏疏密密为苔，复敷以小青绿。全图笔墨精良、层次清晰，却具有平面感与装饰效果。这样的画，可以让人联想到文徵明的细笔画，即所谓的"细文"，但已有了较大的变化。

在明亡后的数年间，萧云从先后完成了《离骚图》与《太平山水图》两部版画巨作，分别刊行于1645年与1648年。前者作人物69幅，后者作山水42幅，无论人物、山水，皆精密细致，不但显现了萧氏绘画功底的深厚，同时确定了他绘画的基本面貌。

再往后的《雪景直幅》（1650年，云从55岁）、《雪岳读书图》（图6，1652年，云从57岁）二图皆为故宫藏品，皆为大幅雪景且皆用干笔勾勒、微微皴擦、浅淡烘染之法；行笔造型多取方折，方折中又含有浑拙之趣；笔下貌似琐碎而气脉贯通，整体气象高古苍润。而这样的绘画面目，正好呼应着《太平山水图》。所以我们可以得出结论：50岁前后的萧云从，独具一格

图6　萧云从《雪岳读书图》

的绘画方法和绘画面貌已经形成。

弘仁（1610—1663年），号渐江，俗家姓江，名韬，歙县人。明亡后出家为僧。工诗文，擅山水，以倪瓒笔法为本。长笺大幅，构造严谨，用长而挺的笔画勾勒，声势雄伟，又出于倪法之外。与查士标、孙逸、汪之瑞并称"海阳四大家"，是新安画派的一面旗帜。

弘仁曾在芜湖城中和附近的湾沚寄居多年，与生活在芜湖的萧云从过从甚密。萧云从长弘仁14岁，萧云从50岁绘画成熟之时，弘仁年方36岁。崇祯十二年（1639年），江韬（弘仁俗名）与孙逸、李永昌、汪度、刘上延各作一段墨笔山水合成一卷赠生白，其时弘仁30岁，绘画面目与后来判若两人，师法元人而全无自家风格可言。弘仁48岁客居南京时，曾为胡正言之子胡致果作《十竹斋图》，图上有曹寅题诗并跋曰："逸气云林逊作家，老凭闲手种梅花。吉光片羽休轻觑，曾敌梁园玉画叉。渐师学画于尺木，而品致迥出其上……"这大约是唯一明确说明弘仁学画于萧云从的史料。至于"品致迥出其上"的评语，仅一家之说罢了。当时寓居于芜湖的安徽太平人汤燕生，气节高尚，诗文书画皆古淡入妙。他与萧云从、弘仁皆有亲密的联系，笔者发现萧云从与弘仁现存的作品中，汤燕生的题跋是最多的。萧云从1665年70岁作《青绿山水图卷》（上海博物馆藏），卷尾汤燕生有跋曰："尺翁萧隐君，以渔佃百家之暇，喜作绘事，精备六法，流传江表。余友渐江师，深于画者，见而悦之，叹谓三百年来无复此作，盖摹苍玄而写质，体博厚而成形，五岳出其毫端，四时供其驱笔。以故纸落世间，光生屏幛，宋院以是惭工，元贤亦于焉掩价也……"云从作此画卷之时，弘仁已去世两年，其所"见而悦之"应是泛指萧氏之作，并非此卷。"叹谓三百年来无复此作"，其评价可谓至高。以上两段分别题写于弘仁、萧云从作品上的文字，该当能够证明弘仁在他的前期佩服萧云从的画艺并曾问学于萧氏。

如此，咱们便能够明确，在弘仁画艺发展期间曾受到萧云从的影响，并借鉴过萧氏的某些方法。他那最为突出的方折挺拔的笔墨风神，无疑承继着倪瓒的艺术特质，是否也是从萧云从的画风中获得启示的呢？笔者看到萧氏1654年59岁为子翁绘《山水册》（图7，十开，上海博物馆藏），画法与弘仁的《黄山图册》较为近似。此年弘仁45岁，是其绘画风格开始形成的时期。后两年，他所作的《仿倪山水》（故宫博物院藏）与《雨余柳色图》（上海博物馆藏），其基本笔墨式样与风格已经成形。根据纵横的比较，似可把

图7　萧云从 为子翁画《山水册》之一

《黄山图册》列入弘仁40岁后、46岁前的写生作品。彼时，他还不能彻底摆脱萧云从的笔墨影响。对于这本册页，还有一些因素是可以考虑的：它大概是写生的稿本，所以某些局部尚觉粗糙，尺寸也不尽统一，也未能署上名款，而如今的名称，则是友人或者后人补书的。

故宫博物院还藏有江注的《黄山图册》（五十开）。江注为弘仁弟子，隐于黄山。该册画法显然受到弘仁《黄山图册》的影响，但画笔格外细密精致，且每页皆有时人题诗，上款署"允凝"，即为江注的字，可见是作者自藏之品。两册对照，仿佛分外加深了对

前册写生稿本的印象。

对于弘仁《黄山图册》的再次分析，在我们明确了萧云从与弘仁的关系的同时，萧氏与新安画派的联系也自然清晰起来。

除弘仁外，萧云从与孙逸、梅清等均有一定的关系。

孙逸，字无逸，休宁人，生卒年不详，约卒于清顺治初年。甲申之变后，流寓芜湖，避世隐居，与萧云从志同道合，往来密切。时将二人并称"江左二家"或者"孙萧"，孙逸还与弘仁、查士标、汪之瑞并称"海阳四大家"。

梅清（1623—1697年），字渊公，号瞿山，宣城人。萧云从去过宣城，他长梅清27岁，虽是两代人，却是忘年之交。梅清在他20岁前后曾专程到芜湖拜见萧云从，十年后的1653年作《芜江萧子尺木》诗，前句曰："江上才名独有君，画家词客总难群。"又记曰："宛水距芜江不二百里，乃一别竟十余年。回首昔游，不胜怅望。"

戴本孝（1621—1694年），安徽和州人，比萧云从小25岁，也曾受到萧氏的影响与启发。他们同运枯毫，戴氏变萧氏方折为圆转，形成了自己的风格特征。

姚宋（1648—1721年），歙县人，寓芜湖，工画多能，其山水画风在云从、弘仁之间，香港虚白斋藏其《山水册》可证，明显受到萧氏的影响。

那个时代，在安徽籍的遗民画家中，萧云从是年岁最长的。他曾多次去南京，又曾"东登泰岱，南渡钱塘"，具有较为广阔的阅历与深厚的学识；于绘事，又取法多家并较早形成自

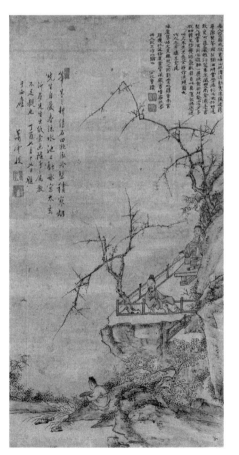

图8 萧云从 为方兆曾作《洗砚图》

我风格。他在当时画坛的地位与影响，是不容忽视的。笔者曾得见萧氏62岁时为其同时画家方兆曾所画《洗砚图》（图8），云从自题曰："沂梦先生出纸索画，随手应教，不足观也！"可见是即席酬应之作，却殊有情趣，方兆曾（沂梦乃其字）如获至宝，并于次年携往南京与亲友共赏，又因"悔崖姑丈"之索割爱。他用精巧的小隶书，作五言诗题画上："幽人写图画，雅意娱山林……藏我行笈束，不减双南金，道逢玄契人，相赏有同心，披轴一展玩，意在丘壑深，分手脱相赠，至物获所钦，卧游自此具，荡然涤尘襟。"方氏为歙县人，寓芜湖，工山水，少时为萧云从称赏，著有《古今四略》。这是《画友录》中的记载，但笔者无缘看到他的作品（包括印本），不知其山水面目为何，想必受到萧氏的影响。上述记载能够看出当时不仅在安徽，即使在南京，萧云从的绘画也同样受到推崇与追捧。

萧云从尽管没有去过黄山，但在他的作品中散发着浓浓的皖山气息，他对于新安派的形成，实有开启之功，这是毋庸置疑的！

至于"姑孰派"之称，属于较为狭隘的地方称谓，其成员是以萧云从及其弟弟、儿子与侄子为主体的。其弟萧云倩，为崇祯九年（1636年）举人，工诗善画，山水与云从相类；其子一旸，擅山水画，似其父；侄一荐、一箕、一芸，师事云从，擅山水，参以沈、唐之法，笔致清逸。云从晚年，一芸曾为之代笔。他们对于萧云从是一脉相承的，大都未有越出萧云从的艺术范畴。

作为姑孰画派的领袖与新安画派的开启者，萧云从的画史地位是不能忽视的。

壬辰之秋南京急就

（本文原载《书画艺术》2012年第5期）

近论新研

萧云从与姑孰画派的形成

高　飞

明末清初，尽管江南地区依然处于朝代更迭和社会动荡的背景下，但绘画传统仍然蓬勃发展。在江南地区，如金陵、徽州、芜湖、宣城等地，形成了由文人主导的地方画派，每个地方都倡导着独特的画学，这使中国绘画，尤其是山水画，进入了一个全新的繁荣时期。以萧云从为代表的芜湖画家，与周边地区的画派画家密切沟通，广泛交流，在实践中"不专宗法"，标立出"清快可喜"的艺术面目，被时人称为"姑孰画派"。

"姑孰画派"之目，最早提出者是清人徐沁[1]，他在《明画录》卷五《山水》中云："萧云从，字默思，号尺木，芜湖人。工诗文，画山水，高森苍润，具有格力，遂成姑孰一派。"[2]所谓姑孰，即明末清初的太平府治地当涂城的旧称，源于临城姑孰溪。萧

---

[1]　徐沁（1626—1683年），字野公，号野畦，别署双溪荐山、苍山子等。籍余姚，居会稽（今浙江绍兴）。与李渔友善，博通经史，擅考证，戏曲、书画等文艺均有研究，著述丰厚。

[2]　徐沁《明画录》，载黄宾虹、邓实编《中华美术丛书》（十四），北京古籍出版社1998年版，第103页。

云从曾在《太平山水图》的跋中说："济南张公祖举之[1]先生之理姑孰也……姑孰滨大江，攒石环冈，不数百里，而平遥铺芜，潆洄薮薄，地乏良杰，多得古人之流寓于斯者。"[2]徐野畦的"姑孰一派"之说，恐怕也是以此为据，如同徽州的新安画派，以晋唐所设新安郡、辖内风景如画的新安江而取画派名，画家遍及歙、休等多地。

姑孰画派，虽然画家为数不少，但大都不具影响力，不像徽州的新安画派，画家既旺，声名亦普遍高扬。然而，由于萧云从的存在，以其诗学、画学等多方面的显著成就，名播大江南北，姑孰画派遂引起世人瞩目。众所周知，明清之交的山水画坛，崇尚摹古，成为风气，而萧云从的艺术实践，则没有被这种时风所左右。他既延续着南宗文人画的精神文脉，也未局限于南宗圭臬，为达其"取境幽深，情况高哲"的终极美学理想，走向了"不专宗法，体备众家"的画学路线。另一层，就是他的艺术视野、作画方式极为宽泛，山水、人物、花鸟以及壁画，皆有涉猎，犹在版画方面获得重要成绩，其《离骚图》《太平山水图》两部版刻画卷，被郑振铎解读为：古雅深沉之极的大杰作，现实主义的精品，许多幅简直像新出于画笔点染的，不能信其为木刻画也[3]，云云。值得述及的是，他

---

[1] 张公祖举之，即张万选，字举之，济南人，有儒名。清顺治初年任太平府推官，掌刑名，赞计典，处理法院和政务考核等事务。任职四年，闲暇编纂《太平三书》十二卷，邀约萧云从画辖内名山胜景，刊刻成册，曰《太平山水图》。

[2] 萧云从跋《太平山水图》。影见安徽博物院古籍珍本丛书之一《太平山水图》（下），西泠印社出版社2011年版。

[3] 郑振铎在《中国古代木刻画史略》第十部分"清代早期的木刻画"中，较为详细地介绍了萧云从的《离骚图》和《太平山水图》的基本情况。他说："这二帙均曾付之木刻。不知是否在歙刊刻的。但刻工们仍均是歙人。可见徽派的流泽遗风，尚未渐泯也。《离骚图》是云从有感而作的，故画得古雅深沉之极。其中《天问图》最为古艳，加之以精良的木刻画者汤复的合作，遂成为17世纪中叶的一部大杰作。……（《太平山水图》）可以说是集古今山水画法的大成。……以古人为己用，而不为古人所用。是'写生'的大杰作，是现实主义的精品。古人的种种画法不过恰恰用来表现当前的实景耳。"见郑振铎《中国古代木刻画史略》，上海书店出版社2011年版，第164—165页。

的《太平山水图》还作为画谱，远播东瀛，成为日本"南画"（承中国南宗文人画）在17世纪得以发展的根源。这些都是萧云从在中国绘画史上占有重要地位的缘由。本文试通过对萧云从身世、画学传递、诗画交游等方面，观其如何推动姑孰画派形成。

一 萧云从的身世

关于对萧云从的记载，除了一般史志有简短的消息，个别画学文献也有一些描述。如黄钺[1]的《画友录》云："萧云从，字尺木，号无闷道人，晚又号钟山老人，芜湖人。……中崇祯丙子、壬午两科副榜。入国朝，不仕。著《易存》《杜律细》若干卷，《四库全书》载存目中。诗文集藏芜湖沈氏，未刊行。工画山水人物，具有北宋人遗法。"[2]张庚的《国朝画征录》云："萧云从，字尺木，号无闷道人，当涂人也。明经不仕，善山水，不专宗法，自成一家，笔亦清快可喜。"[3]等等。很显然，萧云从籍贯的归属权竟被两家分别了，根据权威文献记载，大抵曰其芜湖人，至于"当涂人"之说，既不足为凭，且滋生无味的争议。此不赘言。

萧云从，生于明朝万历二十四年（1596年）芜湖城东萧家巷，一生跨越明万历、泰昌、天启、崇祯及清顺治、康熙等朝代。依据萧云从在《青山高隐图卷》跋文中"少时习业之暇，笃志缋事，寒

---

[1] 黄钺（1750—1841年），字左田，又名左君，号壹斋、左庶子。先祖七世自当涂迁居芜湖，幼丧父母，由外祖父母抚养，敏而好学。乾隆三十三年（1768年）四月，黄左田与安徽巡道李世杰在芜湖赭山滴翠轩创建中江书院，招员授业；庚戌年（1790年）恩科，殿试中二甲第六名进士，授户部主事，官至礼部尚书，户部尚书，加封太子少保衔。因与和珅意左，告假回乡，掌教皖南北书院十余年。工诗善画，受萧云从影响，画法备青绿、水墨二格，亦有自己面貌。著有《于湖竹枝词》《画友录》《画品》等，合《壹斋集》凡四十卷。
[2] 黄钺《壹斋集》（下），黄山书社1999年版，第779页。
[3] 张庚《国朝画征录》，浙江人民美术出版社2011年版，第40页。

暑不废"[1]的描述可知，他在少年即尽心问学，业余时间还耽于图绘，甚至不计春秋寒暑。萧云从自幼喜爱绘画，想必与其父亲的启蒙有着直接关系。黄钺在《画友录》中对萧云从做了这样的记述："父慎余，明乡饮大宾。云从始生之夕，慎余梦郭忠恕至其门曰：'萧氏将昌，吾当为嗣。'"[2]萧慎余所梦，暂不作真假之辨，以此推断，这个乡饮大宾，不只受人尊敬，也应该是一位知画、懂艺的文化人，而且还可能在绘画方面有着丰富的实践经验，不然他不会在梦里遇见北宋著名的山水画大家郭忠恕，自愿充当其后代，传续他的事业。所以，作为喜爱绘画的父亲，特别寄望儿子将来能像郭忠恕那样在绘画上取得成就。正如萧期望的，萧云从成年后，不仅在诗词学问上奠定了丰厚基础，在绘画上同样独立面目，山水、人物皆有不俗的创造。为此，萧云从还专门刻了一方"郭恕先后身"的印文，时常钤于画。

青年时代的萧云从，笃于仕途，积极进取，但他在崇祯丙子（1636年）、壬午（1642年）两次科考中，均没有把握住机会。两试失利，超出了他的心理预期。紧随其后的社会动荡，尤其是甲申（1644年）国变，使他不得不背井离乡，寄居他地，过着流亡生活。萧云从也就彻底放弃了仕进的念想，隐匿林野，借诗画寄托胸中抱负，抒发超然情怀，成为他人生旅途中的精神支撑。

作为文人的萧云从，仕途泯没，无疑是他生平中最大的不幸，然而，其人生价值，却在这种坎坷中、不幸里，被他书写得光辉而灿烂，诗义隐喻高蹈，绘画境界高哲，赢得世人尊重。对萧云从而言，一生当中能有诗画陪伴，得到些许的心理平衡，也算是一种慰

[1] 萧云从题《青山高隐图卷》。影见程曦著《木犀藏画考评》，1965年11月香港出版。另见《嘉德二十年精品录：古代书画卷·一》，故宫出版社2014年版，第250—251页。
[2] 黄钺《壹斋集》（下），黄山书社1999年版，第779页。

藉吧。这种心理直至晚年，依然未能消灭，临终前他卧于床榻还"执诸同志手曰：'道在六经，行本五伦，无事外求之，仍衍其旨。'赋诗毕，瞑去"[1]。时康熙十二年（1673年），萧云从走完他七十八个春秋的人生道路，追其父，入葬于芜湖城西严家山。门徒辑其残诗成《梅花堂遗稿》，惜未流传下来。嘉庆年间，翰林学士、位居太子少保的乡贤黄钺，将萧云从和汤燕生之诗录为《萧汤二老遗诗合编》，刊行于世。

二 萧云从的画学传递

由于萧云从诗文、书画并驰，且境界"高森苍润，具有格力"，一时在芜湖及其周边地区引领潮流，并以其为核心，团结众多诗人和画家，诗画二学高度融合，构成姑孰一派画学之特色。

在这个画家群里，仅萧云从家族中就有成员多人，而且诗、画兼擅。萧云从的弟弟萧云倩，字小曼，年少即获"俊才"之名，崇祯九年（1636年）中举人，赴京师任官，然早卒。萧云倩的诗文，格调古雅仿若萧云从，与其兄有"二陆"[2]之誉，兹援诗二首以证，一曰："出郭穿云入翠微，雄才健气总难追。繁霜犹启岩松秀，澹日能留野菊晖。石逼中峰连象斗，秋归万壑隐龙雷。登临共涕河山邈，相醉花前未忍回。"一曰："一杖凭空逐怨鸿，几年踪迹任飘蓬。千林落叶成金谷，十月高寒并玉峰。客屐早迷山下雾，仙幢夕

---

[1] 乾隆《太平府志》卷二十六（人物志），江苏古籍出版社1998年版，第360页。

[2] 二陆，指西晋文学家陆机、陆云兄弟。陆机（261—303年），字士衡，善书法，曾历任平原内史、祭酒、著作郎等职，故世称"陆平原"，有"少有奇才，文章冠世"之美誉。陆云（262—303年），字士龙，好学，有才思，刘勰谓："士龙朗练，以识检乱，故能布采鲜净，敏于短篇。"

29

卷洞中风。残阳古庙荒凉处，犹觉深潭起卧龙。"[1]根据萧云倩诗歌类于萧云从的情况，黄钺说他的山水画"似其兄"，应该是可以确认的。至于他的山水样貌，因无画迹存世，我们也只能从其诗文中加以想象了。

萧云从之子萧一旸，字梦旭，工画，诗亦佳。据说他的画也是延续父亲的作风，因他同样没有画迹存世，未敢臆断。好在他遗有一首题画诗，为我们提供了认识他作品的点滴信息，诗云："野菊花全谢，霜林叶半残。茆堂人独坐，未作布袍寒。曳杖来何处，孤亭在翠微。一条黄叶路，带得白云归。村雪已迷路，推窗对古梅。今年春信早，树杪一枝开。"[2]其时的诗画家方兆曾，由此评其画："高尚绝俗，不坠阿翁无闷先生家法，信然。"[3]从画学传承角度看，这个评语深中肯綮。中国的画学，无论某家某派，历来注重上下传承，尤其是家学的承续，使其画学文脉不绝，有序发展。像唐人李思训之子李昭道，宋人米襄阳之子米元晖，元代赵文敏的外甥王叔明，皆得家学之惠成为大家，恰如明人唐志契谈画学传授："信画之渊源有自哉。"[4]以此而观，萧一旸跟随父亲走"不专宗法"的路子，加上他的诗学功底，不说画的格调会超越萧云从，起码他诗中所描述的"野菊、霜林、人独坐、村雪、古梅、春信早"的山水、人物或花鸟的意象，是有高尚绝俗境界的，"不坠阿翁无闷先生家法"，令人信服。

要说萧云倩、萧一旸无画迹可考，不能辨明他们的风格是否沿袭了萧云从，在萧氏家族的其他成员中，则能证实这一点。萧云从

---

[1] 张万选《太平三书》卷之十，清顺治五年（1648年）刻本，第56—57页。

[2] 黄钺《壹斋集》（下），黄山书社1999年版，第781页。

[3] 黄钺《壹斋集》（下），黄山书社1999年版，第781页。

[4] 唐志契《绘事微言（传授）》，载《画论丛刊》（上册），台北华正书局有限公司1984年版，第107页。

图1 萧一芸 《秋山图》 纸本设色（136 cm×48 cm）收藏信息不详

有三个侄子，即萧一芸（字阁有，一作阁友，见《太平三书》卷之十）、萧一荐（字盥升）、萧一箕（字位歆），皆跟萧云从习画，其中萧一芸的绘画技艺最受萧的嘉许。因萧云从名气广播，索画者众，为了应酬，往往不得已而差萧一芸代笔[1]。据目前可见墨迹者，三兄弟中也只有萧一芸有少量的山水存世，从他的《松林观瀑图》[2]、《秋山图》（图1）、《为青翁作山水》[3]来看，山石、树木的形态和图式布局，与萧云从的《秋山空亭图》（图2）十分相仿，而具有显著特色的是他创作于康熙七年（1668年）的巨幅长卷《岩壑奇观图卷》[4]（图3），山石的结构被分隔成无数个小单元且连为一体，看上去异常繁复，这种山石结构法，在萧云从《雪岳读书图》（见本书第18页图6）、《雪峰访旧图》（图4）两幅画存有明显的相似度，只是萧云从在巉岩空隙间，利用了诸多的树木枝叶加以掩盖，巧妙地化解了"小单元"的密塞感，虽然外露的层层岩石有烦琐之感，若从山脚至山峰依次望去，却在我们的视线里产生出疏密不定的活泼节

[1]　萧一芸为萧云从代笔，可证资料是萧云从在《青山高隐图卷》中的题跋："近流离迁播，齿落眼蒙，年五十而谆谆然若八九十者，遂握笔艰涩。间有索者则假手犹子一芸。"影见程曦著《木扉藏画考评》，1965年11月香港出版。另见《嘉德二十年精品录：古代书画卷·一》，故宫出版社2014年版，第350—351页。

[2]　《松林观瀑图》，现藏于吉林省博物馆，纸本设色，作于康熙八年（1669年），尺寸：纵119厘米，横58.4厘米。影见《中国古代书画图目》（十六），文物出版社1997年版，第131页。

[3]　《为青翁作山水》，现藏于上海朵云轩。扇面，金笺设色，作于康熙十八年（1679年）。影见《中国古代书画图目》（十二），文物出版社1997年版，第67页。

[4]　《岩壑奇观图卷》，纸本设色，作于康熙七年（1668年）。原是香港虚白斋主刘作筹的旧藏，后捐给香港艺术博物馆。全画影见《虚白斋藏中国书画·手卷》，香港艺术博物馆1999年出版，第132—135页。

图4 萧云从《雪峰访旧图》 纸本设色（229.5 cm×73.6 cm）天津博物院藏

图2 萧云从《秋山空亭图》 纸本设色（113.5 cm×52 cm）北京故宫博物院藏

图3 萧一芸《岩壑奇观图卷》局部，纸本设色 香港艺术博物馆藏

32

奏。可喜的是，作为一幅山水长卷，萧一芸完全逾越了长辈的构成定式，所有山石皆由直线结成，微皴浅染，形成大小不同积木式的几何体块，连贯起来观察，山岭巨岩所形成的巍峨气势，确实令人惊叹！假若非要寻其不足的话，这个"岩壑奇观"的景象，恐怕在江南是无法找到的。

图5　萧一芸《拟古山水图册》第二开《危岩夏寒图》纸本墨笔（23.7 cm×14.7 cm）收藏信息不详

萧一芸既学长辈，不免会按照萧云从"不专宗法"的理念，广泛掌握前人的笔墨技巧，《历代画史汇传》中说他的画"参以唐、沈技法，用笔清逸"[1]。我们所能见到的现藏于重庆市博物馆的《仿王蒙山水轴》[2]和辽宁省博物馆的《仿黄子久山水》[3]等，即是其模仿古人画法的作品。如果综合察看他的八开《拟古山水图册》[4]，这种气象就显得非常分明了。全册写绘江南之景，或孤村泛艇、危岩夏寒；或秋景雪影、松屋听泉，无非桃源仙境。从八开笔墨风格、图式构成来看，变化已

[1] 彭蕴璨《历代画史汇传》（卷十九），载《历代画史汇传及补编》（上），广陵书社2015年版，第296页。

[2] 《仿王蒙山水轴》，现藏于重庆市博物馆。绢本设色，作于康熙十年（1671年），尺寸：纵179.5厘米、横47.7厘米。影见《中国古代书画图目》（十七），文物出版社1997年版，第208页。

[3] 《仿黄子久山水》，现藏于辽宁省博物馆。纸本设色，作于康熙三十六年（1697年），尺寸：纵70厘米、横35.5厘米。影见《中国古代书画图目》（十五），文物出版社1997年版，第154页。

[4] 《拟古山水图册》，纸本设色，创作年代不详。尺寸：纵23.7厘米、横14.7厘米。影见《中国嘉德2014春季拍卖会：重要私人珍藏（四）——黄山之影》。

然多端，除了几幅具有萧云从的笔法基调，像王叔明、倪云林、黄一峰、董文敏的笔墨特点皆有呈现，画法精致，了无俗韵。即便是仿古之作，如《拟古山水图册》第二开《危岩夏寒图》（图5），虽然饱含王叔明细密的笔法，似乎也是萧云从的风调。拿萧云从1653年的八开《拟古山水图册》之八（图6）和1654年的九开《山水册》之二（图7）做一下比较，两者无论是构图还是皴法，都有相似之处。清人葛嗣浵在其《爱日吟庐书画续录》中，有对萧一芸《仿黄鹤山樵山水轴》的评价："是本山石、树木、屋宇、人物，悉用笔尖钩廓。皴擦细似

图 6　萧云从　《拟古山水图册》　纸本墨笔（23.7 cm×14.7 cm）安徽博物院藏

图 7　萧云从　《山水册》　纸本墨笔（27.9 cm×20.9 cm）上海博物馆藏

牛毛，远近峰峦皆如夏云涌现，殆古所谓卷云皴耶？以焦墨为骨，以淡墨为肉，阴阳既分，润以浅绛，神明焕然。其树之夹叶皆白，点叶皆浓，互相发明，以醒眉目。其法始于文停云，此复见焉。"[1] 从《危岩夏寒图》也可看出，萧一芸结构山石的方法，依然传递着萧云从的画学渊源，没有别出尺木矩矱。

三 萧云从的诗画交游

据黄钺《画友录》前序云："乾隆乙卯岁（1795年），余综同里诸君暨国初诸老之善画者，为《于湖画友录》一卷，潦草付刻，存殁混淆，不足传也。比年以来，独学无友，追忆旧游，零落殆尽。而闻声相思未觌一面者，亦复忽就湮没，良可悲矣。因即夙所见闻，重为编次，题曰《画友录》。虽其人不尽同时，不得概谓之友，盖亦窃取子舆氏之意焉尔。"后记云："芜湖数十年前，士大夫颇尚风雅，四方挟艺来游者，辄争馆之，《画征录》所载吴次谦与姚羽京在某富翁家合画竹石屏幛事[2]，是其证也。余幼即好画，凡亲知家壁间所悬，及长老自他处携归者，必玩视再四。迄今追忆，或仅记姓名而未详里居，或但见尺幅而未尽其技，或曾友其人而彼时不解其画之工拙，不忍其名姓不登于录也，谨疏于后，以待识者

---

[1] 葛嗣浵《爱日吟庐书画续录》，载《爱日吟庐书画丛录》（中），浙江人民美术出版社2012年版，第408页。

[2] 吴次谦，名豫杰，芜湖繁昌人，通音律，工画，擅墨竹；姚羽京，名宋，新安人，寓居芜湖，善画，山水师浙江。据张庚、刘瑗《国朝画征录》云："吴豫杰，字次谦，繁昌人，工墨竹。新安姚羽京者，山水家能手也，尤长画石。一日，芜湖富室某具盛馔，邀两人合作竹石屏障，吴素简傲，漫视姚，姚衔之，作石多用侧之势，使难措笔，吴持杯谈笑弗顾。酒酣提笔，蘸墨横飞，风驰雨骤，顷刻竹成，悉与石势称，而枝叶横斜辗转，愈见奇致。姚顾视愕眙，咋舌叹服，自后每向人称次谦画竹为今时第一手。"芜湖画家的水平和影响，自此能见一斑。

鉴别焉。"[1]

　　的确，芜湖在清初时，绘画的氛围还是比较浓厚的。由于芜湖滨长江，交通发达，明清两代的徽商，大抵通过青弋江把货物汇聚于此，源源不断地输向全国各地。随着经济不断繁荣，渐渐地，也吸引了不少南北各地的文人和画家来此地定居生活，形成芜湖画家与外地画家的密切交集，尤其是在萧云从的主持下，文酒之会，气氛往往似"兰亭"。

　　在芜湖的外地画家，最著名者是孙逸（1604—1657年）。这位原籍休宁的孙氏，字无逸，号疏林，美术史上将他与徽州籍画家渐江、查士标、汪之瑞并称"新安四家"。

　　孙逸侨芜湖，筑蓬户茅轩，以书画、读书消遣，不目名利、尘纷，坦然自得之致，无异晋时的陶渊明。他的山水，融汇南北两宗各家笔法，尤崇尚吴门文徵明，以细笔见长，被人称为"文待诏后身"。明末清初时的江南，许多文人画家的美学取向，移到了"元四家"那里，孙逸也不例外，他后来的画，参以倪、黄趣味，画风简而意足，淡而神旺。同样，萧云从的"不专宗法"，当然也包括了他对元人笔墨的汲取和研究，故能与孙逸在画学实践上观点不悖，诗画两端意见一致。所以，他们平日每有相约，或交集于蓬户茅轩，或在东城萧家巷，除了吮毫弄墨，诗画互酬，无非切磋技艺。黄宾虹在研究这位乡贤时曾说："新安四大家，惟孙逸为最罕，流传精品，当时已不多得。"又说他在芜湖"与萧云从齐名，亦称'孙萧'"[2]。这样的评价是有根据的，从绘画风格看，孙、萧二氏皆有细笔和粗笔，而细笔者犹若孪生，往往以浅设色或青绿法促进各自画面的清快感。如果拿孙逸所绘《溪桥觅句图》（图8）与

[1] 黄钺《壹斋集》（下），黄山书社1999年版，第781页。
[2] 黄宾虹《黄宾虹文集·书画编》（下），上海书画出版社1999年版，第250页。

图 8 孙逸 《溪桥觅句图》 绫本设色 （150.6 cm×56 cm） 安徽博物院藏

图 9 萧云从 《云开南岳图》 纸本设色 （122.5 cm×55.5 cm） 香港至乐楼藏

萧云从的《云开南岳图》（图9）相比较，除了山石结构和设色有所区别外，纤细清秀的笔法，精致的山头点苔，远岫的形状，以及云朵的造型方式，包括画中表现的种种物象，以"孪生"来譬喻，洵不为过。

一般而言，画家建立一种风格，往往是在多种因素下达成的，萧云从与孙逸的细笔画法若孪生的视觉感，想必也是在他们的平日交往中潜移默化地互有借鉴而产生的吧。这也是一个画派画家最终趋于笔墨语言相对一致的原因。据穰梨馆主人陆心源对孙逸临唐寅《鹤林玉露册》所记，不仅有孙逸在每页上的题识，借唐子畏之名记录他在芜湖恬淡的幽居生活，也有萧云从为画册作的长跋："余髫时便模唐解元此册，不能淡远，与子西所云超轶尘外之义殊失也。无逸，静者也，太古小年，殪缉于一豪端，故落墨有青蓝之异；昔《辋川图》出右丞手，以米氏父子临之，犹自叹为刻画，得郭恕先细绣妙颖，始贞砥砥，然不若无逸绝伦逸群耳。麟生社兄精六法，驰誉江东。无逸服其神骏，胶乳之合有自来矣。是以无逸之真迹所留实多，不受促迫，纾徐经营，玩者一日如两日，烟云益寿，讵百四十年哉。戊戌（1658年）小雪，区湖萧云从谨识。"[1]此时的萧云从年逾甲子有二，他在跋里既表现出对孙无逸画格的极力推举，也传递了他们在画学取向上的趋同性和长期交流的深入程度，字里行间散发出二人之间的友好情状。巧的是，时居芜湖的太平诗人汤燕生也为孙逸的这套临本题跋以赞："往从无逸先生游，见其蓬户茅轩，庭草芜径，惟床头数卷书及倪、黄先正诸轴而已。其生平，少长不以利欲萦于怀。勉志勤躬，夜以继日，惟知引轴自娱，逍遥图画。故尺幅所传，俱足际会风云，纵横万古。此册临唐

---

[1]　萧云从题孙逸《临唐六如鹤林玉露册》之三。收录于陆心源《穰梨馆过眼续录》（卷十三），见卢辅圣主编《中国书画全书》（十九），上海书画出版社2009年版，第56页。

六如解元，置之唐卷中不复可辨，殆谓过之。麟生与无逸周旋最久，以世路纠纷有怀尘外托迹芜城之北，以为栖息混其声迹。"[1]汤燕生对孙逸在芜湖的隐居生活、诗画活动不仅了解深透，还带着一种仰望的眼光评价他的艺术，甚至说孙的画超越了明代大家唐解元。在萧、汤二人的题跋中，有一个显见的信息，即孙逸的活动范围十分广阔，譬如他们皆提到了精通六法、驰誉江东的沈麟生[2]，孙逸与这位僧人之间的交流恐不在佛事一端，收藏一隅，六法之探讨亦是可以猜测的。

这里顺便多言几句，由于孙逸青壮年时便流寓芜湖，他在此地的生活不会太短，而且画学功底也不亚于萧云从，有谓"与萧齐名，亦称'孙萧'"，所以，说他对姑孰画派的形成起到推波助澜的作用，当是符合实际的，如果不考虑里籍因素，视孙逸为"姑孰画派"一员，也是未尝不可的，籍贯广西的石涛，美术史上把他推为"黄山画派"或"宣城画派"的主将，即是一例。

在芜湖的众多诗画名流中，与萧云从往来的还有较为年轻的方兆曾。方原籍歙县，家族寓芜湖近三世。乾隆《太平府志》记他："性孤介，腹笥腴润，甫弱冠以远不能归，即谢不应试。刻意工古文辞……萧云从尺木暮年一见深契之，辄以不朽事相托。"又记："汤燕生元翼，其父友也，与兆曾并屋而居十余年，讲学谈诗，助爨分灯，情好竟如昆弟。"[3]其时，方兆曾与其弟方兆仍（字伊人）跟随汤燕生研习诗文，得到汤的不少指点，因而有了他写给汤燕生

[1] 汤燕生跋孙逸《临唐六如鹤林玉露册》。收录于陆心源《穰梨馆过眼续录》（卷十三），见卢辅圣主编《中国书画全书》（十九），上海书画出版社2009年版，第56页。

[2] 关于沈麟生，清光绪《宣城县志》有记载："大瓠，字用无，号筇在。本沈氏，寿峣犹子，名麟生。崇祯间，贡生寿死节，麟生为僧。"见《安徽历代方志丛书·宣城县志》（下册），黄山书社2008年版，第1131页。

[3] 清乾隆《太平府志》卷二十九（人物志·流寓），江苏古籍出版社1998年版，第429—430页。

"曾同溪上三间屋，共读床头数卷书"[1]的句子。

方兆曾，字沂梦，一作宜梦，号省斋，既擅诗，亦喜画，尝自题云："几时不作画，握管如握棘。舒此尺余茧，往往穷日力。"[2]又有题画诗云："山色空蒙树色微，空江白石钓鱼矶。分明梦里投竿地，只少寒鸦傍水飞。"[3]复云："昔者方壶翁，笔墨有余乐。至今三百年，后起殊落落。"[4]方兆曾的境界与气魄在这些句子里显露分明，他能得萧云从"深契之"，完全与其诗学的丰厚功底和在画上独具面目有很大关系。其时，方兆曾一边受教于汤燕生，一边又跟随萧云从习书画，我们从方与萧的一些题画里，或许可以窥见他们两人的师友之谊。如方兆曾跋萧云从《设色山水卷》："尺木先生尝教予以六法矣，曰：'世人知有墨气，而不知有笔气，故浓淡远近以语境界则可，而精致风韵非运腕之妙不能出也。'予虽领其言，而未获师其意，每用自歉。今观此卷，姑无论丘壑布置、亭馆安顿之妥，想见握管挥毫时，实有一种自得之趣，今人不可企及者，笔为之也。先生游心此道凡五十余年，而后入是三昧，岂近日偶然磐礴者所仿佛。秘此卷，在其矜慎之。省斋方兆曾漫识。"[5]又云："幽人写图画，雅意娱山林。清溪动寒流，阳波蔼层阴。点笔临石栏，洒研当芬浔。化此世外想，逸致良可寻。藏我行笈束，不减双南金。道逢玄契心，相赏有同心。披轴一展玩，意在立壑深。分手脱相赠，至物获所钦。卧游自此具，荡然涤尘襟。此尺木先生为余所作《洗砚图》也。戊戌（1658年）冬季携至金陵，悔崖

---

[1] 黄钺《壹斋集》（下），黄山书社1999年版，第781页。
[2] 黄钺《壹斋集》（下），黄山书社1999年版，第781页。
[3] 汪世清《明清黄山学人诗选》，上海古籍出版社2009年版，第179页。
[4] 许承尧《歙事闲谭》，黄山书社2001年版，第447页。
[5] 方兆曾跋萧云从《设色山水卷》，原画现藏于美国洛杉矶博物馆。影见顾平《中国名画家全集·萧云从》，河北教育出版社2006年版，第156页。

尊姑丈见辄欲之，因割爱以赠。昔南宫强攫衹益俗怀，灵宝深藏，实增痴态，吾两人故不作此论也。方兆曾识。"这幅《洗砚图》（见本书第21页图8），的确是萧云从画赠方兆曾的，他不仅在画上题"笔墨之耕倩石田，洮泓冷碧积寒烟。先生自爱春流水，池上融冰写太玄"诗句，也在后识中做了酬画的交代："沂梦先生出纸索画，随手应教，不足观也。丁酉（1657年）七月十七日题于西庐，萧云从。"另有一幅《深山溪流图卷》可能也是为方兆曾所画，卷上题："乙未（1655年）三月十七日，沂梦先生以藏墨二笭，下易余画。乃归山寺，解衣静坐纷披，五日搁笔，而风雨大作时，心寂掫间，遂多称意，盖不务修饰，独摅性情也。昔吾家颖士梅花诗云：'丑怪惊人能妩媚'，此语与写山水甚合。第世人画山水务墨气而不知笔气，余见大痴全以三寸弱翰为千古擅场，虽复格纤皴以蒙茸杂乱，而力古势健，流览而莫尽者，笔为之也。沂梦为诗画宗匠，……勉以小幅应教，必有鉴于骊黄之外者矣。"[1]我们在萧云从的许多画里不难发现，他的题诗或跋文，无论对友人还是对自己，总是抱着谦虚谨慎的态度，于后学方兆曾也不例外，教诲中饱含推举之情，人品既高，画品也就愈加澄澈明洁了。

上文述及的汤燕生，虽非画家，但在当时芜湖诗画界的地位非同寻常，所以，汤对姑孰画派的形成有着不可替代的作用。汤燕生（1616—1692年），字玄翼（一作元翼），号岩夫，宁国府太平县人，明诸生。崇祯帝亡，止于仕途，遂隐居江城，在芜湖东湖沿筑"补过斋"，自称"黄山樵者"。汤工诗词，诗庄丽凝厚，大江南北许多文士慕其名，常来芜湖造访补过斋。汤岩夫平日性情孤介，极少与达官宿望往来，《街南文集》言他："卜芜湖之鄙居焉。一

---

[1] 萧云从题《深山溪流图卷》，见王石城《中国画家丛书：萧云从》，上海人民美术出版社1979年版，第6 7页。

室数椽，前阻污池，循墙絚木以度，户尝不启。宅后阡陌萦纡。轩车访者，恒望庐而返。”[1]有意思的是，汤燕生倒是常偕同样流寓芜湖的新安画家孙无逸、方兆曾等人，与萧云从交流诗文书画。因汤燕生既工诗文，亦擅鉴赏，加上他那富有秦人李斯风采的小篆书法，深为萧云从折服，所以，在萧的眼里，每有诗画唱和、文酒之会，他是不可缺少的一员。在现存的萧云从的画目里，由汤燕生题诗或跋句的作品，尤其丰富。如《和萧尺木题杜苍略闭门种菜图》云：“锄来菜甲到东屯，工部千年更有孙。淮水桔槔通废圃，钟山风雨护衡门。春盘藜藿娱亲老，秋架藤瓜待客论。此地中丞难枉驾，石桥西畔卧云根。”[2]《题萧尺木画梅》云：“十树花繁荫荜门，一床书在拥篱根。诗人触手怜香剧，偏写寒条寄友昆。狼藉春风荡越溪，花飞坠地旋成泥。梦亭鸟散人归尽，对此寒香忆画师。”[3]等等。这些题诗或跋，除了含有汤与萧对同为遗民的杜望山、渐江等友人的怀念，更能说明他们的深厚友谊。从姑孰画派播其声名的角度看，汤燕生实则发挥了他的诗人的传布力。

事实也是如此，汤燕生在芜湖，不仅积极推介孙逸、方兆曾等画家，对萧云从画学实践的品评与推扬，向来不遗余力。譬如他题萧云从《青绿山水图卷》云：“尺翁萧隐君，以渔佃百家之暇，喜作绘事，精备六法，流传江表。余友渐江师，深于画者，见而

[1] 吴肃公，生于崇祯六年（1633年），字雨若，号晴岩，一号逸鸿，别号街南，安徽宣城人。明末诸生，入清不仕，江南遗民作家群中的重要代表，文章似韩愈。尝言：“宋之天下亡于蒙古，而人心不与之俱亡。”后人称他：“文不苟作，同时惟顾炎武能之。”晚年多疾，康熙三十八年（1699年）殁。著有《街南文集》《明语林》《云间杂记》《读书论世》《姑山事录》等。

[2] 黄钺《壹斋集》（下），黄山书社1999年版，第899页。

[3] 汤燕生《题萧尺木画梅》。收录于《十百斋书画录》，见卢辅圣主编《中国书画全书》（十），上海书画出版社2009年版，第645—646页。

悦之，叹谓三百年来无复此作。"[1]他看萧云从画兰，更是不吝夸赞之辞，有诗云："冒雪停霜韵早含，惊香悼色散余酣。燕妃梦里芬如积，蜀客琴中思未堪。念欲操壶临水岸，誓将毕赏就烟岚。高情散朗传疏叶，逸事犹夸郑所南。"[2]在这里，燕妃也好，蜀客也罢，那都是唐人的事，姑置不论。萧云从的兰花，一如南宋遗民郑思肖画兰不著土，人言何故，应曰："土为蕃人夺，忍著耶？"郑思肖因元人灭亡南宋而隐逸山林，平日坐卧必面朝南方，故自号"所南"，因此他每作诗画，多蕴思宋之情。萧云从笔下的疏花简叶之兰，高情散朗中是否也存有怀想故国之念呢？昔人云：诗以言志。汤燕生的"逸事犹夸郑所南"的把握，无非是萧汤二老的合唱——作着诗言志、画寓情的审美联想了。

从另一个角度说，姑孰画派的形成，与萧云从和域外画家的交往也是有直接关系的。萧云从虽然长居芜湖，也时有出访，游踪不仅遍及江南，还远涉泰岱、南岳等地，交游之广可见一斑，许多外地诗人和画家也对他有了更多的关注，譬如新安画派的渐江、宣城画派的梅清，都曾慕名拜访萧云从。

渐江作为新安画派的主将，常游历于金陵、宣城、杭州之间，也多次停留芜湖与萧云从聚会，据渐江丁酉年（1657年）作《十竹斋图》曹寅所题"渐师学画于尺木，而品致迥出其上"[3]的信息，萧云从的画学观点与绘画风格是赢得其时画家尊崇的，从渐江的许多山水特征来看，的确存有萧云从笔法的痕迹，只是萧的山水面目更加多变，虽然繁复也"清快可喜"，而渐江则把自然中的繁芜剔除得干干净净，仅留物象筋骨，显出一种冷劲感，萧瑟的气氛甚至达

[1] 汤燕生题萧云从《青绿山水图卷》。影见《豪素深心：上海博物馆珍藏明末清初遗民金石书画》（中卷），澳门艺术博物馆2009年版，第279页。
[2] 余谊密、鲍实《芜湖县志》，黄山书社2008年版，第765页。
[3] 汪世清、汪聪《渐江资料集》（修订本），安徽人民出版社1984年版，第206页。

到了极端。依照美国学者高居翰对渐江所作《黄山图册》的判断，有助于我们体味二人画风上的相似性[1]，他说："弘仁与萧云从既是同时代人，有时又在同一地区活动，自然在整个风格上会有些共同特色，并且可能相互影响。"[2]由此断定《黄山图册》应该"归于萧云从的作品中"。高居翰的怀疑和分析也并非没有道理，萧云从与渐江交游，将其笔法经验传至渐江应该不是一种臆测，渐江虽然走倪瓒的路线，但他51岁之后的作品则完全脱离了倪氏风调了，这固然是他师法自然的结果，与萧云从对他的陶染也有一定关联。我们看萧为渐江《黄山图册》的题跋，这种关联显而易见：

　　山水之游，似有前缘。余尝东登泰岳，南渡钱塘，而邻界黄海，遂未得一到。今老惫矣，扶筇难陟，惟喜听人说斯奇耳。渐公每为我言其概。余恒谓天下至奇之山，须以至灵之笔写之。乃师归故里，结庵莲花峰下，烟云变幻，寝食于兹，胸怀浩乐。因取山中诸名胜，制为小册。层峦怪石，老树虬松，流水澄潭，丹岩巨壑，靡一不备。天都异境，不必身历其间，已宛然在目矣。诚画中之三昧哉！余老画师也，绘事不让前哲，及睹斯图，令我敛手。

　　钟山梅下七十老人萧云从题于无闷斋。[3]

萧云从其时未与黄山谋面，他一生也不曾登临黄山，渐江每

[1] 高居翰尝撰文《论弘仁〈黄山图册〉的归属》，怀疑渐江的《黄山图册》可能出于萧云从之手，这只是高的推测而已，因为萧云从生前从未登临黄山，故不能有《黄山图册》六十幅景那样具体的描绘。文见《朵云》第九期，另见《风格与观念：高居翰中国绘画史文集》，中国美术学院出版社2011年版，第324—338页。
[2] 高居翰《论弘仁〈黄山图册〉的归属》，载《中国画艺术丛集·朵云》（第九集），上海书画出版社1986版，第109页。
[3] 萧云从题渐江《黄山图册》，原画现藏于北京故宫博物院。影见《故宫藏四僧书画全集·弘仁2》，故宫出版社2017年版，第368—371页。

到芜湖展其黄山图像，萧不仅感慨，还十分钦佩渐江的画。所以，两大家既相聚，商量绘画的形式与风格是必然的，画学观点趋向一致也就自然而然了。从两家山水的形体看，不独渐江的黄山山石方折多棱，萧云从的许多册页山水同样富有几何体的方折枯瘦的形态，在某些方面的确存在着相似性，如萧云从画《梅石图轴》（图10）、渐江画《柯石霜韵图轴》（图11）。还有一个例子，萧云从和渐江皆性喜梅花，一号钟山梅下老人、梅石道人、梅主人等，一号梅花古衲、梅花老衲等，二人虽不常画梅，但每有描绘，却是极端的枯瘦，譬如萧云从的《墨梅图轴》（图12）、渐江的《梅花图

图10　萧云从　《梅石图轴》　纸本墨笔（90 cm×34 cm）　收藏信息不详

图11　渐江　《柯石霜韵图轴》　纸本墨笔（120 cm×53 cm）　收藏信息不详

图 12 萧云从《墨梅图轴》纸本墨笔（110.5 cm×53.5 cm）香港至乐楼藏

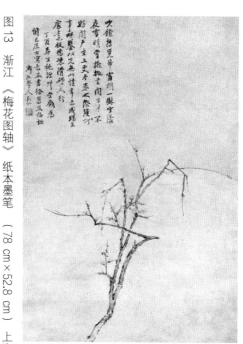

图 13 渐江《梅花图轴》纸本墨笔（78 cm×52.8 cm）上海文物商店藏

轴》（图13），两幅画的构图和造型，不仅高度一致，连题跋也置于画幅的同一位置，不看作者落款，切实难辨伯仲，只是萧的梅花枝干略比渐江画得腴润些。有人说"渐江师事尺木，未必可信"[1]，但以他们作品中构造物象的方式，以及笔墨形态存在较多的相近处，判为"相互影响"的结果，当是可靠的。

同样，居于宣城的梅清（字渊公，号瞿山），也曾多次来芜湖探访萧云从，向这位前辈叩教艺事。每当萧云从看到梅清的画，不仅欣赏这个年轻人的才华，亦尝给予梅清高度评价。有萧云从题画

---

[1] 汪世清、汪聪《渐江资料集》（修订本），安徽人民出版社1984年版，第66页。

寄梅清诗为证,一曰:"岩壑风翛飒,凄然叶满山。归舟去何急,词客坐愈闲。落日峰千点,连天水一湾。残年供世役,空自忆荆蛮。"[1]复曰:"春日益已长,春山殊可乐。弹琴竹云深,所意知浑噩。上古有真音,今人不肯学。轻风拂湖波,野兴同飞鹤。贳酒酌空岩,隔岸梅花落。万象本无营,寒烟将何托。于兹拾芳草,相赠奏元录。"[2]我们知道,梅清的画学实践完全是建筑在诗学基础上的视觉诠释,所画黄山,总是以缥缈的笔墨呈现出烟云暧曃的气象,山形奇幻,怪象迭出,无不把自然之景置于现实之外,去做他的远古世界的联想。这方面,萧云从看得十分清楚,所以,诗中也就富含着梅的山水意象。察看梅清的众多山水作品,虽然注足了笔墨飘逸、"奇幻"之境的消息,但他也有一些作品存有萧云从刚劲笔法的影子,如现藏于上海博物馆的《南归林屋图册》(三开)和首都博物馆的《峭壁听松图轴》等,结构山石、树木法,笔墨的规整性、干净度,甚至还强于萧的画。

康熙元年(1662年),梅清游金陵过芜湖,再次拜访萧云从,两人相逢,自然也要研墨伸纸,诗画相酬。萧云从即兴作山水题赠于梅,句云:"秋华揽尽日幽闲,放艇开樽幕未还。有句惊人怀老谢,松风直到敬亭山。"[3]此画已无原迹可考,画面如何不得而知,我们在萧的诗句里,看到的尽是他对梅清的表彰:瞿山画松著名,诗也不输南齐宣城太守、杰出诗人谢玄晖。十余年后,梅清在宣城接待来访的萧一芸,特作山水轴并题《芜江萧子尺木》诗,托一芸

[1] 萧云从《寄赠瞿山先生》。收录于《天延阁赠言集》(卷之一),见《四库全书存目丛书·集部二二二》,齐鲁书社1997年版,第529页。
[2] 萧云从《题画寄答梅渊公》。收录于《天延阁赠言集》(卷之一),见《四库全书存目丛书·集部二二二》,齐鲁书社1997年版,第489页。
[3] 萧云从《题画寄渊公》。收录于《天延阁赠言集》(卷之一),见《四库全书存目丛书·集部二二二》,齐鲁书社1997年版,第498页。

转赠萧云从。此画同样未能流传下来，唯有诗收录于梅清的《天延阁删后诗》之"宛东集"，诗前小序云："宛水距芜江不二百里，乃一别竟十余年，回首昔游，不胜帐望。"诗云："江上才名独有君，画师词客总难群。西庄自足王摩诘，坐客何忧郑广文。按卷近翻新律吕，开图长见旧烟云。春来小阮曾相问，书到扁舟可一闻。"[1]在梅清心目中，萧云从不仅在画学上有高度，他的诗学境界，也完全可与王维、郑虔和阮咸比肩了。他毫不掩饰对萧云从的崇尚与推扬。

四 小结

陈传席在《中国山水画史》中说："姑孰画派人数不少，在姑孰即芜湖影响最大，可惜出类拔萃可资画史记载者不多。他们的成就也都没有超过萧云从。"[2]的确，除了侨居芜湖的孙逸、汤燕生等人外，芜湖本地画家中，唯萧云从诗画咸具，遗迹丰富，其余画家不仅声名不彰，作品也极少存世，在黄钺的《画友录》里，有些画家甚至只留其名。所以，萧云从在人们的印象里，也就成了姑孰画派的代名词了。

不过，一个地方画派的形成，总要有一个至多个代表性画家来引领，就像新安画派有渐江、查士标、孙逸、汪之瑞，宣城画派有梅清和朱若极。如果说萧云从在芜湖画家群中有着无可争议的地位，那么，他的绘画实践的多样性，传递画学、广泛交游的影响力，才是为其奠定如此地位的基础。虽说姑孰画派的形成与萧云从

[1] 梅清《天延阁删后诗（卷九）·宛东》，载《四库全书存目丛书·集部二二二》，齐鲁书社1997年版，第270页。
[2] 陈传席《中国山水画史》，江苏美术出版社1988年版，第813页。

的推动有着直接的关联，依据实情，也不妨再做商量，让笔者提出一个新的大胆的意见，那就是：侨居芜湖的孙逸、方兆曾、汤燕生等外地诗画名流，其实都为姑孰画派的形成做了举足轻重的贡献。换句话说，"姑孰画派"之目，当是由萧云从领衔推动，孙无逸、方兆曾、汤燕生共同努力而促成，倘若视萧为画派领袖，孙、方、汤理所应当是这一画派的主力成员。

（本文原载《国画家》2020年第5期）

胡季瀛与萧云从太白楼壁画考

唐　俊

萧云从晚年绘制的太白楼山水壁画是中国壁画史上的杰作。壁画绘成之后，当时即吸引众多名家观赏，题咏蔚为大观。对此壁画创作的原因与过程，论者颇多，唯对两位主要当事人萧云从与胡季瀛之关系，评述多不确，尤其是对人品正直而又有文化修养的文人官员胡季瀛，偏见过甚，导致其形象遭到严重扭曲。故有梳理史料，恢复历史真实的必要。实际上，萧云从太白楼壁画杰作得以诞生，胡季瀛恰恰是厥功至伟的助产士。

一　胡季瀛募资重建采石太白楼的基本情况

清康熙元年（1662年）浙江海盐人胡季瀛出任太平府知府。半年后，胡季瀛即为重修采石谪仙楼（太白楼原名）而开展募建工作。由他本人亲笔撰写的《募建采石谪仙楼记事》[1]简述了他这么做的动机和这件事的过程：

---

[1]　康熙《太平府志·卷三七》。

时维秋七月，视府事几半载余，迎谒之暇，再宿牛渚。同视府厅事许双峒，著屐攀藤，从万松林中登峰，凭楼倚望，惟见楹前静峙，槛外江练浮光，幻影野马与城郭万户，尘埃一色。古今之所为文章者，如是夫飘飘然有世外之想。纳凉半日，从者告以薄暮，请旋。随移步燃犀亭，怪石衔江，纹澜洸漾又不觉动，六朝人物，仅江左之慨云。沿畔寻游，访至谪仙楼，而其楼为过客烟火失焚经三载，丛草卧断碑，颓垣挂灰木。其谪仙遗像，则有白衣庵僧人移至其庵，复为装塑，尚未加彩，因与双峒捐资，先饰遗像奉之更衣亭，遂题其亭曰"暂托一枝"。夫曰暂托者，盖将重建斯楼，弗为先贤废，致胜地缺如也。

嗟嗟！点烟落火，火忽焚楼，游览者自是不免留俗士嘲，然也否？否。昔日谪仙捉月龙宫蝉蜕时，真是天翻地覆。今日此楼与烟草同烬，安知非酒中三昧放光；此楼一焚，此楼之一醉也，宜无复赘。但昔人已往，昔人不可复作；而斯楼虽焚，斯楼尚可建。后人履其地者，不能不怀古情深，爽然自失为之俯仰，继之踌躇，江景依然如画，青山荒冢寂如。古今之所为文章者，诚如是夫，凡有志者幸其襄厥事云。

康熙元年七月。

文中提到的同行者许双峒，就是时任太平府推官的许岩光。许岩光，字双峒，惠安（今属福建省泉州市）人。清顺治十五年（1658年）登进士。顺治十三年（1656年）至康熙二年（1663年），担任江南省太平府推官。许岩光参与胡季瀛募建太白楼活动，并亲自写了《重建太白楼始末》[1]一文：

---

[1]　乾隆《当涂县志·卷二九》。

采石山谪仙楼，创始于有明正统之初。庐陵周文襄公，以大司空巡抚江南，驻节姑孰，见太白所咏化城寺之清风亭倾废已久，因慕昔年骑鲸捉月之事，命广济寺僧修惠建亭于大江之浒，肖像祀之，构楼于前。引天门而挹青山，枕长江以控二水，群峰耸翠，万派朝宗，遂与岳阳、黄鹤、滕王诸名胜争奇宇内，取贺监所称谪仙语，以题其额，仍和韵勒石，以纪兴废所自。历二百余年，风雨飘摇，修葺匪一，迨后烽烟告警，城邑多罹兵燹，而此楼岿然独存。顺治丁酉春，游人弗戒，忽毁于火。越六载，海盐胡公来守兹土，观风问俗之暇，景仰名贤，从灰烬瓦砾中寻仙楼故迹，慨然兴复。金谋同寅，请之上台，集诸生乡耆与议，召白衣庵僧自知，竭力经营，鼎新建造，不日落成。视昔之卑者高，隘者敞，栋宇轩翔，规制壮丽。登楼环眺，依然两岸青山，孤帆一片。太白有灵，之欲出矣！时当事继文襄而起，又各为诗歌，以纪其胜。庶几前贤遗迹与名山大川，并存不朽云！

此文告诉我们，太白楼原名谪仙楼，是正统年间（明英宗朱祁镇年号）由江西人周忱下令修建的。距胡季瀛重修已历二百余年，可惜三年前毁于火灾。文中"正统之初"指正统五年（1440年），"庐陵周文襄公"即周忱。周忱，字恂如，吉水人，明工部右侍郎，卒谥文襄。大司空为主管建筑工程、制造车服器械、监督手工业的官员，向为朝廷六卿之一，与大司马、大司徒合称"三公"，后改称工部侍郎或工部尚书。

综合两位当事人的记述，胡季瀛重建太白楼的动机是"景仰名贤"并给采石增添胜景。资金来源除了胡季瀛与许岩光带头捐助（"因与双峒捐资，先饰遗像奉之更衣亭"），就是通过"金谋同寅，请之上台，集诸生乡耆与议"等方式募集，似乎没有强行摊派的扰民之举。这是难能可贵的。

二 胡季瀛没有逼迫萧云从绘制太白楼壁画

因为胡季瀛与许岩光的文章都是着重于交代重建缘由，所以都没有提到萧云从为太白楼画壁事，这也造成后人关于萧云从为太白楼绘制壁画起因的纷争。我们认为，历史上的胡季瀛没有逼迫萧云从绘制太白楼壁画。

萧云从绘制太白楼山水壁画的原因，历来主要有二说。一是被逼，比较有代表性的是以下两则。

《江南通志》[1]中是这样说的：

胡季瀛守太平日，慕芜湖萧尺木能画，三访俱辞不见。胡怒，时新修采石矶太白楼成，遂于案牍中入萧名，摄之至。即送入楼，令日画壁图成，当开释。尺木生万历间，至是已年七十余，方卧病，不得已，为画匡庐、峨眉、泰岱、衡岳四大名山图，凡七日而就，遂绝笔。今登斯楼者叹赏不置，画与楼俱传矣，其事与沈周绝相类。

《国朝诗话》[2]中的说法大同小异：

渔洋、漫堂皆有《过采石矶太白楼题萧尺木画壁歌》，皆淋漓尽致。予心慕萧画，恨无由登楼一见。嗣观吴青坛震方所辑《说铃》内载吴宝崖陈琰《旷园杂志》云："胡季瀛守太平日，慕尺木

---

[1] 《江南通志·卷一九六》。
[2] 杨际昌《国朝诗话》。

名，三访之，俱辞不见，胡怒。时新修太白楼成，遂于案牍中插入尺木名摄之。比至，送诣楼中，曰：'图成即当开释。'尺木年已七十余，力疾应命，画匡庐、峨眉、泰岱、衡岳四大名山，七日而就。"

文中"力疾"是勉强支撑病体的意思。《三国志·魏志·曹爽传》中就有类似用法："臣辄力疾，将兵屯洛水浮桥，伺察非常。"

二是应邀。这是萧云从本人的说法。萧云从在《太白楼画壁记》中说："（胡季瀛）知余为老画师，折简相招。"而受胡季瀛委托，具体与萧云从联系、商讨、协助画壁事的是太平府的陈醇儒。陈醇儒，字蔚宗，号书巢，当涂县庠生，弱冠有文名，清初著名书画家，工汉隶八分，尤长于山水。曾建育婴堂。康熙十二年（1673年），与端肇震、喻尔训等同纂《太平府志》四十卷传世。喜研读杜诗，沉酣多年，有《书巢笺注杜工部七言律诗》四卷行世。[1]萧云从也是一位喜爱并研究杜甫诗歌多年的人，著有《杜律细》。因此对陈醇儒印象很好："时陈子醇儒共研撰事，资余不逮。"[2]

萧云从画壁期间与陈醇儒相处甚欢，心情应该不错，此有事实可证。萧云从在绘制壁画次年——康熙二年（1663年）送画给陈醇儒并作《采江写意图跋文》，其中写道："癸卯夏五月，客采江。蔚宗同现，时相遇从论画，因写此帧。心烟水漳，佳气沸然，为近况第一乐事也。七十翁萧云从识。"[3]如果两人关系不佳，以萧云从

[1] 孙微、王新芳《陈醇儒及其〈书巢杜律注〉》，《杜甫研究学刊》，2008年第1期。
[2] 萧云从《太白楼画壁记》，见沙鸥辑注《萧云从诗文辑注》，黄山书社2010年版，第138页。
[3] 沙鸥辑注《萧云从诗文辑注》，黄山书社2010年版，第140页。

的性格是不会赠其画，更不会为其作跋文的。

因此，我的结论是：萧云从开始因为身体（力疾）、岁数（年近七旬）等原因谢绝作太白楼壁画是非常可能的，也是合乎情理的，但是说胡季瀛逼迫其作画是没有根据的，也是不可能的。除了萧云从本人的说法可证并非逼迫，还与知府胡季瀛是一位人品正直且有文化修养的文人官员有关。

三 胡季瀛不会逼迫萧云从绘制壁画的原因

胡季瀛不会逼迫萧云从绘制太白楼壁画，因为历史上的胡季瀛不仅是一个好人，而且是一位好官。

许多研究萧云从绘制太白楼壁画的文章在谈论胡季瀛时，都忽略了一个问题，那就是：历史上的胡季瀛到底是一个怎样的人？

首先，我们应该了解一点胡季瀛的身世情况。

胡季瀛的父亲胡震亨（1569—1645年）是明代著名的文学家、藏书家，字孝辕，号遁叟、赤城山人，浙江海盐人。万历二十五年（1597年）举人，由固城县教谕，知合肥县，荐补定州知州、德州知州，擢兵部员外郎。

胡震亨家多藏书，学问渊博，有藏书楼为"好古楼"，收藏图书万余卷，凡秘册僻典，莫不在搜罗补缀之列。黄宗羲称他考索精详。收藏宋元文集达十余种，偏重收集文学、词学图书。所辑《唐音统签》1033卷，搜罗丰富，是清代纂修《全唐诗》的主要蓝本。《四库全书总目提要》称："诗莫备于唐，然自北宋以来，但有选录之总集，而无辑一代之诗共为一集者。明海盐胡震亨《唐音统签》始搜罗成帙，粗见规模。……是编秉承圣训，以震亨书为稿本……"。可见胡震亨是一位有深厚文化修养并且为中华文化做出了巨大贡献的人。

胡震亨在任合肥县令时，据《江南通志》[1]记载：

胡震亨，字孝辕，海盐人。万历中除合肥令，英察若神，民扞网者辄指数姓名，蠹吏毫毛不敢有所犯。邑有世家裔犯窃，震亨则资以钱，谕令自新，其人感愧，卒改行。

从这段记载中可以看出，胡震亨不仅治理有道，而且注意教化百姓。这样的官员即使在今天亦属凤毛麟角。

胡季瀛的哥哥胡夏客（1599—1672年），字宣子，一字薛知，号谷水，顺治间诸生。亦是文化造诣颇深的诗人、书法家。凡七略九流无不阅览。好摹周籀秦篆，竹书漆简。著有《谷水集》等。《四库全书总目提要》[2]对胡夏客及其《谷水集》是这样介绍的：

《谷水集·二十二卷》（浙江巡抚采进本）国朝胡夏客撰。夏客，字宣子，海盐人。顺治中诸生，明兵部职方司郎中震亨子也。是集凡诗二十卷，文二卷，康熙中，其同邑陈光绎为之《序》并《传》，又为之《笺》。震亨家富藏书，其撰《唐音统签》，夏客实与有力。泛滥古人，耳目既阔，故负其才调，颇以气骨自高，而粗豪之失，亦由于此。

可见，胡季瀛系书香门第出身，他既有一位博古通今、为官清廉的父亲，还有一位在文学艺术诸方面擅长的兄长。在这样的家庭熏陶下，胡季瀛如何能不被培养出较高的文化修养呢？

其次，我们可以了解一下胡季瀛本人的人生经历，特别是其为

---

[1] 《江南通志·卷一一七》，引《合肥县志》。
[2] 《四库全书总目提要·卷一八二·集部三五》

官情况，从而对他有一定的客观认识。据编纂于乾隆十二年（1747年）的《海盐县续图经》[1]记载：

胡季瀛，字子甫，号念斋，孝辕公第三子。顺治戊子登副车，循例廷试拔置第一人，遂入凤阁，莅事七载。

世祖嘉其勋劳，赐人参麈尾柄以宠异之。同列以为荣。乙未，迁农曹。时值郊祭，公赞牲帛，世祖识之，顾左右曰：此胡麻子也。拜银院调养之赐。康熙初年，掌椎河西务，平物价，恤远商，廉江无苛墟人使之期年监督通仓游历郎官一年。出守姑孰，以德化民，不事箠楚。在任数载，戒包苴，杜干谒。或有遗兰数盆，启之，黄金也。公曰："嘻！暮夜岂无知者耶？"受兰返金。其清操有如此者。

后摄池太观察象，旋以公事韩误镌级，寻复原职，授九江守。当是时，三逆萌蘗，江州当其冲。据胖战槛，沿江蔽流，值兵焚之后，民皆惊魂悸魄，亡散流离。公下车，即以善政劳来辑宁抛纹，吏民安堵如故。甫一岁，而州大治。未几，以母忧去。江州人立祠祀之。服闻之后，闭户养高优游于灌木园中，种竹栽卉药，日与同里彭羿仁、何朗仙诸名士饮酒赋诗其间，不知老之将至云。

这段记载传递了这样几条重要信息。第一，胡季瀛是胡震亨的儿子（"孝辕公第三子"）。第二，胡季瀛和他父亲一样，是既有政治才能又有廉洁操守的官员。尤其是在担任太平府知府（"出守姑孰"）时，更有拒绝贿赂的具体事例：胡季瀛非常重视以德化民，也能以身作则，为官清廉，拒绝不正当的请托。某一天晚上，

---

[1] 王如珪编，陈世俛、钱元昌纂《海盐县续图经》。

有人拜访他，赠送数盆兰花。胡季瀛发现盆底下面还垫着几根金条。于是说："暮夜岂无知者耶?"留下兰花，退回了金条。第三，胡季瀛还是淡泊名利、情趣高雅的人。他退出官场以后，"日与同里彭羿仁、何朗仙诸名士饮酒赋诗其间"。

因此，像胡季瀛这样一位品格高尚并且文化修养深厚的文人官员，他治理姑孰，倡议修建并且克服困难募集资金重修太白楼，绝对不是偶然的心血来潮，也与所谓政绩无关，而是借纪念李白来弘扬中华文化（某种意义上就是正统汉民族文化）的深谋远虑之举。这样一位有修养有情怀的文人官员，会粗鲁地逼迫萧云从作画吗?

四 胡季瀛是萧云从太白楼壁画的伟大助产士

历史上真实的胡季瀛究竟是个怎样的人，我们已经清楚，但是，他的形象不仅在文人笔记中，而且在民间故事里都遭到严重的扭曲。例如在《中国民间故事集成·芜湖分卷》[1]里有一则《萧云从三拒胡知府》的故事，故事主要内容与前文所引《国朝诗话》等文人笔记差不多，只不过增加了一些胡季瀛为了升官想求萧云从作画送给上司的情节，使胡季瀛的"丑恶嘴脸"更加突出了。

这是为什么呢?

其中主要原因就是取代明朝统治的是少数民族，因此具有正统的大汉族主义也是狭隘的民族主义观念的人自然瞧不起为清廷服务的汉族官员，必欲对之丑化而后快。但是如果现代的萧云从研究者仍然对胡季瀛抱有偏见，则不仅是观念问题，而且是缺少起码的历史唯物主义常识了。

---

[1] 《中国民间文学集成·芜湖分卷》，黄山书社1997年版，第48页。

如果胡季瀛邀请萧云从到太白楼画壁画是在清初，遭到萧云从拒绝完全可能。因为彼时萧云从对清统治者的态度与画壁画时的晚年不同。明清易代之际，萧云从本人无论是诗歌创作还是绘画作品都或显或隐地流露着反清复明的思想以及深沉的故国之思。但是一方面随着清朝统治者调整统治政策，缓和与汉族人民的矛盾产生初步效果；另一方面，萧云从看到清朝统治下的老百姓生活重新恢复安定，未必活得比贪官污吏横行下的大明王朝艰难，其对清朝统治的态度发生变化完全是正常的；再者，具体情况还应该具体分析，萧云从本人无意出仕，但他对官员也是区别对待，并非一概拒绝交往的，这有诸多事实为证。例如：

顺治五年（1648年），萧云从应清廷官员、时任太平府推官的张万选邀请，为其《太平三书》作图，从而诞生了版画杰作《太平山水图》。

顺治十三年（1656年），萧云从于"丙申春仲，就棹宛陵。应郡侯之约，暇则寻幽探胜，历览敬亭诸峰……"，[1]创作了《归寓一元图》山水长卷，其中多首题诗，描绘了百姓安居乐业的情景。

随着时间的流逝，萧云从对其友人中坚决从事反清复明斗争的"仁人志士"——如芜湖沈士柱、和州戴重等人的抗清行动，虽在道义上支持、同情，但都没有实际参与。

这些都是历史事实。因此，用静止、僵化的观点看待萧云从、胡季瀛这些历史人物，是不符合历史唯物主义的。如果萧云从对"政府官员"一概拒绝来往，那么，《太平山水图》《归寓一元图》也就可能不存在了。

张万选因《太平山水图》而留名后世，胡季瀛更应该因募建太

[1] 萧云从《归寓一元图跋文》，见沙鸥辑注《萧云从诗文辑注》，黄山书社2010年版，第133页。

白楼、力邀萧云从为太白楼绘制壁画而流芳千古，因为他是壁画诞生的伟大助产士。

只要认真读一读萧云从本人亲笔写的《太白楼画壁记》，[1]就可以发现我们得出这种结论的理由。

第一，胡季瀛是募建太白楼落成之后，最早有绘制壁画想法的人："乃顾瞻四壁，粉若空天，欲秃笔貌之，以为迎神之曲，招魂之辞，巍然俎豆，知有谪仙人在焉。"因此，胡季瀛是太白楼壁画最早的创意者。

第二，胡季瀛虽然公务繁忙，但是仍然亲笔写信给萧云从，邀请其作壁画："时以郡务云集，不遑经营。知余为老画师，折简相招。"所谓"折简"，亦作"折柬"，就是裁纸写信的意思。这体现了胡季瀛对艺术家的尊重。

第三，胡季瀛精心选派承担与萧云从绘制壁画"对接"工作的人选陈醇儒，果然令萧云从非常满意："时陈子醇儒共研撰事，资余不逮。"最后两人因为共同的诗画爱好，成为好友。这说明胡季瀛用人得当，确保了画壁工程的顺利实施。

第四，胡季瀛本人的书法专长及文化修养得到萧云从高度肯定："出素所摹临晋唐宋元真楷行草，榜锓以矜式来学……是则先生知画者也。"这是萧云从得以怀着愉快心情创作壁画"七日而就"的根本原因。

因此，我们完全可以说：胡季瀛是萧云从太白楼壁画诞生的伟大助产士。

如果没有任安，如果不是他给司马迁写了一封信，也许就没有司马迁的《报任少卿书》了。中国人耳熟能详的"人固有一死，

[1]　沙鸥辑注《萧云从诗文辑注》，黄山书社2010年版，第138页。

或重于泰山，或轻于鸿毛"及"文王拘而演《周易》，仲尼厄而作《春秋》……"这些励志名言也就没有了。

如果没有滕子京，如果不是他修书范仲淹邀请他为岳阳楼作记，也许就没有范仲淹的《岳阳楼记》了。"不以物喜，不以己悲""先天下之忧而忧，后天下之乐而乐"这些仁人志士的座右铭也就无从谈起了。

胡季瀛如果地下有知，他最感伤的或许并不是自己被后人妖魔化，而是萧云从的太白楼壁画杰作最终毁于兵火，未能如《报任少卿书》《岳阳楼记》那样流传后世。

（本文原载《萧云从考论》，团结出版社2021年2月出版）

黄钺《画友录》若干著录
人物生平考

朱 寅

　　《画友录》历来被认为是研究姑孰画派的重要资料，它的"前身"《于湖画友录》为乡前辈黄钺专门记录芜湖地区画家生平事迹所著，更名《画友录》后又适度扩展到黄钺自己的外地交游对象，即便如此，著录人物仍然大多为芜湖籍或流寓芜湖者。现就其中几位比较知名的人物的生平略做考证，以期对姑孰画派的进一步研究有所裨益。

一　四库馆臣谢登隽

　　谢登隽，字才叔、金门，号易堂，一号梅农。父谢元轮，母刘氏。江庆柏编著《清代人物生卒年表》中谢登隽卒年缺失，生年则考订在乾隆十年（1745年），依据是《清代官员履历档案全编》中的谢登隽引见履历[1]。另有两处关系到谢登隽生卒年考订的重要资料，一处是黄钺在《退滋堂集·序》中说道"谢长钺七岁"，另一

---

[1] 《清代官员履历档案全编·卷23》谢登隽引见履历载："臣谢登隽……年五十岁……今签升湖北宜昌府同知缺。敬缮履历，恭呈御览，谨奏。乾隆五十九年二月二十八日。"

处是清嘉庆版《芜湖县志·谢登隽传》载："谢登隽……继升宜昌府知府。逾年卒，年六十二"。考虑到清代官员在仕途中使用官年[1]是很普遍的现象，而谢登隽是黄钺的密友，他的受业弟子王泽[2]又是该志的协修，因此取黄钺和嘉庆版《芜湖县志》的说法更为妥帖，可知谢生于乾隆八年（1743年），卒于嘉庆九年（1804年）。

谢登隽原籍祁门，高祖谢世麟[3]明末迁居芜湖，到他这一辈已经是第五代了，这和黄钺家族迁芜情形相仿佛。谢登隽天资既高，年幼时即有神童之誉，性格恬淡，喜欢清净，后天勤奋苦学，学养深厚，是乾隆年间黄钺最为推崇的芜湖本土诗人之一，他的才学也被诗坛盟主袁枚所赏识，诗作被其收入《随园诗话》和《续同人集》[4]，这也就不奇怪《清代诗文集汇编》能收录他的《退滋堂诗钞》（图1）了。

除了诗名在外，谢登隽还精鉴古、善书法，作画亦不俗，笔意超绝，在与黄钺比邻而居的日子里[5]，他们朝夕相处，谈诗论画，至夜不休，有时也和一班好友酬唱往还。在科举的道

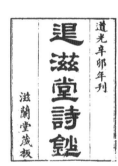

图1　谢登隽《退滋堂诗钞》书影

[1] 官年，具报官府的年龄，与实年相对。
[2] 王泽（1759—1841年），字润生，号子卿，晚号观斋、中江顽石道人。芜湖人。嘉庆六年（1801年）辛酉恩科殿试二甲第4名进士，翰林院编修，嘉庆十二年（1807年）丁卯科云南乡试正考官，赣州府知府署赣南道。诗画卓然成家，与黄钺并称"芜湖二老"，著《观斋集》十六卷。
[3] 《光绪二年丙子恩科会试同年齿录》谢立本履历载："迁芜二十四世祖世麟，字敬斋，明两举乡饮大宾，旌表孝行，载《江南通志》。"
[4] 《随园诗话》卷十四录谢登隽"毋矜酒户大，独许石文深"句，《续同人集》录谢登隽《和简斋太史赠彭芸楣座主原韵》一首。
[5] 谢登隽住芜湖城后家巷附近，与黄钺后家巷古桑书屋宅第仅隔一巷。

路上，谢登隽不太顺利，数次参加会试都不能再进一步，没有获得参加殿试的机会，也就无法跻身三甲进士之列，只是在乾隆三十七年（1772年）壬辰科会试中式中正榜[1]，被授予国子监学正这一教职[2]。正如日中天的大贪官和珅也看中了他的才学，想要邀请他做幕僚，被清廉有守的谢登隽拒绝[3]。但金子总会发光，乾隆三十八年（1773年）四库全书馆正式开馆，该馆先后集中了300多位名重一时的学者共同编纂《四库全书》，谢登隽被任命为篆隶分校官[4]，主要负责篆书、隶书的校对。四库全书编纂完成后，他被考评为京察一等，外放以宜昌府同知用。后因在征讨白莲邪教中有军功，谢登隽被擢升为宜昌府知府，不久卒于任上。

在谢登隽去世之后，黄钺还为他做成了两件大事。第一件事发生在道光八年（1828年），谢崧[5]移祀于湖先生张孝祥像于赭山滴翠轩，黄钺力主以谢登隽作为从祀六君之一，又述其生平大略，以期芜湖后辈晚生不忘乡贤事迹[6]。第二件事就是在道光十一年（1831年）促成凝聚着谢登隽半生心血的《退滋堂诗钞》付梓刊行，这前后耗费近30年的光阴，其中的过程也是曲曲折折，甚至一度面临搁浅，也是靠着黄钺从中周旋，并不顾年老体衰，亲自校对、鉴定，终成其事[7]。光绪年间，谢登隽族裔又辑其遗诗一卷编入家集《于湖

---

[1] 中正榜为清代从会试落第者中甄选出部分优秀者遇缺选取为内阁中书及国子监学正、学录之专门榜别，自乾隆二十六年（1761年）始。

[2] 《高宗纯皇帝实录》卷九〇九载："乾隆三十七年壬辰五月……谢登隽俱著以学正学录用。"

[3] 清道光七年《祁门县志·谢登隽传》载："时大学士和珅势甚张，延入幕，不赴。"

[4] 《钦定四库全书总目·卷首二·职名》载："篆隶分校官：国子监学正臣谢登隽。"

[5] 谢崧（1777—?），字骏生。谢登隽侄孙。祁门人，七世居芜。嘉庆九年（1804年）甲子科顺天乡试南元，嘉庆十年（1805年）乙丑科进士，翰林院编修，官至云南迤西道。

[6] 清同治二年重刻光绪七年增修本黄钺《壹斋集》卷三十四有《于湖祠从祀六君诗并序》。

[7] 黄钺《退滋堂集·序》："钺老矣，荒陋无文，不能写宜其妙，仅述其交游如此，然犹幸忍死得见君集之成，目虽翳，尚能手校其伪误至再至三，不异五十年前同居陋巷草阁，一灯商榷古今，彼此送难时也。故人有知，当亦凌云一笑矣。"

谢氏三世诗钞》[1]中，这是后话。

二 黄钺长兄及姻亲

黄裳，字补之，号寒壁。黄钺长兄。芜湖人。据《黄勤敏公年谱》载"嘉庆十一年丙寅（1806年）正月十三日，先伯补之公卒"，可知黄裳卒于嘉庆十一年正月十三日，即1806年3月2日。而黄钺《画友录·黄裳传》又载"黄裳……年六十四卒"，可推知他生于乾隆八年（1743年）。因父母早亡，与弟黄钺相依为命，被迫放弃举业，早早投入商海谋生，一生都没有取得功名，但这并不妨碍他亲近读书人，爱好文学和绘画，平常喜欢与黄钺、王诘、邵士燮、金铎、戚子模诸人私下切磋画艺，经常参加或在镜湖画社[2]（图2），或在荆山欧湖畔的文人雅集，这样长期坚持下来，他的山水画和文学创作也是有所精进。乾隆四十三年（1778年）重九日与邵士燮、邵士铠、黄瑛、施道光、金铎、黄钺一起登临赭山，集合七人之力，创造性地合作了长度超过一丈二尺的《九日登高合图》（图3），黄裳首先起笔，绘

图2 镜湖雅集图 手卷 纸本 41 cm×138 cm

[1] 于湖，芜湖别称；该集收录的另两种诗集为谢葆和撰《萱寿轩遗诗》和谢立本撰《可无诗存》。
[2] 镜湖画社，黄钺首倡，成员有黄裳、邵士燮、邵士钤、邵士铠、邵士昆、施道光、金铎、程澄、马俊、何檍、王泽等人，社址选在芜湖镜湖畔一房山马俊旧居。

"层峦松障，中跨一桥"，画成之后有袁枚、邓石如等名家题跋，这幅黄钺生前视如至宝的巨作现藏于广东省博物馆。黄裳无子，在他去世后，黄钺将次子中民过继给他。

图3　黄钺等《九日登高合图》卷首
广东省博物馆藏

邵士燮，字友园、一字仙耕，号范村，自号桑枣园丁。父邵廷佩，母汪氏。黄钺妻兄。芜湖人。《壹斋集》卷三十四有黄钺于道光壬辰年（1832年）所作《于卖旧书画处得邵友园破碎遗像，重为装潢，怆然题此》诗，作者自注云"君卒于福建令弟铁君任，年七十，今百有二岁"，可推知邵士燮生于雍正九年（1731年），卒于嘉庆五年（1800年）。芜湖邵氏一族诗礼传家，多风雅之士，如士燮二弟士钤、五弟士昆均入《画友录》，嫡堂叔廷侃名载《皇清书史》，嫡堂叔廷仕中式乾隆辛卯科顺天乡试副榜，是四库全书馆总裁王际华聘请的助校，有《蚓唱余音集》[1]行世，堂兄弟士铎是乾隆丁酉科拔贡，四库全书馆誊录，不可枚举。邵士燮工诗[2]兼善分隶、篆刻，因住在芜湖城来凤门内的桑枣园，邓石如为他刻"桑枣园"正方朱文印一方（图4），他是镜湖画社元老[3]，平生最为爱好的还属"绘事"，曾写《荒江老屋图》，一时名流如谢登隽、黄钺、王泽者题咏甚众，又在黄钺《九日登高合图》中画"重冈岩下村舍一椽"（图5）。

邵士铠，字犀函，号橘山、西堂，又号铁君。士燮四弟，黄钺妻弟，施道光妹夫。芜湖人。《乾隆四十八年癸卯科乡试同年

[1]　清刻本祁寯藻《馤欱亭集·卷二六·题芜湖邵未斋先生廷仕〈蚓唱余音集〉次佚斋师韵》。
[2]　《南州诗略》卷十二载其遗诗五律五首、七律二首、五绝一首。
[3]　清道光十二年刻本王泽《观斋集·卷二·邵友园丈士燮〈荒江老屋图〉》有"世间留得癯仙样，画社推为鼻祖人"句。

图 4 "桑枣园"正方朱文印 印面横 1.1 cm，
竖 1.0 cm

图 5 黄钺等《九日登高合图》局部 广东省博物馆藏

齿录》邵士铠家状载"乾隆乙亥年十月十八日吉时生"，可知他
生于乾隆二十年十月十八日，即1755年11月21日。清代福建巡抚李
殿图有一份名为《题报拣发知县邵士铠先经前抚汪志伊题署政和知
县，现候部覆，因忽沾痰证医治不痊，于嘉庆七年二月十二日在寓
病故》题奏存世，可知邵士铠在嘉庆七年（1802年）二月十二日病
故。邵士铠虽然家境贫寒，但从小一心苦读，在芜湖县学时是最优
等的廪膳生，乾隆四十八年（1783年）癸卯科江南乡试中式第16名
举人，乾隆五十五年（1790年）庚戌恩科与黄钺同登金榜，中式三
甲第17名进士，后被派往福建做知县，也是造福一方。泉州府安溪
县素称难治，大规模宗族械斗有百年以上的历史，他谆谆劝导，化
解冲突，离任之时，当地百姓相送数十里。邵士铠除了善为诗词古

文外[1]，还兼精书画、篆刻，为黄钺镜湖画社社友，在芜湖人貌芜湖江山风月的《九日登高合图》中画"松壑云亭"，嘉庆初年又应如皋黄学圯之邀为《历朝印史》卷六宋代部分作释文。士铠家乡情节浓厚，嘉庆四年（1799年）与乡贤达王泽、韦运标[2]诸公一道倡议修缮、扩建京师芜湖会馆，以壮观瞻，以利乡人。

三 《随园诗话》里的芜湖诗人施长春及侄孙施道光

施长春，字淡吟，号小曼，别字曼郎。芜湖人。有《见月集》[3]《淡吟遗草》《蔗尾集》《兰言集》传世，今仅存遗诗数首可散见于《芜湖县志》《南州诗略》《随园诗话》等处。袁枚《小仓山房诗集》卷五有《挽施曼郎》诗，该集卷五为袁枚在乾隆丙寅年（1746年）至乾隆戊辰年（1748年）所作，参照前后诗作，袁枚挽诗当作于乾隆丙寅年十一、十二月间，即1746年12月至1747年1月间，彼时袁枚尚在江宁做知县，芜湖、江宁水陆不过二百里，又有共同友人秦大士互通消息，将施长春卒年定于乾隆十一年（1746年）。另，韦谦恒《追和亡友施淡吟秀才池阳使院见怀作》[4]诗自注云"秀才名长春，别字曼郎，年三十而殁"，可推知其生于康熙五十六年（1717年）。

施长春幼聪慧，跟着兄长施长裕学习，年二十入泮，次年科试第一即为县学廪膳生，工诗文，善画山水，因相貌清秀俊朗，时人

---

[1] 《南州诗略》卷十三录其诗3首。
[2] 韦运标，字又庐，嘉庆四年（1799年）己未科殿试二甲第44名进士，户部主事，嘉庆十三年（1808年）戊辰恩科广东乡试副考官。
[3] 清乾隆刻本陶元藻《泊鸥山房集·卷一二·施淡吟见月集序》。
[4] 清乾隆刻本韦谦恒《传经堂诗钞·卷一》。

以当世卫玠称之。乾隆元年（1736年）安徽有《七子文选》[1]问世，入选者皆一时俊彦，长春不仅名列其中且最年少。他平素不妄交，喜欢独自在芜湖东门外环境清幽的出世庵一心读书，但如果是志同道合的朋友相招，虽"风雪必往"。他又与同邑名士韦谦恒[2]、戴天溥[3]、汪元均[4]、沈德馨[5]、沈德修[6]、沈德宜[7]等结诗文社，相互砥砺，又与商盘、秦大士、陶元藻、李葂等倾心相交，文酒过从，唱和往还，因此诗文愈佳，秦大士也屡次向袁枚推荐这位青年诗人。可惜长春年少得志后，竟久困场屋，不得仕进，抑郁愁闷，以致身体有恙，未能亲赴江宁成就一段佳话，在他病逝后，袁枚将两人交往的原委记录在《随园诗话》[8]《小仓山房诗集》里，为之扬名。友人商盘为他整理遗稿并作《挽逝诗·施秀才淡吟》[9]悼之，陶元藻亦

[1] 清嘉庆二十四年刻本许嗣云《芷江诗话·补遗·卷一》。

[2] 韦谦恒（1720—1796年），字慎旃，号约轩，一号药仙。芜湖人。乾隆二十八年（1763年）癸未科殿试一甲第三名，授翰林院编修。乾隆四十四年（1779年）、乾隆五十一年（1786年）分别担任云南乡试和陕西乡试正考官，又任四库馆武英殿提调官，仕至贵州布政使署贵州巡抚。著有《传经堂诗钞》《传经堂文钞》等。

[3] 戴天溥（1726—？），原名戴天，字兆师，号孟岑。黄钺母舅。休宁人，侨居芜湖。乾隆十六年（1751年）辛未科中式二甲第39名进士。

[4] 汪元均，字琴山，号桐轩。芜湖人。乾隆六年（1741年）辛酉科江南乡试举人，任广西修仁县知县，倡导文教，有《梦惠草堂遗集》。

[5] 沈德馨（1719—1808年），字惟孜，一字惟斯，号仁田。沈省长子。芜湖人。乾隆元年（1736年）丙辰恩科江南乡试经魁，乾隆二年（1737年）丁巳恩科会试登明通榜，官四川巴州知州，有循声。

[6] 沈德修，字静人，号立山。沈省次子。与兄德馨同入太史王步青先生门，工诗古文词。乾隆二十四年（1759年）己卯科江南乡试举人，署河南温县知县，多善政。有《养虬轩诗文》《甲子山房诗钞》。

[7] 沈德宜，字式春，号时庵。沈省第三子。乾隆二十四年（1759年）己卯科江南乡试举人。

[8] 清刻本袁枚《随园诗话》卷九有"芜湖施长春条"。

[9] 清乾隆甝雉山房刻本商盘《质园诗集》卷十七《挽逝诗·施秀才淡吟》："古调瀏瀏静夜弹，发音不易赏音难。刘棻奇字何曾学，谢谔遗篇忍再看。惜少鲸鱼翻渤澥，忆从怀袖探琅玕。成阴岂乏闲桃李，独使高梧百尺残。"

作《吊施淡吟二首》[1]感怀好友英年早逝。

施道光，字杲亭，号愚卿，又号少卿。施长春侄孙。芜湖人。有《海桐书屋诗集》。黄钺在乾隆四十九年（1784年）有《偶于旧稿中得乙未中秋与施杲亭、邵友园兄弟络纬联句诗，杲亭殁五年矣，伤胜友之不作，慨良会之云遥，追录其诗，或不致人琴俱寂耳》[2]诗，可知施道光卒于乾隆四十四年（1779年）。嘉庆版《芜湖县志》和黄钺《画友录》分别记载施道光"年未四十卒""年逾四十卒"，大体上我们可以知道他去世的时候在四十岁左右，生年当在乾隆五年（1740年）前后。

施道光幼失怙，家中一贫如洗，奉母至孝，友爱兄弟，善书工诗，并精围棋，有傲骨，负狂名，世所谓狂直之士也。与谢登隽、黄钺、邵士燮兄弟交最厚，酬唱不绝。乾隆三十三年（1768年）戊子科江南乡试中式举人，数次参加会试均落第，后挑选知县，但未获授实官，经济状况长期得不到改善，只能乞食四方。三十岁以后加入黄钺的镜湖画社，开始学画，画竹[3]兼画山水，笔意超脱。乾隆四十三年（1778年）又与黄钺等有重九登高之会，合作《九日登高合图》，画"奇峰峭壁"，虽寥寥数笔，亦足传也。

卒后，谢登隽展阅此图如睹斯人，题跋于图上曰：

良会不可再，耿耿心骨悲。施生笔纵秀，宿草今离离。其余五六人，相望天一涯。燕山楚水阔，寂寞黄花篱。矧余别乡国，

---

[1] 清乾隆衡河草堂刻本陶元藻《泊鸥山房集·卷十六·吊施淡吟二首》："吾友真英物，文心吐八荒。年华方盛满，天道竟苍茫。玉树凋秋早，金刀掩夜长。黄公酒垆在，洒泪一沾裳。""书生涂路狭，辛苦啮残编。漂泊已堪恨，山丘更可怜。遗文光掩斗，雏凤翩摩天。何处吟秋水，江皋几点烟。"

[2] 清同治二年重刻光绪七年增修本黄钺《壹斋集·卷四》。

[3] 清道光十一年刻谢登隽《退滋堂诗钞·卷二·新竹一首柬杲亭》诗自注云："杲亭近学写竹。"

六度登高期。批图感存殁，泪下如缏縻。登隽三题此作，专悼呆亭也。

四 客居芜湖之王诘、金铎、吴鹏

王诘，字摩也，号井东。太仓人，客芜湖。据黄钺《九日登高合图》载："乙巳人日，重读《九日登高合图》……井东王摩也，时年六十有四。"乙巳为乾隆五十年（1785年），可推知王诘生于康熙六十一年（1722年）。黄钺《画友录·王诘传》载："乾隆戊申，舟过芜湖，已得风痹之疾，归卒于家"，其卒年当为乾隆五十三年（1788年）或之后的一段时间。

旅芜期间，王诘将金辉、金铎兄弟读书的学圃草堂扩建到"数十楹"的规模，作为自己的别墅。曾应黄裳之邀，为黄氏老宅作《古桑书屋图》，又因未能参与黄钺组织的戊戌重九登高之会，以为憾事，遂题诗于《九日登高合图》上：

采菊故乡好，登高兴若何。客中逢九日，梦里隔江沱。我有怀秋思，看君墨妙多。未能同赴约，顾影独婆娑。鄂城寓庐获观登高合作图，漫吟一律，以志仰慕，吴中固道人王诘。

金铎，字振之，号叶山樵者。吴县人，客居芜湖四十余载。据黄钺《画友录·金辉传》载"其弟铎……与余同庚午生"，可知他生于乾隆十五年（1750年）。金铎《六合同春图》题款有"嘉庆戊寅岁上元日叶山樵金铎写"字样，可知嘉庆二十三年（1818年）正月十五他尚在世，而道光七年（1827年）黄钺作

《雪夜感旧六言》[1]诗自注云，"乾隆甲辰，余留武昌度岁，岁除与金叶山登黄鹤楼看雪，又与戚子模合为《岁朝图》，今图在而故人云亡且十余年矣"，卒年当在嘉庆二十三年（1818年）至道光七年（1827年）间。

金铎住在镜湖畔洪园，并自署"小林屋"，又与兄长金辉读书于学圃草堂。平生最嗜画，山水、花鸟画都很擅长，是镜湖画社骨干成员，平素与社友在芜湖登山临水，貌"芜湖山水"，如乾隆四十三年（1778年）《九日登高合图》画"疏树板桥"，嘉庆初年又画《三华山图》。生平喜交游，遗墨甚众，今存世者尚有《平林村舍图》《紫田小筑图》《湖山垂钓图》等。

吴鹏，字展云，号南池。繁昌金峨下乡人，居芜湖。据黄钺《画友录·吴鹏传》载"吴鹏……年十九中乾隆庚辰武举……年未四十卒"，可知他生于乾隆七年（1742年），卒年当在乾隆三十六年（1771年）至乾隆四十五年（1780年）间。

吴鹏"长身白皙，弱不胜衣"，谁能想这样一副文弱书生模样的人竟然可以骑射、步射、舞刀、举石[2]，十九岁就中式乾隆二十五年（1760年）庚辰科江南武乡试举人，因应试武举非其本意，遂不再参加兵部会试。吴鹏又工诗善画梅、兰、竹，能鼓琴，风流自赏，家中有"展云阁"，每每与韦似山天鼎[3]、谢梅农登隽、施果亭道光、邵友园士燮诸友吟诗作画、抚琴纵酒于此。吴鹏卒后，谢登

---

[1] 清同治二年重刻光绪七年增修本黄钺《壹斋集·卷三〇》。

[2] 据《乾隆十七年壬申万寿恩科云南武乡试题名录》载："第一场试马上箭，第二场试步下箭、开弓、舞刀、掇石。"

[3] 韦天鼎，字汉星，号似山。诸生。芜湖人。精音律，后亦工诗，为乾隆中期芜湖诗坛骨干。子韦布，字晴帆，号衣伯，官河南考城县知县，有画名。

隽为之作凭吊、怀旧诗[1]。今有"文传天下口，书见古人心"行书五言对联存世，款识"星岩[2]二世兄属，南池吴鹏"。

（本文原载《萧云从考论》，团结出版社2021年2月出版）

---

[1] 《过吴南池别业有感》："故人抱微尚，别业傍湖阴。种树残花在，对苔宿雨深。徐君曾顾剑，向秀独伤心。此日经过者，斜阳泪满襟。自注：南池曾属予作记，未报而南池已殁，故五六及之。"《怀旧诗·其六》："展云高阁掩斜阳，往日停车尽老苍。每爱寒宵听说饼，不烦词客远遗床。围棋舞稍偏潇洒，画意琴心竟渺茫。浊酒一尊谁共饮？虎贲那得似中郎。自注：吴南池。"
[2] 星岩或为芜湖邵光钤。邵光钤（1747—？）字星岩，号东垣，一号芝樵。芜湖人。乾隆五十三年（1788年）戊申恩科江南乡试举人。曾任怀远、吴江、仪征县教谕。

读画札记之尺木十则
（附外七则）

王永林

中国画早期的规整细笔画，多称"绘""制""作"，而后来的文人写意画则多称"写"，所谓"写"者，"书画同源""书画同法""书画同体"之谓也，故欣赏文人写意画亦谓之"读"。然而，读画又不能是简单地欣赏，鉴出真伪。分出高下应是前提；如此，才能感知真品存世之不易，才能算真正认识此画此人。

马仁山洗砚"池"耶？"溪"耶？

我知道位于芜湖繁昌县境内的马仁山，是始于读了明末清初大画家萧云从（1596—1673年）《太平山水诗画》中的繁昌《双桂峰图》和《洗砚池图》（图1），而与马仁山相遇，则缘于2010年春"百名文艺家走进马仁"的创作活动，由此我得以探访尺木先生300多年前所绘这二图的自然胜

图1　萧云从《太平山水诗画》之《洗砚池图》

74

迹。

　　早春二月，是桃花、梨花怒放于山间道旁的时节，一路上向"走进马仁"的我们报告着春的消息，此时置身于奇峰、异木间，无处不感受到大自然向人们昭示着的诱人魅力。我下车伊始，便脱离"队伍"请景区的工作人员带我去认识我早已"认识"的那两处胜迹，以偿我多年的心愿。

　　一进景区大门，扑面而来的就是马仁主峰，也就是我要寻找的"双桂峰"，因为不是千呼万唤便见到了真容，所以在惊叹其峰奇灵秀之后，便没有其他太多的感想了，倒是"洗砚池"让我颇费了一番周折。"洗砚池"是马仁景区正待开发的一个景点（现在10多年过去了，开发得如何尚不得而知），因其掩没于山中一片荒芜的竹海深处，故少有人迹能至。我是在一位对景区极为熟识的当地工作人员帮助指引下，才得以一窥其貌的。

　　我们先由马仁寺之侧，顺着一涧溪流向山中寻觅，想着洗砚必是用水的，而且萧云从图中所绘亦是书童溪边涤砚，可惜费了半天工夫也未找到，把这位对景区非常熟悉的工作人员也弄出了一头汗，在他用对讲机与其他当地工作人员交流后，我们又弃溪流而

图2　王翀霄洗砚池（2010年3月21日摄）

奔山中竹海深处，踏着松软的植被，钻过许多倒伏及地的毛竹，在我们的艰辛努力下，终于见到了1200多年前，王羲之的后裔王翀霄结庐隐居，并在此设坛讲学挥翰涤砚的洗砚池（图2）。这里是一个不大的山地小平台，众多的山石砖块散落于平台之下，应是古人筑室所用之旧物，于其间细察尚可见一两处墙基之残迹，

周围竹林中满地皆是野猪或踩或拱出的洞痕，尽显荒寂之野境。洗砚池位于小平台之上，用山石圈垒而成，看了才知道原来此池是一眼活泉，水由池底之泉眼渗涌而出。据景区工作人员告知，此泉终年无论多旱也不会干枯，乃活水也，所以不用借助溪涧之水便可涤砚，我不禁想起朱熹老夫子的名句："问渠那得清如许，为有源头活水来。"看此池中之水清澈透明，池底则略泛黑，似有千年之前先贤的墨韵仍遗留于其间，观之不禁让人顿生怀古之幽思。想来300多年前萧尺木来此，睹先贤遗迹亦是这般感受，所以，绘马仁之景时，独选挺秀之主峰与清幽之砚池。

不过看着眼前之实景，我不禁产生疑问：尺木先生进入了此山中吗？到过这儿吗？毕竟此"池"与彼绘之"溪"相去甚远。然转念一想，萧云从的"双桂峰"与"洗砚池"两图，乃是写"意"寄兴之作也，既是写题于画上之诗作（萧云从于图上各题"宋徐杰"："双桂峰""洗砚池"诗一首，如"洗砚池"诗中就有"波间洗破砚，墨浪飞玄鱼"句）的诗意，也是写他自己胸中之意，是自然山川、人文故址与诗意和画兴的结合，并非照搬自然之景；是取自然内在的神韵，而非取其外在的地貌，这应是在写他自己胸中的块垒、丘壑。故图与山川是意会，而非简单的描摹，是如董其昌所言："以蹊径之怪奇论，则画不如山水；以笔墨之精妙论，则山水决不如画。"尺木所绘《洗砚池图》，改一眼深泉形成的一个小小洗砚池为潺潺之溪流山涧，使画面顿生活泼生动之气息；图中所绘安坐于石凳之上，铺纸搁笔于石台，观侍僮仆洗砚的高士，既是写王翀霄，也可理解为其自画像也，因为他自身就向往这样的生活状态。跟随着他的画意，连观看图画的我都愿意经常能畅游、安居于这样的幽境之中了。

这次的马仁奇峰之旅，对我来说是与读画相参的一次发现之旅，集自然奇观与人文遗迹于一身的马仁仙境，让我感受着大自然的鬼斧神工和古圣先贤的逸韵遗风，并得以与乡贤萧尺木做了一次穿越时空的对话，对古代文人画家的以山水为寄，有了更为深刻的理解。萧云从和新安画派的弘仁、查士标、孙逸、汪之瑞以及梅清这些产生于明末清初的遗民画家，他们所宗法的是元四家中黄公望、倪云林、吴镇的遗韵。因为站在明朝遗民的立场上，是和生活在元代的宋朝遗民有着同样感受的。所以，他们都是以气节为重、寄情于山水，或者叫以山水为寄，也就是以山水为自己的思想寄托。因此，他们笔下的山水，都是以墨笔居多，是少有颜色的，是空灵的，是有逸趣的，也是避世的，甚至是不食人间烟火的，所以也是脱俗的。应该说，明末清初的遗民画家，创造了中国画坛的又一个高峰，在中国绘画史上有着崇高的地位。但可惜的是，萧云从、弘仁、查士标、孙逸、汪之瑞、梅清等皖南遗民画家，却成了我们安徽画坛的绝响。

清斋七日为移梅

图3 萧云从 《移梅图》

偶见萧云从《移梅图》（图3），楷书款题曰："丙申岁元日至人日，寂居西庐，集诸儿侄围炉读书，风雨在窗不复知有世间事，时盥升出纸一十二幅，随意草成，宋元名法略存百一矣，用作家珍，不敢云国门之悬也。无闷老人识。"丙申为1656年，尺木时年61岁。"盥升"者，其侄萧一荐也。而"国门之悬"乃"一字千金"之谓也。

萧云从出生在上一个丙申（1596年），到这个丙申他已年入花甲，新年的

77

"元日（初一）至人日（初七）"，儿侄满堂的他，安享天伦，以诗书教导后人，并点染"宋元名法""用作家珍"，所谓"不敢云国门之悬"者，看似自谦，实是对自己画艺的自负之语也。清顺治十三年（1656年）已是四海初定、战乱平息的时候，此时的尺木"寂居西庐"已为"无闷老人"矣。

萧云从在丙申那一年的初一至初七，都干了些什么？想了些什么？答案尽在此图中也。

萧尺木一生钟情于梅，早年之居所即名"梅筑"，晚年又号"钟山梅下僧"，平生着意，尽在梅花。因此，我想起宋人赵崇嶓的这首《移梅》诗，或可为此图作注：

> 邻家争乞丽春栽，
> 玉手轻分带月培。
> 窗下老翁迂入骨，
> 清斋三日为移梅。

巧的是第二天又看到一幅萧云从于十年后所绘的《雪夜寻梅图》（图4），款题：

> 丹岩白雪贮深寒，
> 放艇携尊下急滩。
> 最是梅花留我意，

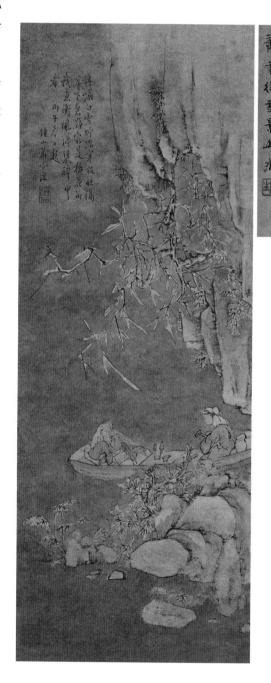

图4　萧云从《雪夜寻梅图》

冲风停桨醉中看。

丙午春日题，钟山萧云从

钤印：钟山老人。鉴藏印：曼生鉴藏书画。签条题：萧云从雪景山水。钤印：曼生。尺寸为：80 cm × 30 cm。

此作山石、树木、人船与款识一气呵成，自然而生动，其妙处在于，尺木先生所绘是："雪夜寻梅"未见花，醉中停桨看琼枝；与吾家子猷先生"雪夜访戴"不见戴，兴尽即返，异曲同工也。

更有趣的是，我后来还见过《雪夜寻梅图》的一个"双胞胎"（说是"双胞胎"，其实也不完全是，因构图、年款、尺寸略有不同，用笔亦略有分别），有张大千先生的边题，我可以肯定的是，大千题是真题；而据见过此件原作的老师说该作年代似属清早中期，笔墨亦具一定水准。

梅竹幽芳千古传

2020年嘉德春拍以10万元左右起拍，最后以943万元成交（曾收录于《中国古代书画图目》是此卷高价成交的重要原因之一）的这卷萧云从《梅竹幽涧图卷》（图5）甚是清雅，值得一赏。

图5　萧云从　《梅竹幽涧图卷》

此作尺寸：29.5 cm×308 cm，为纸本水墨画，全卷写数丛梅竹参差掩映于山石幽涧之间，行草书款题（图6）：

乱竹飞花雨水天，

阴森飒飒出寒烟。

怀春即是悲秋客，

不碍幽芳千古传。

戊申白露，七十三翁云从题

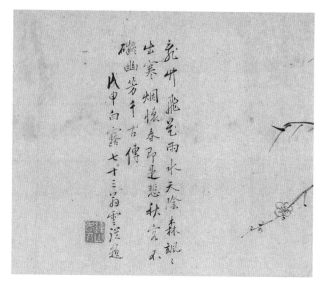

图6　萧云从《梅竹幽涧图卷》（款识）

钤白文："钟山老人"印。原签题："萧云从逸品梅花手卷"。

诗书画俱佳乃文人画之极则，而绘梅竹水石，贵在清雅；参差掩映、穿插繁复，难在不乱；款书行笔、位置，要在妥帖自然；如此种种皆得者，则可读可赏之画，尺木此卷即是。

友人见之云："弘仁全从此来。"然也，与吾之所见相合。

另，从事古书画鉴藏，对著录的研究是必不可少的一门功课。但我们必须知道的是，读书画原作（即使是照片）与看文字著录书是有区别的，区别在于：原作是第一手，著录是抄录、传抄、转抄，是第二手甚至三四手，错讹在所难免，其错讹处后世读之无异于对原作的误读。如《梅竹幽涧图卷》尺木诗中之"不碍"，过去的萧诗辑（笺）注皆误作"不怜"，明显平仄不合，意也不通（而且题语中之"白露"亦误作"雨雾"，更是离奇），此即一例。故对书画的研究欣赏，重在读原作，正确地释读题识文字，直面作者与之"交流"也。

美国藏尺木画与庞耐

　　美国两家博物馆所藏的两幅（套）萧云从画作：《山水图八开册》之一（图7）纽约大都会藏，《山水立轴》（图8）弗利尔美术馆藏，法皆自倪出，弘仁与之极相类，因弘仁亦自倪出并曾求教于尺木也。读两作之用笔，一繁一简，一整肃一轻松，款字亦如此。不知当年高居翰见之，曾作何评论耶？

　　细察，图7，款署"戊申"乃1668年，云从时年73岁；图8，

图7　萧云从《山水图八开册》之一　美国纽约大都会藏

图8　萧云从《山水立轴》　美国弗利尔美术馆藏

款署"丁酉"乃1657年，云从时年62岁。两作笔墨有整肃、轻松与繁、简之不同，按常理说画家因年龄之不同，而有行笔、濡墨、造境之变化，是愈老愈苍，然此二图却完全相反；弗利尔美术馆所藏《山水立轴》与云从62岁笔墨完全相合，款题及印章亦自然，是一件较为开门可信的作品；而纵观纽约大都会藏《山水图八开册》全册之用笔繁复谨细，与晚年（73岁）萧云从的笔法相去甚远，我觉得抑或是萧一芸之代笔（因为一芸有此一路精细的画法），将来若有机会面对原作，当细读而"问"之。但不管怎么样，这一页上的楷书跋语还是值得记录下来："古人作画不厌繁重，尝见摩诘辋川图，工细殆类刻划，自元人竞以气韵淡远为词，而古法浸微矣。此写小景八幅，用笔少嫌破碎，要使仍归浑成，不失咫尺千里之势。苍崖社长道兄深于六法，当不河汉斯言。戊申夏五，萧云从。"不过，看了这段跋语的书法和款侧的两方印章，我对此册的怀疑更深，且更复杂了。

另，据海上篆刻家蔡毅强兄告知：《山水图八开册》之一右下角的收藏印"庞耐珍藏"（图9），是徐云叔先生20世纪80年代在美国为古董商、大收藏家庞耐刻的。

庞耐女士为美国著名古董商（Alice Boney，1901—1988年），从1924年在美国开设第一家经营中国艺术品的画廊，到20世纪80年代，她的画廊几

图9　庞耐珍藏

乎成为美国地区中国收藏家重要聚会场所；90年代流通于拍卖市场的中国古董，有很多出自庞耐之手。大名鼎鼎的安思远也是庞耐的学生。

萧云从与胡正言友情的见证

图10 萧云从 丁未为胡正言作《溪山高隐图》

萧云从非常重要的一件作品，也是绘画史上经常提到的一件作品，更是见证了尺木与十竹斋主人胡正言交往情谊的一件作品——萧云从丁未年为胡正言所作之《溪山高隐图》（图10），今年（2021年）终于从美国跨越大洋来到香港，4月19日在香港苏富比中国书画2021春拍"曹仲英先生（默斋）藏古代书画"专场上拍，以622.5万港币成交。我们终于见到了这件久闻其名之大作的真面。

萧云从《溪山高隐图》，为纸本水墨立轴，纵86厘米、横44.7厘米。此作写崇山壁立，飞泉蜿蜒；于山下溪边，坡岸之上筑茅屋一间，有翠竹杂树相环抱，屋前植二松高耸挺立，一鹤正昂首由门前走向溪桥，似去迎接从山间归来的束发高士；所绘南山之高，松鹤之健，皆寿征也。此图用笔为典型的尺木式铁画银钩，以淡墨渴笔皴擦，劲健爽利，浓墨点醒处尤为精妙，尽显高洁之逸趣；构图布景亦用心经营，完全是萧云从晚年真笔的面貌，允视为其佳构；从他用小楷认真书写大段题诗与款识，则可见他对老友胡正言的尊重、敬爱之情。

图之左上尺木款题曰：

胡公九十好林居，三十年前老秘书。
蠨匾心潜羲颉学，凌云大字光椒除。
即今高卧紫峰阁，天下何人不式庐。
气卷灵春太液润，道溁棼缊青阳舒。
烧兰旧赐宫中烛，倚缛仍安下泽车。
淇水洋洋数竿竹，颐期卫武歌璠玙。
文章善后延松鹤，敬为胡公赋遂初。

曰从先生长余十二岁，别三十年，偶来金陵，拜瞻几杖，年开九秩，人景千秋，犹镌小印，篆成蝇头，神明不隔，真寿征也。丁未九日，区湖七十二弟萧云从诗画呈教。

款侧钤朱文印：云从，白文印：前丙申生。图下两边另有鉴藏印四方：虚斋审定、华古堂、定岑曹氏珍藏、中心藏之何日忘之。

此图曾著录于庞元济《虚斋名画录》卷十，并见于上海古籍出版社《续修四库全书》1090册586页，及上海博物馆编《中国书画家印鉴款识》1524—1527页，萧云从目之印5、7及款60号。可称萧云从画作的标准件也。

另外，前面谈到的读书画原作与看文字著录书的区别问题，在这件作品上反映得更为明显，此作尺木所题七古，我认真释读后发现：与过去的萧诗辑（笺）注有六处之差，过去的萧诗辑（笺）注将"蠨匾"记作"蝶扁"，"道溁"记作"道漾"，将"旧赐"误作"归赐"，"颐期卫武"误作"颐其衍武"；题语中亦有二字不同，将"别三十年"误作"别二十年"，将"丁未九日"误作"丁未九月"。

此次拍卖公司用原作释读此作款题，也将"蠾匾"误作"融匾"、"式庐"误作"识庐"、"璠玙"误作"璠瑜"，可见其难。由此看来，释读书画款识，确实是一项辛苦且特别需要专业素养的工作。

注：

一、萧诗之"蠾"字，原作上此字书为"虫"字旁非"立"字旁，电脑打不出"虫"字旁此字（可能尺木当年写的就是别字，亦未可知），故以"立"字旁代之（字词意是对的）。诗中"颐期"指高寿之意，"颐其"则不知所云；"卫武"当指"卫武公"，而"衍武"则亦不知所云为何也。另，题语之"秩"字，尺木所书似是异体字，我因未得见原作细审，图片中此字又模糊，无法辨识准确，故仍从辑注之旧录也。

二、胡正言（1584—1674年），安徽休宁人，寄居于金陵鸡笼山侧，字曰从，号十竹，室名"十竹斋"，明末书画篆刻家、出版家，主持雕版印刷《十竹斋书画谱》和《十竹斋笺谱》，成为印刷史上划时代的作品。曾参与抗清，后隐居金陵，晚年潜心篆刻及印书。尺木丁未为其作《溪山高隐图》时，曰从年届84岁也。

"危石"应由"贰负担"

因前面两次论及读书画原作与看文字著录书的区别问题，这让我对此更为留意（觉得著录稍有不通处，便去求之原作，反之见画有大段题识文字亦然），近读几件馆藏萧云从画作时，见有大段题识文字，便又犯了职业病，取出过去的萧诗辑（笺）注书比照，竟又有发现矣。

其一，《烟鬟秋色图》天津博物馆藏，其诗跋云（图11）：

畴昔爱种石，魏然成假山。

后子爱更深，环蓄成林峦。

买山无资斧，握笔湛余闲。

牵连数丈纸，厥兴逾难删。

十日兼五日，袅袅出烟鬟。

携以政后子，残秋破愁颜。

嘉树拂云檐，石林发青斑。

龙蹲与虎立，高下环松关。

我欲攫之去，坚钜讵易扳。

被且笑我愚，遂尔不复悭。

秦皇驱海岛，大山失其顽。

贰负担危石，精卫徒潺湲。

巨灵有神划，黄初叱羝菅。

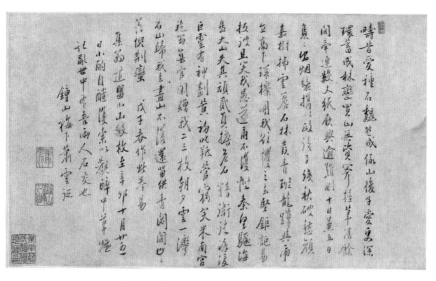

图11　萧云从《烟鬟秋色图》（款识）天津博物馆藏

86

窃笑米南宫，袍笏无官闲。

赠我二三枚，朝夕云一湾。

石山归我去，画山不复还。

留供青闷阁，岂羡倪荆蛮。

戊子春作此卷，易集翁道盟小山数枚。至辛卯十月廿五日，小酌自醵，复索以观，醉中草赋，记乱世中有吾两人石交也。钟山梅下萧云从。

以上萧尺木所题五古及跋语是我认真释读后所记，查之著录发现与过去的萧诗辑（笺）注也竟有六处之差：过去的萧诗辑（笺）注将诗中"残秋破愁颜"误作"残秋破愁顽"，"嘉树拂云檐"误作"嘉树拂雪檐"，"遂尔不复悭"误作"遂而不复悭"，"贰负担危石"误作"贰员担危石"，"赠我二三枚"误作"赠我二三枝"，将跋语中"易集翁道盟小山数枚"误作"易集翁道盟山水数枚"。

注："贰负"与下句之"精卫"典皆出自《山海经》，在此为对仗使用，"贰员"则不通也。

其二，安徽博物院所藏《秋山读书图》诗跋云（图12）：

茆屋构深松，

时藏高士踪。

岁寒何所事，

展卷对千峰。

戊戌秋日题，钟山老人萧云从。

　　此作在萧诗辑（笺）注名《深山茅屋图》，诗记为："茅屋挂深泉，清藏高士踪。载寒何所事，筑寨对千峰。"竟亦有六处之误，分别是"构"误作"挂"，"松"误作"泉"，"时"误作"清"，"岁"误作"载"，"展卷"误作"筑寨"也。

　　其三，天津博物馆藏《秋岭山泉图》（亦作《秋山读书图》）题诗（图13）中"静坐复何虑"，过去的萧诗辑（笺）注也将其误作"静坐复和虑"，明显不通了。

　　其四，美国克利夫兰艺术博物馆藏《山水十开册》之《日落寒

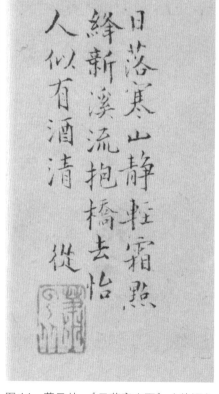

图13　萧云从　《秋岭山泉图》（款识）
天津博物馆藏

图14　萧云从　《日落寒山图》（款识）
美国克利夫兰艺术博物馆藏

山图》题诗（图14）中"轻霜点绛新"，过去的萧诗辑（笺）注亦将其误作为"轻霜雪绛新"，"轻霜点"出"绛新"色甚是生动，而"霜"后加"雪"如何出"绛新"呢？

其五，上海朵云轩藏《天半晴峰图》题诗（图15）中"访旧入葱蒨"，过去的萧诗辑（笺）注缺"旧"字，并将跋语中"尽卷于青莲阁"误作"画卷于青莲阁"，"集题此少志客怀也"误作"集题片少志客怀也"。

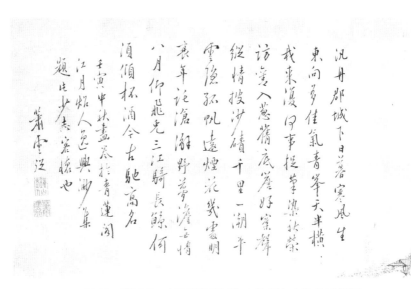

图15　萧云从　《天半晴峰图》（款识）上海朵云轩藏

干支、年岁、题款与萧云从绘画的辨别

近日，因两个不同的机缘，读到了两件署款为清初萧云从的绘画，一件是一册来自公立博物院的借展作品，一件是一卷来自香港拍卖行由日本回流的"重要"拍品，颇感有趣。而这两件作品的可研究之处，是反映在古代绘画流传中关于创作者非常重要的辨别依据上，其中"干支、年岁"是作者创作时间点准确的记录，是相互

匹配的；而长篇"题款"则往往关乎作者的创作缘由、环境、氛围，以及当时的生活状态、心境等等，除题画诗句（自作诗或他人诗）偶有重复，其他题句文字大都是不会重复的；因此，干支、年岁、题款是对古书画进行辨别时，除绘画本身笔墨的个性特征、造境的时代风格这些关键点外，同样非常重要的辨别依据，有时也能起到判其"生死（真伪）"的作用。

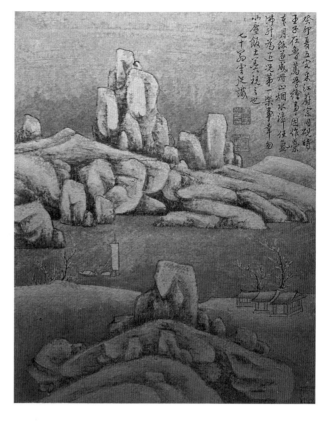

图16 「癸卯」册题款

其一是一册公立博物院藏的山水册页，于末页款题曰（图16）："癸卯夏五，客采江，蔚宗同砚时五子在鲁，笃学绘事，因作稿本，月余遂成册，山烟水漳，佳氲沸升，为近况第一乐事，幸勿以尘饭土羹视之也。七十翁云从识。"第一眼就感觉这个字与萧云从有距离，且印章位置甚为局促，颇似后加款印，再读到其中"癸卯"干支与"七十翁"年岁，就更生疑窦，因为我知道"癸卯"这一年萧云从不是"七十"岁。萧云从出生于1596年，卒于1673年，癸卯为1663年，云从时年应为实67岁、虚68岁（中国书画家多以虚岁署款），故干支与年岁是完全不符的。有人会说：如是作伪，作伪的人不查干支、年岁吗？这就牵涉到古人作伪的局限性，同时古人作伪还有一种道德上的负罪感，有时也会故意卖一破绽，以为自欺。不似今人作伪无不用其极。

其二是一卷从日本回流到香港拍场，近六米长的山水长卷，画

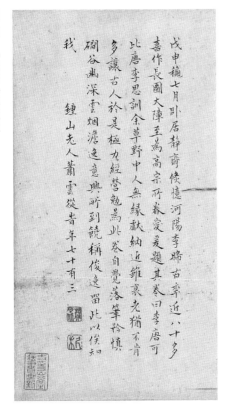

图 17 『戊申』卷题款

的是山重水复，颇为繁密，然细看用笔明显与萧云从的皴笔有着距离，用笔、皴法、构图虽学了一些萧云从的东西，但很刻板，没有萧云从用笔的那种力度，山石结构也太实。再看题款，字也有问题，没有73岁萧云从的那种老到，可细读题句却让我生出了似曾相识的感觉来，其款曰（图17）："戊申秋七月，卧居静斋，倏忆河阳李晞古年近八十，多喜作长图大障，至为高宗所眷爱，爰题其卷曰：李唐可比唐李思训。余草野中人，无缘献纳，近虽衰老，犹不肯多让古人，于是极力经营，勉为此卷，自觉落笔矜慎，涧谷幽深，云烟澹逸，意兴所到，饶称俊逸，留此以俟知我。钟山老人萧云从时年七十有三。"这与清宫旧藏《石渠宝笈续编》著录之萧云从《涧谷幽深卷》题句几近相同："丙午菊月，卧居静斋，倏忆河阳李晞古年近八十，多喜作长图大障，至为高宗所眷爱，爰题其卷曰：李唐可比唐李思训。余草野中人，无缘献纳，近虽衰老，犹不肯多让古人，于是极力经营，勉为此卷，自觉落笔矜慎，涧谷幽深，峰峦明秀，亦生平所仅有者，藏之以俟知我。区湖萧云从画并记。"两卷"创作"时间相距两年，"戊申"卷除画、字都有问题外，我们也不能想象萧云从在创作"丙午"卷两年后，再度创作时会完全照抄自己以前的题款，只在首尾更改几字，这完全不符合萧云从这样一位大画家的创作风格与题款习惯。

萧云从《涧谷幽深卷》作于康熙五年丙午（1666年）九月，在他去世百年后由《四库全书》总裁官、侍郎曹文埴进献给清高宗乾隆。乾隆在其"题萧云从山水长卷（《涧谷幽深卷》）"诗注中，曾特别写明："萧云从，芜湖人，国初时工画山水。昨四库馆进其所著《离骚图》，检石渠所藏，向无云从迹，侍郎曹文埴因进所藏山水长卷，笔墨高简洁净，颇合古法。"对于萧云从自识题字则评曰："萧云从自识云：河阳李晞古年近八十，多喜作长图大障，至为高宗所眷爱，爱题其卷曰：李唐可比唐李思训。余草野中人，无缘献纳，虽衰老犹不肯多让古人，于是极力经营，勉为此卷，藏之以俟知我。其言颇见诚恳，今百余年后，卷入石渠，竟符其愿，岂非翰墨有缘耶？"乾隆壬寅（1782年）题萧云从此卷墨宝，已是萧云从逝世一百余年后，可算是一段百年翰墨之奇缘也。

由上所述，可见这两件署款萧云从的绘画，虽"癸卯"册为公立馆藏，"戊申"卷有日本多次早期著录出版，但从学术讨论的角度，我对这两件作品，还是持存疑态度的。

附言：

此文发表后，马上遭到"以子之矛，攻子之盾"式的反击，有人质疑我曾引用一件萧云从款《山水卷》（拍品）上的款识，辅证萧云从代笔人之事，亦有干支、年岁不符之病。闻之重观细察，发现此拍品款识所书确有此病，所书干支"戊戌"为1658年，萧云从时年63岁，而所题年岁却为"七十又二"，实属误而伪者，不可以此为证。好在此为辅证，而非主证，去之亦不影响立论的成立。此事警醒我，引证需谨而慎之，切不可得其一偏不顾其他，应详考而不烦也。

人生常需自省，以纠一时之偏。若遇需警醒之事，不管敲醒你的是谁，都不能装睡，这是我的信条。故，记此事，以纠昔年作文之偏也。

辑录与著录

偶见拍场一幅用"后浙派"领袖画法完成的画，却题上了"姑孰派"领袖的诗句："寒峰写就数经旬，樾馆棕间托意真。古木天高犹蜀道，空山花落有秦人。行吟却遇吴江冷，邀醉谁藏石冻春。堂上卷帘一相对，苍烟渺渺望无垠。"只因为这首诗曾被古人记录过，因此题了这首诗的这幅画也随之被拍卖公司说成了"姑孰派"领袖的"著录"作品，其实古人只是辑录了这首诗，并未"著录"这幅画。

所以，要想研究这幅画与"姑孰派"领袖究竟有没有关系，我想还是要回到画的本身，也就是画家笔墨技法的个性特征上来，不能因为题了萧云从的诗句（何况题诗的书法也与萧字难以契合），就可以忽略画法却是近似蓝瑛（1585—1664年）的这个事实。

当然，到目前为止，我还不能解释这幅画所呈现的所有信息的准确归属，以及拍卖公司所定之名是否得当，然而，古书画研究的趣味恰亦在此，否则就不叫鉴藏，而只能称之为买卖了。

此"石溪"当非彼石溪

我本不知萧云从（1596—1673年）与髡残僧（1612—1692年，号石溪）是否有过交往，然前日偶读一署款为"萧云从"的山水扇面，让我脑洞大开，此作款署："庚午首夏，临石溪老友《黄山云海图》长卷一角，未能似耳……萧云从绘……"

查萧云从生平只经历一个庚午，即1630年（明崇祯三年），时云从35岁，而石溪（髡残僧）时年只有19岁，"老友"之称谓颇为牵强，更何况此时的石溪（髡残僧）是否画有"《黄山云海图》长卷"亦未可知。试想20岁之前的石溪（髡残僧）尚在家乡（武陵，今湖南省常德市，俗姓刘）习举子业，画黄山云海、与尺木交往，似皆没有可能。因此，我大胆猜想，若此山水扇面真为尺木所作，那此"石溪"即非彼石溪（髡残僧），当另有亦名"石溪"之画者与尺木为友也。

云从此时非"老人"

友人知我喜看萧云从，便传来一张"萧云从""拟黄子久笔意"山水图（图18），看后颇觉有趣，此图款属作于"癸亥冬十月二日"，而我们知道，云从一生只经历过一个癸亥，就是他28岁那年（明天启三年），但此作在"无闷道人云从"之款下，却钤着大大的"钟山老人"印，我们又知道"钟山老人"是云从在明亡后于晚年所称之号，乃寓仰钟山明陵之意，所以，怎会穿越到他年轻时来使用？故，此抑或作伪者所留之"破绽"也。

图18　癸亥款（1623年，明天启三年）

书画鉴定有"目鉴"亦有"耳鉴"之说，此即可耳鉴之伪也。

外七则

一、读碑记

汪畸《重修萧处士墓碑记》（图19），文曰：

图19 《重修萧处士墓碑记》拓片

风俗之敝，敝于气节之不振。士大夫歆于货利，务为一切巧取豪夺之伎，名义阙焉弗讲，于是里闬蚩氓，争相蹈袭，荡绳废墨，肆无忌惮，而世变之亟庸堪问乎？

芜湖萧尺木先生，明季一诸生耳，入国朝匿迹销声，隐居不仕，恒以诗画流落人间为恨。郡守某夙重先生，累聘不应，故摭他事雇诸狱，强绘太白楼《名山图》，始纵去，先生由是绝笔。倦怀故国，益悲愤不自聊，观晚年别号钟山老人，其心亦贞白可亮矣。卒后，祔葬城西严家山，盖先生尊甫慎余公之墓隙地也。群峰拱卫，大江前横，竹翠松阴，苍霭摩极，春秋佳日，都人士游览其间，莫不仰止遗型，下马展拜。洎乎赭寇凭陵，沧桑变局，残碑仆地，荒冢偎烟，追吊苍凉，可为太息。乱定，里人闻兆民仅从榛莽中扶树短碣以志曩迹。

95

浙西袁忠节公素以风烈著闻，监鄞郡时悯先生之墓日就湮没，政余躬临祭谒，手书华表，其所以阐扬潜德，磨砺薄俗，可谓笃已。惟是海禁既弛，滨江辟为通商巨埠，墓地逼近市场，乡之冈峦起伏于左右者，胥夷为平壤，或通广陌，或构层楼，或列廛肆，幽邃之域，浸成繁盛之区。皖南士绅虑其一抔之土，日朘月削，不足以保存也，欲募捐缘以周垣，荫以嘉木，并将南向李伯行星使毗连地址，勘明界限，驰书英伦，谘商其事。乃李星使内断于心壹如所议，兴筑之费固慨然独任，复于隧道前多留余地，以待建祠。传曰"当仁不让"，李星使其庶几乎？夫以李星使闳才伟略，衔命万里外，而于胜朝遗老埋骨之所，拳拳敬爱不吝，蠲地助资，谋垂久远。自今以往，微特萧先生贞魂毅魄，永奠幽宫，而李星使之尚气节、厚风俗，即于此可觇其大概云。四至丈尺具载碑阴如例。

宣统纪元，岁次屠维作噩，阳月穀旦，芜湖城自治公所立。旌德汪畹撰文。

注：

一、此是据民国八年《芜湖县志·古迹志》所载文字，我用此碑原拓重新释读校订而成也。

二、据民国八年《芜湖县志·古迹志》载碑阴云：墓南砌石外，由李漱兰堂捐地三丈，为将来筑祠之用，墓西北砌石外，均放余地五尺。

三、"浙西袁忠节公"（图20）即袁昶（1846—1900年），原名振蟾，字爽秋，一字重黎，号浙西村人，浙江桐庐人。清末大臣、学者。光绪二年（1876年）进士，历官户部

图20　袁昶（1846—1900 年）

96

主事、总理衙门章京，办理外交事务，后任江宁布政使，迁光禄寺卿，官至太常寺卿。光绪十八年（1892年），以员外郎出任徽宁池太广道道台（碑中所言之事，即在此时），在任上他严约僚属，痛抑胥吏，进行了多项变革：兴建教育，清厘关税，兴修水利，设立邮局。

图21　李经方（1855—1934年）

光绪二十六年（1900年），直谏反对用义和团排外而被清廷处死，《辛丑条约》签订后，清廷为其平反，谥"忠节"。袁昶也是同光体浙派诗人的代表。

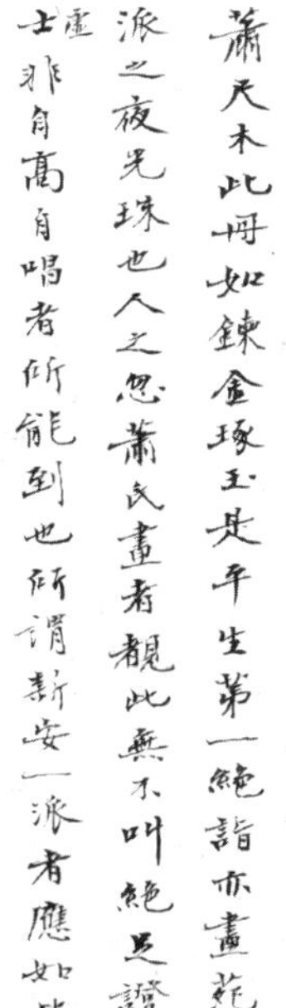

四、"李伯行星使"（图21）即李经方（1855—1934年），字伯行，号端甫，合肥东乡人（今合肥市瑶海区磨店乡祠堂郢村人）。本为李鸿章六弟李昭庆之子，后过继给李鸿章为长子。历任出使日本大臣、出使英国大臣（碑中所言之事，即其出使英国时之事）、邮传部左侍郎等职。

二、吴湖帆的"夜光珠"

吴湖帆己丑（1949年）跋自藏之《王渔洋、萧尺木诗书画三绝合璧册》（图22）云："萧尺木此册如炼金琢玉，是平生第一绝诣，亦画苑中新安派之夜光珠也。人之忽萧氏画者，睹此无不叫绝，足证名下

萧尺木此册如炼金琢玉是平生第一绝诣亦画苑中新安派之夜光珠也人之忽萧氏画者睹此无不叫绝足证名下无虚士非有高自唱者所能到也所谓新安一派者应如此倩识

图22　吴湖帆己丑跋《王渔洋、萧尺木诗书画三绝合璧册》

97

无虚士，非自高自唱者所能到也。所谓新安一派者，应如此。倩识。"款下钤"湖帆审定"朱文印。

读此跋可知，倩庵对萧云从画评价甚高，然称尺木之作为"新安派之夜光珠"，非也；因所谓"新安"者乃地名之特指，"新安派"亦有画家之特指也；而萧尺木乃太平府人氏，故后人尊其为"姑孰派"之旗帜，其与新安派的关系，乃先导也，缘于尺木对渐江有引路之功。

不过，倩庵此跋，秀劲俊雅，堪称先生鉴题之标准件。虽有此误，但瑕不掩瑜也。

三、记忆拼图

自2019年着手萧云从研究会会史档案整理工作，我就开始了对这张1986年萧云从研究会"纪念萧云从诞辰三百九十周年"活动部分参会者合影照片（图23）参与者姓名的追寻，但到《萧云从研究文丛·第一辑》出版仍未完全释出。其后，我又继续追寻，其间得到朱石金、后其仁、董松、吴长风、张乃成、王毅萍、姚永森等先生的帮助，终于用零碎记忆拼出了完整的图像。

综合多方回忆1986年12月14日参会合影者名单：

自左至右，第一排左一张飞莺，左二王丹丹，左三高静，左四李世阳，左五张湖生，左六洪涛，左七黄有圣；第二排坐者左一高万佳，左二周觉钧，左三穆孝天，左四刘健农，左五王石城，左六王石岑，左七石谷风，左八刘乔；第三排左一曹宝麟，左二杨阳，左三沐昌根，左四后其仁，左五朱典淼，左六何瑞，左七崔之模，左八季汉章，左九王兴国，左十赵鸿恩，左十一耿明，左十二王培声；第四排左一吴兰波，左二蒋廉声，左三朱石金，左四柏龙华。

而张乃成先生作为当年芜湖从安徽省博物馆（现安徽博物院）

图 23　1986 年 12 月 14 日部分参会者合影

借来7件萧云从原作展览布展的经手人，他的一段回忆，我认为也值得记录下来：

　　"1986年纪念萧云从390年活动，合影中未见咱的影像有其缘由：从省博物馆借来几件萧（云从）的书画原件是由我经手接收，每件当场用尺一一量好尺寸签名交我负责。在市工人俱乐部（文化宫）展柜展出期间，每天早上我在市公安局专职人员陪同下，从市档案局取出保险箱，护送墨宝到展厅，再戴着细纱手套放入展柜，然后我们二人就整天不离柜一步，直到下晚闭馆收起再护送回档案局保存。日复一日直到展览结束。交还时省博物馆来人又当面一一用尺量准确是否有缺失，认可后'完璧归赵'，我的光荣任务方算圆满完成。"

四、清代芜湖非著名画家考略

明末清初的芜湖绘画，以萧云从的影响最大，从学者甚众，受其直接影响的有其弟萧云倩（字小曼），子萧一旸（字梦旭），侄萧一荐（字盥升）、萧一其（字位歆）、萧一芸（字阁友）等；而在当时，活跃于芜湖画坛的还有陈延、韩铸、孙据德、方兆曾、释海涛、王贤、潘士球、王履端等一些在今天看来非著名的画家，也就是我们常说的"小名头"，其实当时他们也都是颇具声名的。

到了清中期，芜湖受萧云从余韵影响最为著名的是黄钺（字左田），而非著名的画家则有周翼圣、周良、施长春、施道光、吴鹏、梁琦、梁璠、吴云、马俊、胡志霖、戴沛、释碧澄等。

不过可惜的是，这些非著名画家的作品少有流传，早已为历史的风尘所掩没，我们今天只能从前人记载的只言片语中，搜剔出一点蛛丝马迹，来遥想当年。

陈延，字遐伯，明末清初江南省潜山县人（一作安庆人）。因右臂早年断折，一切书画皆用左手，苦练不辍，挥毫不逊常人。兵乱中侨寓南京，后迁居芜湖，与萧云从并称"画苑二妙"。著有《孤竹斋集》。

韩铸，字冶人，明末清初安徽休宁人，明亡后，客芜湖，居号"野老草堂"。善画山水，少师子久（黄公望），笔颇苍洁，晚忽任意泼墨，自谓学米（芾），实未见米之真迹，遂大谬。曾为汤燕生作《袁公听琴图》，甚工。年至七十九以外。

孙据德，安徽芜湖人，与萧尺木同时。善画山水，程士淦曾于扬州沈既堂家见其画，言其笔墨不让萧公（孙据德其人画史未载，亦未见有其画传世，故具体笔墨如何则不得而知）。

方兆曾，字沂梦，号省斋，安徽歙县人，寓芜湖，与汤燕生同居十七年。少为萧云从称赏，工画山水。著有《古今四略》四卷，诗集三卷。

释海涛，字湛瞿，善作山水。未详何处人，然与萧尺木有交往，尺木尝赠以诗，从诗句中揣测，此僧似住芜湖。

王贤，安徽芜湖人，善作花卉。

潘士球，字天玉，安徽芜湖人，善山水。

王履端，字元律，安徽芜湖人，善人物。

周翼圣，号横山，安徽歙县人，居芜湖，少拳勇，负气节。工诗善画，曾为黄钺父作山水便面（扇面），似文待诏（文徵明）一派。年逾六十卒。

周良，字心田，墨龙大家周璕之子。河南人，寓芜湖，能画，逊其父。

施长春，字淡吟，小字曼郎，芜湖诸生。善画山水，早卒，著有《淡吟诗草》。

施道光，字呆亭，施长春兄之孙，安徽芜湖人。乾隆三十三年（1768年）举人。工诗，三十后始学画，笔颇超脱，惜未竟所业，年逾四十卒。著《海桐书屋诗集》若干卷。

吴鹏，字展云，号南池，繁昌人，居芜湖。年十九中乾隆庚辰武举。工诗，善画梅。年未四十卒。

谢登隽，字才叔，号易堂，又号梅农，祁门人，居芜湖。幼颖异，有神童之誉，乾隆辛卯举人，精鉴古画，与黄左田友善。年甫六十卒于官。有《退滋堂诗集》。登隽虽非画家，然是前辈鉴画之古人，故亦记之。

梁琦，字企韩，号景山，西域人，居江宁，后迁芜湖。精医，得接骨法。工画山水，兼能写真（画像）。其弟梁璠，字昆璧，工花鸟，傅色鲜秾，胶粉得徐（熙）、黄（筌）法。

吴云，号华阳道人，扬州人，客芜湖，善画墨花，有生气，间作山水。

马俊，字千之，芜湖人，工设色花鸟。居于陶塘张于湖归去来堂旧址。

胡志霖，号仙樵，芜湖人，善围棋，画兰竹。

戴沛，字雨膏，芜湖人，画山水。

释碧澄，号荻舟，吉祥寺僧，山水学渐江。

黄钺《画友录》中还有只记其名未详其事的芜湖画家十多人，今也一并录其名：刘塾、李默、李玑画人物，胡鑑、胡绍存、万鳌、汤廷弼、张在镐、王宏、程密、周炘画山水。其中的"王宏"，颇值得一说。

前几年，我曾有专文考论萧一芸为萧云从代笔事，而黄钺在《画友录》中则记有："云从卒后，东南鉴赏家多求其画，时有王宏字于高者，取其画伪为之以牟利。今所见用笔枯涩不甚皴染者，宏作也，鉴者勿为黎丘鬼所惑可耳。"由此可知，芜湖还有一个以仿萧云从画为生的非著名画家王宏。

另，关于萧云从的乡籍，黄钺在《画友录》中亦言："云从，蓝瑛《图绘宝鉴》、张庚《国朝画征录》皆误作当涂人，张又误以太白楼画壁为五岳。蓝称其画不宋不元，自成其格，张称其笔亦清快可喜，皆评骘未当。"此乡籍事，亦附带记之。

五、宾翁于尺木的"一角"之想

偶见拍场黄宾虹仿萧云从山水扇面（图24），宾翁晚年仿谁其实都是在画自己，故其说"仿"则如麓台所言"皆借境耳"，此扇最特别处是其款题："萧尺木刚健中有婀娜之致，为蓝田叔所不及，兹拟其'黄山图'一角。宾虹。"此题对尺

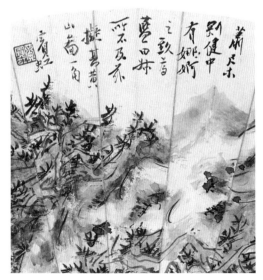

图24 黄宾虹仿萧云从山水扇面

木评价甚高，言蓝瑛不可及，然尺木题弘仁“黄山图册”时曾言其未去过黄山，览其所作似亦未有黄山之图，不知宾翁所仿尺木“‘黄山图’一角”之本为何也。

或有人言：尺木曾有《黄山松石图》卷传世。

吾答之曰：此图以写松写石为卷，因款记奚庭珪造墨寻松黄海之故实，末句有“黄山松石便是墨”，故名《黄山松石图》，非写黄山之实景也。

或又有人问：香港虚白斋也藏有萧云从《黄山云海图》卷。

吾再答之曰：香港虚白斋卷乃光绪进士汪洵主观确定此图所写乃黄山风貌，便在引首题篆定名为《黄山云海图》，并非萧云从所写或言其为黄山也。

六、尤侗论阁有

画史上对萧一芸少有评价，除萧云从在《青山高隐图卷》画跋中的评价外，可能就要数尤侗《西堂杂俎·题萧阁有画》的这段最为重要了（图25）：

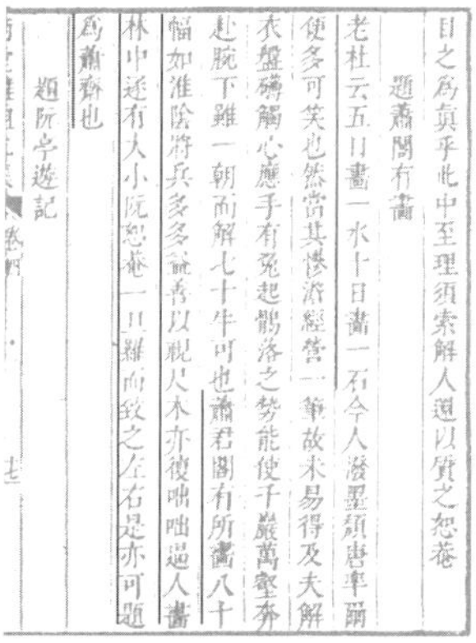
目之爲眞乎此中至理須索解人選以質之恕菴
題蕭閣有畫
老杜云五日畫一水十日畫一石今人潑墨頹唐率爾便多可笑也然當其慘淡經營一筆故未易得及夫解衣盤礴觸心應手有兔起鶻落之勢能使千巖萬壑奔赴腕下雖一朝而解七十牛可也蕭君閣有所畫八十幅如淮陰將兵多多益善以視尺木亦復咄咄逼人畫林中遂有大小阮恕菴一旦羅而致之左右是亦可題爲蕭齋也
題阮亭遊記

图 25　尤侗《西堂杂俎·题萧阁有画》

老杜云：五日画一水，十日画一石。今人泼墨颓唐率尔，便多可笑也。然当其惨淡经营，一笔故未易得，及夫解衣盘礴，触心应手，有兔起鹘落之势，能使千岩万壑奔赴腕下，虽一朝而解七十牛可也。萧君阁有所画八十幅，如淮阴将兵，多多益善。以视尺木亦复咄咄逼人，画林中遂有大小阮。恕庵一旦罗而致之左右，是亦可题为萧斋也。

故记之。

尤侗（1618—1704年），字展成，号悔庵，苏州府长洲人（今江苏省苏州市），明末清初诗人、戏曲家，曾被顺治誉为"真才子"，康熙誉为"老名士"。以出生年推算，尤侗与萧一芸应该是同时期的人，故其论似能反映当时人对萧一芸绘画的认知与评价，此论与萧云从《青山高隐图卷》画跋所论，亦可互证也。

七、前清、民国两"补萝"

张补萝题萧云从《山水清音卷》卷前隔水之文字，实为考证引首"山水清音"四字之作者沈补萝也，与萧云从之人与画并未着笔。然前清、民国两"补萝"汇于尺木一卷之上，却甚为有趣。其题曰（图26）：

补萝沈凡民先生于书画名家外，尤精篆刻。曾见板桥印谱卷子有曰："余家藏印颇多，要以四君子为最。四君子者：高凤翰、沈凤、高凤冈、潘西凤也。以四人名字中皆有'凤'字，因名'四凤庼'。"补萝先生为镌十二方，朱文五方：一"游思六经结想五岳"，二"诗绝字绝画绝"，三"俗吏"，

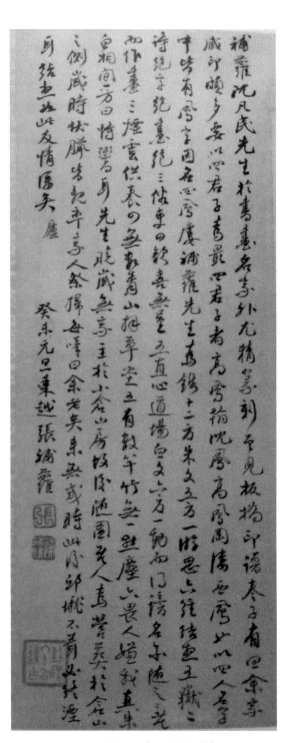

图26　萧云从《山水清音卷》

四"歆喜无量"，五"直心道场"。白文六方：一"动而得谤名亦随之"，二"老而作画"，三"烟云供养"，四"无数青山拜草堂（庐）"，五"有数竿竹无一点尘"，六"畏人嫌我真"。朱白相间一方，曰"恃虁耳"。先生晚岁无家，主于小仓山房。故后，随园老人为营葬于仓山之侧，岁时伏腊，皆亲率家人祭扫，每叹曰："余老矣，来无或时，此后邱垅不茸，必终湮耳。"结想如此，友情深矣。癸未元旦，东越张补萝。

钤：朱文印"张"，白文印"补萝"，朱文印"致和六十以后作"。

"补萝沈凡民"即沈凤（1685—1755年），字凡民，号补萝。清代江苏江阴人。官南河同知。虬髯古貌，广颡方颐，世人称为古君子。书法受于王虚舟（澍）、淹通博鉴，工铁笔，善山水。自言生平篆刻第一，画次之，字又次之。袁枚极重之，随园联额皆其手书。晚年不肯刻石作画而肯书。

"东越张补萝"即张允中（1881—1960？），浙江山阴（绍兴）人，名致和，号补萝庵主。善贾饶资财，为民国年间北京著名收藏家，过手多巨迹。精擅文物鉴定和修复，书法亦极好，与当年琉璃厂古董商人关系甚密，曾任北平市政府秘书长。

在我的收藏中，就有张补萝所书行楷八言联一副（此联上款之"弢公"者即"弢斋"徐世昌也），悬于书房，甚佳：

十年读书十年养气，
一客荷樵一客听琴。

萧云从是我书画史研究的重要课题之一，而书画收藏亦是我三十余年来一直从事的工作，能在研究萧云从时碰到张补萝，亦冥冥中之缘分也。

　　我想，人生中所遇到的每一段缘分，其实都是上天提前为我们预备好的，到时即会来。

　　　　　　（本文原载《中国画学》2021年第3期，有增删）

萧云从《山水清音图》创作
与收藏略考

唐 俊

    萧云从《山水清音图》（图1）系纸本设色山水长卷，长781.7cm，宽30.8cm，是萧云从山水长卷代表作之一。卷首"山水清音"四个篆字为沈凤题，画上还有原收藏者项源等人的题跋。此画现为美国克利夫兰艺术博物馆收藏。浙江大学出版社2020年出版的《清画全集·第十一卷·萧云从》[1]收入此画，并附有牛国栋撰写的《〈山水清音图〉说明》（下称《说明》）。

图1 《山水清音图》（局部）

---

[1] 浙江大学中国古代书画研究中心编，《清画全集·第十一卷·萧云从》，浙江大学出版社2020年版。

因目前尚未发现国内研究萧云从《山水清音图》的专文，[1]而《说明》对此画创作时间、地点和收藏情况等言之不详，题名由来与创作旨趣亦未提及，故笔者撷拾相关资料，做初步探讨。

一 《山水清音图》的创作时间与地点

《山水清音图》上有萧云从自题五古一首，诗后落款"甲辰花朝题于青莲阁 钟山老人萧云从"。清康熙三年（1664年）为甲辰年，时萧云从69岁。"花朝"一般指农历二月十二日（也有人说是二月初二或二月十五日），相传为百花生日，所以叫花朝。因此，《山水清音图》的创作时间比较明确，是1664年二月或此前不久，系萧云从晚年作品。

至于此画的创作地点，虽萧云从自注"于青莲阁"，但尚不能确定，因各地为纪念李白而建"青莲阁"者不止一处。不过萧云从自注的"青莲阁"为山东兖州青莲阁的可能性最大。

萧云从在《浙江山水图册跋文》中自述："山水之游，似有前缘。余尝东登泰岱，南渡钱塘……钟山梅下七十老人萧云从题于无闷斋。"[2]从跋文可知，萧云从70岁前曾到过泰山。泰山在兖州境内，而青莲阁是兖州名胜。萧云从"东登泰岱"，路过兖州时登临青莲阁，怀想李白"一生好入名山游"，感而作画是非常自然的事。

查有关资料，兖州系西汉元封五年（公元前106年）置，为十三刺史部之一。东汉时治所在昌邑县（今山东巨野县东南）。魏晋时

---

[1] 用"萧云从《山水清音图》"检索知网，无论文；用"萧云从，《山水清音图》"检索知网，有数篇研究石涛等人同题画论文。

[2] 沙鸥辑注《萧云从诗文辑注》，黄山书社2010年版，第142页。

移治廪丘（今山东郓城县西64里），辖境逐渐缩小。南朝宋移治瑕丘城（隋置瑕丘县，即今山东兖州市）。隋大业二年（606年）改为鲁州，唐武德五年（622年）复为兖州。辖境相当今山东济宁、曲阜、泰安、莱芜、汶上、宁阳、泗水、邹城等市县地。宋代兖州治所在瑕县（金改嵫阳县，即今兖州市）。明洪武十八年（1385年）改为兖州府。青莲阁位于兖州城东泗河西岸金口坝之北，李白号青莲居士，在兖州时常住于此，并留下30余首著名诗篇。后人为示纪念，在此建青莲阁。青莲阁为两层三间，砖木结构，前面设廊。阁内曾塑李白及两子女像。始建无可考，明嘉靖年间知县李知茂重修，后倾圮。清道光年间邑令冯云鹓又重修，并题对联一副镌在立柱上："乘兴偶凭栏，问泗水长流，何殊昔日？欲吟还搁笔，有先生在上，不敢题诗。"据清光绪十四年（1888年）的《滋阳县志》记载："阁在黑风口龙王庙内，其地即李白诗所云'鲁东门'者。道光间邑令冯云鹓重建，以祀谪仙。"

综上，可以初步断定，《山水清音图》是萧云从69岁游历山东，登临泰岱，途经兖州时作。

二 《山水清音图》题名由来与创作旨趣

萧云从此画题名"山水清音"，出于西晋著名文学家左思《招隐诗（其一）》："杖策招隐士，荒途横古今。岩穴无结构，丘中有鸣琴。白云停阴冈，丹葩曜阳林。石泉漱琼瑶，纤鳞或浮沉。非必丝与竹，山水有清音。何事待啸歌，灌木自悲吟。秋菊兼糇粮，幽兰间重襟。踌躇足力烦，聊欲投吾簪。"

左思出身寒素，仕途颇不得意。他的《招隐诗（其一）》描写的是隐士的生活及居住环境，表达了诗人不与世俗同流合污的决心。诗篇开头两句即直接点题，说要到横断古今的荒途之外去找寻

109

隐士。接着用大段篇幅对隐士周围的环境进行了详尽的描写。最后两句，诗人直抒胸臆，誓欲挂冠归去，追随隐士。这首诗景情自然融合，语言率真古朴，表现了诗人高洁的情志。

萧云从这幅《山水清音图》可以看作是左思《招隐诗》诗意图，萧云从在画上自题的五古与左思诗的情趣是一致的，诗如下："种松发秀色，具见高人心。凿石筑茆屋，长年覆琭阴。白云无意出，舒卷趁空林。万籁时一寂，微风堕清音。此情莫可拟，此景谁能论？只向千峰里，共弹五弦琴。桃花依绿水，不觉又春深。"

诗中"只向千峰里，共弹五弦琴"用的是嵇康的典故。嵇康《赠秀才入军（其十四）》诗："目送归鸿，手挥五弦。俯仰自得，游心太玄。嘉彼钓翁，得鱼忘筌。郢人逝矣，谁与尽言？"嵇康为曹魏宗室的女婿，娶曹操曾孙女长乐亭主为妻。官至中散大夫，世称"嵇中散"。晋代魏后隐居不仕，屡拒为官。因得罪钟会，遭其构陷，而被司马昭处死。萧云从在诗中用嵇康的典故，表达效仿嵇康，隐居不仕的心志，此即《山水清音图》的创作旨趣。

图2　《山水清音图》卷首

1658年萧云从63岁时（亦即创作《山水清音图》前的六年），曾作《秋山读书图》并题诗一首，诗中"松间营草屋，石上有流泉。静坐复和虑，端心挥五弦"，这几句同样用了嵇康的典故。可见蔑视权贵的嵇康是萧云从非常仰慕的人物。

因为左思《招隐诗》"山水有清音"抒发了落魄江湖的文人共有的情意，故后来亦是画家乐意表现的题材。元代赵孟頫、清代石涛也创作过《山水清音图》。当然，由于画家的人生经历、艺术个性及创作时心境的不同，图虽同题，但各有各的风貌。

不过需要说明的是，萧云从并非《山水清音图》的题名者，题名者是此图早期收藏者沈凤（见图2）。萧云从的山水画作，大多自题其名，如《归寓一元图》《碧山寻旧图》等，但萧云从此图只有题诗。"山水清音"四字应该是沈凤根据萧云从题诗的诗意和画面的意境所拟。

三 《山水清音图》流落海外前的收藏历程

萧云从《山水清音图》问世以后，300多年间，鉴藏者众。虽然目前尚不清楚最早的收藏者是谁，但是据画上的鉴藏题跋和印鉴，可以知道此画在流落海外之前，国内主要的收藏者和收藏历程。

《说明》说："由题跋印鉴可知，本图曾经汪恂、项源、祁之缪、俞兰元、张允中等人鉴藏。"[1]这句话有两点不足。一是鉴藏者姓名排列未按鉴藏时间先后排序，二是有意无意间漏掉一位重要的收藏者——近代知名人物汪精卫。

根据上述人物（除"俞兰元"不详外）的生平和所处时代，其中最早的鉴藏者应是沈凤和项源。

在卷首题名的沈凤是清代书画篆刻家。沈凤（1685—1755年），字凡民，号补萝，又有飘溟、凡翁、谦斋等别号。江苏江阴人，官南河同知。虬髯古貌，广颡方颐，世人称为古君子。自言生

[1] 浙江大学中国古代书画研究中心编，《清画全集·第十一卷·萧云从》，浙江大学出版社2020年版，第355页。

平篆刻第一，画次之，字又次之，有谦斋印谱。

项源，字汉泉，一字芝房，斋号小天籁阁，安徽歙县人。乾隆至道光间收藏家，收藏明清画以精、新、奇为主。据项源在画上的题跋，他是"嘉庆辛未冬日"得到萧云从《山水清音图》的。

在沈凤和项源之后的鉴藏者有祁之镠等。祁之镠是同治年间人，擅画。他的鉴藏跋文落款时间是"咸丰八年冬至前五日"。据其题跋，萧云从此画的收藏者是他的族人祁叔和。

再后来的鉴藏者才是民国时期的汪恂和张允中。汪恂是著名书法家，张允中是著名收藏家。从张允中写在《山水清音图》上的题跋看，汪精卫得以收藏萧云从此画，很可能与其有关。（图3）

图3　《山水清音图》（卷首左）张允中题跋

张允中（1881—1960年），浙江绍兴人，名致和，号补萝庵主。善贾饶资财，过手多巨迹。民国年间曾任北平市政府秘书长。张允中当年与琉璃厂的古董商人关系甚密，精擅文物鉴定和修复。张允中的题跋在介绍沈凤为郑板桥治印的故实和晚年结局后，落款"癸未元旦，东越张补萝"。

这个落款时间值得注意，因为汪精卫在画上题跋："余亦于癸未元月得此，亦适在六十后，书以志幸。三十二年二月，汪兆铭。"（钤印"精卫""双照楼印"）（图4）从"元月得此……书以志幸"这几个字看，汪精卫此时成为《山水清音图》收藏者，而"三十二年"即民国三十二年，公元1943年。汪精卫1883年生，时年60周岁，因此很可能是张允中或别的收藏者为其贺寿而敬献《山水清音图》的。

图4　《山水清音图》汪精卫题跋

从现藏于克利夫兰艺术博物馆的《山水清音图》的所有题跋看，张允中和汪精卫此后再无新的鉴藏者痕迹，而汪精卫虽然沦为汉奸，成为民族罪人，并在收藏萧云从《山水清音图》的次年病死于日本，但是他客观上也为保存萧云从这幅山水长卷巨作发挥了作用，是无可讳言的。

至于萧云从这幅山水杰作后来是如何流落海外的，只能俟将来发现新的史料再做探究了。

（本文原载《中国画学》2022年第4期）

读萧云从诗作笔札

詹绪左

　　研究芜湖本土文化，明末清初的萧云从（1596—1673年）无疑是个重要对象。萧云从的绘画最负盛名，同时擅书法、通易学、精音律，诗歌创作也颇有成就。笔者在整理《太平三书》时，对这位乡贤大儒的诗作尤为关注。在此期间，我们有幸拜读了沙鸥先生的《萧云从诗文辑注》（黄山书社，2010；以下简称《辑注》）和唐俊先生的《萧云从诗歌笺注》（安徽师范大学出版社，2019；以下简称《笺注》），在受益的同时，也发现了不少的问题。其中既有录字上的疏失，也有注释上的讹误，甚至还出现了录诗未完的情况。今依其次第，择其要者，而正其有误者，补其有阙者，拨其有疑者，意在引起研究者的关注，同时也可供这些书再版时参考。每条中的数字表明该句在书中的页码，或所引书目的页数，以便覆案。录文一般用简体，特殊情况则出以繁体。

《题烟鬟秋色图》

畴昔爱种石，巍然成假山。

　　《笺注》"题解"："据《辑注》，此诗辑自天津杨柳青书画社《萧云从张洽山水册页》（画现藏于天津市艺术博物馆）。"

（6）[1]引例即这首五古诗的一二句。"巍然"，《辑注》本、《笺注》本均录作"魏然"（4；5），实未确。按：细审原图诗款，"巍"写作"𫞚"之形，其"山"形宛在，只是一反常"态"，藏在"鬼"字一撇之下。这种写法历代书作中多见，例见《中国书法大字典》（462）、《隶书大字典》（325）、《甲金篆隶大字典》（637）等，此不赘举。"巍然"：高大貌；高大雄伟貌。如北魏·郦道元《水经注·河水四》："关之直北，隔河有层阜，巍然独秀，孤峙河阳。"宋·罗大经《鹤林玉露》卷十四："今世夫子庙塑像，巍然高坐，祭器乃陈于地，殊觉未安。"而"魏然"，大型语文辞书均未收列。

买山无资斧，握笔湛余闲。

"余闲"原写作"餘閒"，《辑注》本录作"餘間"（4），《笺注》本录作"余间"（5），皆失真。按：核原图诗款，"闲"写作"閒"，中间分明是"闲"的繁体字"閒"的"月"，而非"间"的繁体字"間"的"日"，辑注者盖未细察。"余闲"，指余暇。《文选·司马相如〈上林赋〉》："朕以览听余闲，无事弃日。"李善注："言听政既有余暇，无事而虚弃时日也。"《三国志·吴志·骆统传》："愿殿下少以万机余闲，留神思省。"宋·欧阳修《惜苍蝇赋》："聊娱一日之余闲，奈尔众多之莫敌。"均其例。此二句大意是说，"买山"（典出南朝·刘义庆《世说新语·排调》："支道林因人就深公买印山，深公答曰：'未闻巢由买山而隐。'"）虽无钱物等外在的条件，不过提笔画山还有充裕的时间。

携以政后子，残秋破愁颜。

---

[1] 括号内的数字为引用著作的出处页码，后文同。

"愁颜"，《辑注》本、《笺注》本均录作"愁顽"（5；5）。按："愁顽"难以成词，"顽"又与下面的诗句"秦皇驱海岛，大山失其顽"的"顽"字犯复，显然是有问题的。再检原图诗款，该字实写作"颜"之形，正是"颜"字无疑，校注者盖察之未审。"愁颜"，犹愁容。唐·李白《自梁园至敬亭山见会公谈陵阳山水兼期同游因有此赠》诗："且寄一书札，令予解愁颜。"宋·柳永《雪梅香》词："临风，想佳丽，别后愁颜，镇敛眉峰。"清·姚潜《饮孙子鱼琴来阁同汪度若吴方明曹殷六杜吹万》诗："把酒心犹热，依人鬓早斑。阮宣钱已罄，赖尔破愁颜。"即其例。此二句大意是说，萧云从携带着自己的画作给好友"后子"（据诗后题跋，当指"集翁道盟"），请他指正（"政"通"正"。清·秋瑾《致琴文书》"俚句戏呈伯母大人粲政"是其例），聊以在"残秋"之时为其破除"愁容"。

龙蹲与虎立，高下环樬关。

"樬"，原图诗款写作"樬"。《笺注》本录作"松"（5）。《辑注》本直录原形，校注："樬疑'松'字，俟考。"（5）按：实不必"疑"。"松"，异构作"窼"（《说文解字·木部》："窼，松或从容。"），此加"木"旁，遂成"樬"字。之所以加"木"旁，无非是为了彰显它的类属、显化它的意义，同时也是为了平衡字的结构关系。这种"叠床架屋"式的构字现象在汉字发展史上是屡见不鲜的，如"莫"与"暮"、"益"与"溢"等。萧云从《黄山松石图》（现藏于浙江省博物馆）题画诗："巨石压松成偃盖，喷泉涤根几百载。"句中"松"，亦如此作。

"樬"，大型字典、俗字典、书法字典皆未收列，故尤显宝贵。"松关"，犹柴门。唐·孟郊《退居》诗："日暮静归时，幽幽扣松关。"清·吴伟业《赠愿云师》诗："故人扣松关，匡床坐酬酢。"均为其例。

116

我欲攫之去，坚巨讵易扳。

"巨"原字作"鉅"，今既可简化为"巨"，又可简化为"钜"（坚硬的铁）。《笺注》简化为"钜"。"坚钜"，《笺注》："坚硬的铁。这里是形容假山坚固。"（6）按：此释亦未确。"钜"，《汉语大词典》该字条首列的义项，便是："坚硬的铁。"（第11册，1212）《笺注》即取此释。但这样一来，"坚钜"的"坚"岂非多余？再看二者的结构关系，"坚"与"钜"都是形容词，二者是并列关系，而非定中结构。"鉅"指大、巨大，当简化为"巨"。《礼记·三年问》："创鉅者其日久，痛甚者其愈迟。"孔颖达疏："鉅音巨，大也。"《汉书·齐悼惠王刘肥传》："齐临菑十万户，市租千金，人众殷富，鉅于长安。"颜师古注："鉅，大也。"宋·司马光《灵物赋》："有物于此，制之则留，纵之则去，卷之则小，舒之则鉅。"均为其例。此二句显然是说，我（指萧云从）本欲拿走这些假山，可石山既坚顽又巨大，哪容易搬得走？再看下面的诗句，"大山失其顽（坚顽之石）""贰负担危石（高大的岩石）"分别承"坚""鉅"而言，因此，"坚鉅"也不可能是"坚硬的铁"之类的意思。

彼且笑我愚，遂尔不复悭。

"尔"，《笺注》本录作"而"（5），与原字未合，盖音近而误。按："遂尔"，指于是、于是乎。《魏书·刘芳传》："窃惟太常所司郊庙神祇，自有常限，无宜临时斟酌以意，若遂尔妄营，则不免淫祀。"《水浒传》第九十八回："邬梨见琼英题目太难，把择婿事遂尔停止。"即其例。"遂而"，大型语文辞书未收。此二句大意是说，好友"后子"觉得我（指萧云从）的想法（"我欲攫之去，坚巨讵易扳"）很傻，很可笑，于是乎不再舍不得，慨然赠我以山石。

秦皇驱海岛，大山失其顽。贰负担危石，精卫徒潺湲。

117

"贰负"，《辑注》本、《笺注》本都录作"贰员"（5；5）。然"贰员"何意？恐怕谁也说不清楚。可见问题还是出在录字上。按："贰"字下，原图诗款写作"负"，显然为"负"字。"贰负"，指古代传说中的神名。《山海经·海内西经》："贰负之臣曰危，危与贰负杀窫窳，帝乃梏之疏属之山，桎其右足，反缚两手与发，系之山上木，在开题西北。"宋·司马光《侍读王学士挽辞》之一："贰负累因象，尸臣右瑑踪；老臣今已矣，咨访欲谁从。"清·袁枚《送虞山少宰从驾热河》诗："笔光直掩陆浑火，博物能知贰负臣。"均为其例。下一句中的"精卫"，是古代神话中的鸟名。二者为对，足见萧云从识见之广、运思之奇、用典之巧："博物能知贰负臣。"录作"贰员"，岂不有"负"于"博物"的萧云从？又，《笺注》"题解"曰："此诗从喜欢假山起笔，先写与朋友因共同爱好而得雅趣；接着又写与石有关的神话传说及米芾轶事，既有对秦始皇幻想长生不老的嘲讽，也有对精卫填海的惋叹……"（6）"既有……也有……"云云，也欠准确。此四句实为戏谑之语，言外之意是说，这些失去的顽石、担走的巨石，原来统统成了供吾及友人、"后子"赏玩的石山，其中并没有《笺注》所说的"嘲讽""惋叹"的意味。

巨灵有神划，黄初叱羝菅。

"黄初"句，《笺注》："黄初指黄初平，晋丹溪人，传能叱石成羊。《夜航船·卷十四·九流部》引《神仙传》：'黄初平年幼牧羊，有一道士引入金华山石室中，数年，教以导引。其兄初起遍索之，后问一道士，曰："金华山有牧儿。"兄随往，与初平相见，问羊何在？曰："在山东。"兄同往，见白石遍山下，平叱之，皆起成羊。'羝，公羊。菅，草。"（7）按：《笺注》对句意的理解虽然没错。但细心的读者不免会追问，"黄初叱羝"和"菅"又是什么关系呢？是注者不说出，还是说不出？这里试作一

118

点补充。明末徐含灵刻本《翰海》卷六《药石部》收祝无功《招王中石》，其中有云："何如寻黄初平石羊于长林丰草中，幸早归来，取道江上，禄请扫白门一片石迟公。"此例颇有启发性，表明"菅"当为"黄初叱羝"的补语，"黄初叱羝菅"即"黄初平叱羝于菅"。"菅"相当于"于长林丰草中"。

赠我二三枚，朝夕云一湾。

"枚"，《笺注》本录作"枝"（5），盖形近而误。《辑注》本移录无误（5）。按：该句意思是说老友"后子"赠我以山石二三枚。而山石显然是不能用"枝"作量词的。诗后题中有"小山数枚"句，即可为证。宋·苏轼《与佛印禅老书》："收得美石数百枚。"亦其例。

留供青闷阁，岂羡倪荆蛮。

"岂"，原图诗款写作"![字]"，《辑注》录作"之"（5），显然是丢掉了"岂"上之"山"，而"之羡"云云，亦匪夷所思。按："倪荆蛮"，即倪瓒，明末清初画家，号云林子、荆蛮民、幻霞子等。"青闷阁"即其所居，萧云从借指自己的居所。此二句大意是说，居所中有老友赠我的石山供我清玩，我又何必羡慕倪荆蛮呢？

戊子春作此卷，易集翁道盟小山数枚。至辛卯十月廿五日，小酌自醺，复索以观。醉中赋草，记乱世中有吾两人石交也。钟山梅下萧云从。

这是原图诗款后的题记，其中有两处录文也有问题。一处是"小山"，《辑注》本、《笺注》本都录作"山水"（5；6）。试想"水"岂可以"枚"论，这里肯定有问题。再检原图诗题记，此二字写作"![字]"。"小山"，义同诗中"假山""石山""种石"（谓叠石，即假山。宋·翁元龙《齐天乐·游胡园书感》词："种石生云，移花带月，犹欠藏春庭院。"）。大型语文辞书"小山"

119

条未及此义，故弥足珍贵。另一处是"钟山"。简化字"钟"合并了"鐘""鍾"两个繁体字，此处原写作"鍾山"，《辑注》本录作"鐘山"（5），与原字未合。萧云从另有《钟（鍾）山梅下诗》（八首），"鍾山"，《辑注》本亦录作"鐘山"（9）。按："鍾山"，指山名。即紫金山。在今江苏省南京市东北。三国吴孙权避祖讳，更名蒋山。至宋复名鍾山。宋·周辉《清波别志》卷中："王荆公退居鍾山，切切以吕吉甫为恨。"清·陈维崧《醉太平·江口醉后作》词："鍾山后湖，长干夜乌。"即其例。而"鐘山"，大型语文辞书未收。

《梅花下赠唐祖命允甲》

《笺注》"题解"："据《辑注》，此诗辑自上海古籍出版社《清诗话续编·国朝诗话》卷二。作年不详。"（25）按：《国朝诗话》所引并非全璧，辑注者理应补全。检《感旧集》（清乾隆十七年刻本）卷三、《南州诗略》（清乾隆刻本）卷五、《皖雅初集》（民国间排印本）卷二十七等均载录了这首诗，题作《梅花下赠唐祖命》（唐允甲，字祖命，号耕坞，安徽宣城人，萧云从友人）。据此，可补全其未完的部分："泥埋双屐齿，甘受烈霰欺。我既不解饮，围炉自支颐。孤情忆梅萼，烂漫殊未知。造物有真意，此花如相期。红红与白白，皆可罄醇醨。好会不共赏，方知主人痴。"另有一则异文。"独挈一尊酒，高吟五字诗"，"尊"，《清诗话续编·国朝诗话》卷二录作"樽"（1713）。

何意君作客，弛担在茅茨。

"弛担"，《辑注》本、《笺注》本录作"弛担"（60；25）。《辑注》本附录二《国朝诗话·萧云从（一则）》中亦录作"弛担"（254）。《笺注》："弛担：同'弛担'，放下担子，息肩。宋·何薳《春渚纪闻·张道人异事》：'一日樵归，于山道遇二道人对棋，弛担就观。'指栖息。元·黄潜《杭州送儿侄归里》诗：'息肩弛担今何处？明朝过我三釜山。'……"（25—26）按：《清诗话续编·国朝诗话》卷二、《感旧集》卷三、《南州诗略》卷五、《皖雅初集》卷二十七均录作"弛担"，可见"驰"乃"弛"之误录。其实，《笺注》所释、所引的例证都是说"弛担"的，这也恰可证明"驰担"是抄录之误。"驰担"，大型语文辞书未收，古代典籍中也未见用例。

《题雪景图》

撑天栵栗自主张，觅醉前村泛醽醁。

"栵栗"，《辑注》本录作"櫛栗"（6）。《笺注》本录作"枥栗"（30），无注。另检孔寿山《中国题画诗大观》（敦煌文艺出版社，1997）、王石城《中国画家丛书：萧云从》（上海人民美术出版社，1979）、斯尔螽《题画诗话》（四川美术出版社，1987）等，均录作"枥栗"（718；14；93）。实皆未确。按："栵"是个多音字，一读"zhì"，同"櫛"。简化为"栉"。《集韵·入栉》："櫛，《说文》：'梳比之总名也。'或作'栵'。"亦指梳子、篦子等梳发用具。一读作"jî"，常用于"栵栗"一词。《辑注》《笺注》等未明此差别，遂误录；又因误录，故难以出注。"栵栗"，亦作"栵栃"。木名，可为杖。后借为手杖、禅杖的代称。唐·贾岛《送空公往金州》诗："七百里山水，手中栵栗粗。"宋·陆游《小园》诗："倦就盘陀坐，闲拈栵栗行。"元·耶律楚材《和张敏之〈鸣凤曲〉韵》："遮眼开经卷，蒙头坏衲衣……震风威，横担栵栗万山归。"清·溥畹《虎丘访卖花老人》诗："缓携栵栗访山家，一路斜阳五色霞。"清·恽敬《子惠府君逸事》："郑痴庵常与先府君过从……为人颀长白须冉，携椰栉杖，有出尘之表。"均其用例。又，《笺注》："主张：犹支撑。《初刻拍案惊奇》卷三十：'却又不知李参军如何便这般惊恐，连身子多主张不住，只是个颤抖抖的。'《三国演义》第三二回：'张辽乘势掩杀，袁尚不能主张，急急引军奔回冀州。'这里是说老人在泥泞山道走路累了休息。"（31）其释"主张"是。核《梦园书画录》（清光绪刻本）卷十七《萧尺木雪景直幅》（即《辑注》《笺注》所从出），其中记云："半山略见云树，一叟扶笻独行。"对比可见，"笻"即"椰栗"，"扶"犹"主张"。然《笺注》说"老人在泥泞山道走路累了休息"，则与"一叟扶笻独行"显然未合。

"泛"原写作"汎"，《辑注》《笺注》都录作"汛"（6；30），孔寿山《中国题画诗大观》、王石城《中国画家丛书：萧云从》、斯尔螽《题画诗话》等，也都录作"汛"（718；14；93）。《笺注》："汛：洒水。《说文》：'汛，洒也。'这里有'饮'的意思。"（31）按：录字未确，解释自然靠不住。试想"洒水"义为何又有"饮"的意思，这是让人费解的。而"汎（泛）"的常见义之一正是饮酒。例如晋·陶潜《饮酒》诗之七："秋菊有佳色，裛露掇其英。汎此忘忧物，远我遗世情。"宋·王安石《九日随家游东山遂游东园》诗："采采黄金花，持杯为君汎。"清·吴伟业《西田招隐》诗之二："把卷倚新桐，持杯汎南菊。""汎醽醁"即饮美酒。"醽醁"，亦作"醽渌"，美酒名。其例如晋·葛洪《抱朴子·嘉遁》："藜藿嘉于八珍，寒泉旨于醽醁。"宋·黄庭坚《念奴娇》词："寒光零乱，为谁偏照醽渌。"元·曾瑞《醉太平》曲："苏堤堤上寻芳树，断桥桥畔沽醽醁，孤山山下醉林逋。""醽醁"，孔寿山《中国题画诗大观》、王石城《中国画家丛书：萧云从》、斯尔螽《题画诗话》录作"醁醁"（718；14；

93），"酲"是一个生造的简化字。

身处穹庐望雁飞，独怜汉使旄节秃。

"旄节"，《辑注》本、《笺注》本均录作"麾节"（6；30），失真。《笺注》："汉使麾节：指苏武出使匈奴，被扣留十九年，持节不变事。"（31）此释虽指明出典，但因录字并非"原汁原味"，解释就很难一一到位。今按："旄节"，指古代使臣所持的符节，用作信物。《史记·秦始皇本纪》"衣服旄旌节旗皆上黑"句，张守节正义："旄节者，编毛为之，以象竹节，《汉书》云'苏武执节在匈奴牧羊，节毛尽落'是也。"宋·梅尧臣《送马仲涂司谏使北》诗："每逆龙鳞司谏诤，又持旄节使阴山。"明·夏完淳《大哀赋》："苏属国之旄节终留，庾开府之江关永弃。"其中《汉书》云"节毛尽落"，正可移笺此诗中的"旄节秃"。

《赠胡曰从》

气卷灵春太液润，道潆梦缊青阳舒。

"卷"，《辑注》本录作"捲"（41），失真。"潆"原写作"濚"。《笺注》本录作"瀠"（37），与原字未合。按："濚"与"卷"对言，指回旋貌。

烧兰旧赐宫中烛，倚缛仍安下泽车。

"旧"，《辑注》本、《笺注》本都录作"归"（41；37），王石城《中国画家丛书：萧云从》也录作"归"（6），均与原字未合。按："旧"与"仍"对言，不可能是动词（"归"），动词应当是"赐"。故其义当为以前、原本之类的意思。其例如《书·说命下》："台小子，旧学于甘盘。"唐·杜甫《燕子来舟中作》诗："旧入故园常识主，如今社日远看人。"宋·王谠《唐语林·补遗四》："蜀土旧无兔鸽。隋开皇中苟秀镇益州，命左右赍兔鸽而往。今蜀中鸽尚稀，而兔已众。"宋·陆游《沈园》诗之一："城上斜阳画角哀，沈园非复旧池台。"

淇水洋洋数竿竹，颐期卫武歌璠玙。

"期"，《笺注》本录作"其"（37），失真。"卫"原写作"衞"，《笺注》本以及王石城《中国画家丛书：萧云从》录作"衍"（37；6），亦误。按：句中"期"，指希望；企求。如《书·大禹谟》："刑期于无刑，民协于中，时乃功。"蔡·沈集传："其始虽不免于刑，而实所以期至于无刑之地。"唐·韩愈《哭杨兵部凝陆歙州参》诗："人皆期七十，才半岂蹉跎。"宋·岳飞《谢讲和赦表》："臣愿定谋于全胜，期收地于两河。"清·恽敬《说山》："盖天下事，期之者过甚，大率不能如吾之意。"即其例。"卫武"，指卫武公。史载其主政达55年，90多岁还亲民临政，德高望重，受到从周天子到普通百姓的称道，故被誉为高风亮节、令德高年的典范。

别三十年，偶来金陵，拜瞻几杖，年开九峡。人景千秋，犹镌小印篆成蝇头，神明不隔，真寿征也。

《笺注》"题记"："此诗辑自《虚斋名画录》卷十《萧尺木山水轴》。"（37）引文即该诗题记中的几句。"别三十年"，《笺注》误作"别二十年"。另有一处标点疏误。"印篆"间，《辑注》《笺注》均施逗，分属二句。王石城《中国画家丛书：萧云从》，以及张连安、杨新华主编的《南京历史文化新探》（南京出版社，2006年）亦施逗（6；181）。按："印篆"，指印章。因印章多用篆文，故称。宋·宋敏求《春明退朝录》卷下："近朝皇太后、皇后皆有印篆，文曰：'皇太后之印''皇后之印'。"清·刘大櫆《伯兄奉之墓志铭》："兵卒粮饷，素取给于县，县为印篆移营官，营官各以券给其兵。"《黑籍冤魂》第七回："（吴

124

瑞庵）领着幕宾跟随，来接了宁绍台道的印篆。"皆为其例。再看下面一例。《名媛诗话》（清光绪鸿雪楼刻本）卷一："（宝灯）自写《坐月浣花图》，小印篆曰'络隐'。"此"小印篆"可以断开乎？

《题四季山水册页图》（十首）

停马独思恻，依稀在柳条。明知春色澹，不遽上丹巋。

这是十首诗中的第一首。"丹巋"，《辑注》《笺注》皆录作"丹莪"（45；60）。《笺注》："丹莪：或指某种红色草本植物。莪，柴草，亦指芜菁。"（62）按：录字既指鹿为马，注释也不免郢书燕说。《册页图》该画记云："柳堤畔一径盘纡，上通峭壁，倚崖楼阁参差，桥头古寺高塔孤耸。"亦可见"上"（攀登）的是"丹巋"，而"丹莪"这种植物可"上"乎？"巋"，亦作"峣"，本指高貌。如"峣榭"指高台，"峣阙"谓皇宫大门，"峣岩"犹高险。句中用作名词，指山，如"嶕峣"（借指高峰）的"峣"。"丹巋"，当指红色的山峰。该词大型语文辞书未收。

秋气拂西崖，英豪纵车马。遥闻云树中，宝刹千峰下。

这是十首诗中的第二首。"云树中"，《辑注》本、《笺注》本皆录作"云中树"（46；60），显然未确。按："云树"，指高耸入云的树木。唐崔橹《华清宫》诗之一："草遮回磴绝鸣鸾，云树深深碧殿寒。"明文徵明《金山寺待月》诗："鱼龙深夜浮光怪，云树遥空带渺茫。"

戊申立春，七十三翁云从。

《笺注》"题解"："据《辑注》，此组诗辑自清光绪定远方氏刻本《梦园书画录》卷十七《萧云从山水画册》。"（61）引文是第八首诗后题。《笺注》援引时"翁"下衍一"萧"字。《辑注》本不误（47）。

然亦供高士雅赏，称不朽复何逊焉。

引文是第十首诗后题。句中"复"，《笺注》录作"亦"，虽无碍文意，然终非原文之素。《辑注》本不误（47）。"称不朽"下，《辑注》本施逗（145），也欠妥。《辑注》本另一处未施逗（47），是。

《访许定园林》

过访许定远园林之作。无闷老人萧云从。

《笺注》"题解"："据《辑注》，此诗辑自清方睿颐撰《梦园书画录》卷十七。"（114）引文即为这首五律诗后的题记。《辑注》本、《笺注》本移录时均脱落了"远"字（53；114）。难怪《笺注》云："许定，未详生平。"（114）同时，该诗题既为《辑注》《笺注》者所拟，亦当补"远"字。

《题画寄钱果存》

抛予老笔能酬应，对客狂吟可奈何。

《笺注》"题解"云："据《辑注》，此诗辑自《壹斋集·萧汤二老遗诗合编》。"（125）引例是该七律诗颔联。"可奈何"，《笺注》误作"无奈何"。《辑注》本不误（6）。又，陈育德、凤文学校点本《壹斋集》（黄山书社，1999年）亦录作"可奈何"（881）。

江边帆影随风发，直破黄尘过翠萝。

"直破"，《笺注》本录作"真破"，未确。《辑注》本不误（7）。陈育德、凤文学校点本《壹斋集》亦录作"直破"

（881）。按："直"，副词，径直、直接。例如《公羊传·庄公三十二年》："杀世子母弟直称君者，甚之也。"北魏·贾思勰《齐民要术·八和齑》："橘皮新者直用，陈者以汤洗去陈垢。"石声汉注："新鲜的，直接用。"唐·元稹《和李校书新题乐府·上阳白发人》："醉酣直入卿士家，闺闱不得偷回避。"

《彭幼官耽于诗酒，索画和答》（三首）

莫道韬精终阮籍，万方犹自未销烽。

《笺注》"题解"："据《辑注》，此组诗辑自《壹斋集·萧汤二老遗诗合编》。"（128）引例是第二首尾联。"万方"，《辑注》本、《笺注》本以及陈育德、凤文学校点本《壹斋集》均误作"万古"（7；127；882）。"未销烽"，《笺注》改作"未销锋"，注云："《辑注》作'未销烽'，疑误，今改。意谓未消除锋芒。"（129）按：实不必"疑"，更不当"改"。《荔村草堂诗钞》（清光绪十八年廖廷相羊城刻本）卷一《入塾集·泊石门》："频年江国未销烽，琴剑飘零类转蓬。"《录天书舍存草》（清嘉庆二十三年阮元刻本）卷二《自滦阳奉命典试四川旋都途次杂成八首，寄同直诸公，末二章兼柬吴少甫前辈树萱伊墨卿同年秉绶》其二："年来陇蜀未销烽，霜暑犹迟荡寇功。"均用"未销烽"。"未销烽"谓战火未灭。此二句大意是说值此万方战乱未灭，自己是断然不会一味韬光养晦的。《笺注》"题解"析此二句云："尾联借用典故含蓄告诉友人，自己于韬光养晦之中并未消磨奋发有为的锐气。"（128）亦欠准确。

《寄于息庵，时为僧高淳》

客子乘秋近禅说，王维老去画中参。

《笺注》"题解"："据《辑注》，此诗辑自《壹斋集·萧汤二老遗诗合编》。"（132）引例是这首诗的尾联。"客子"，《笺注》本及陈育德、凤文学校点本《壹斋集》误作"客于"（132；882），《辑注》本误作"於"（8）。按："客子"，指离家在外的人。汉·王粲《怀德》诗："鹳鹆在幽草，客子泪已零。去乡三十载，幸遭天下平。"南朝·陈徐陵《关山月》诗："关山三五月，客子忆秦川。思妇高楼上，当窗应未眠。"宋·蒋捷《虞美人·梳楼》词："天怜客子乡关远，借与花消遣。"尾联中的"客子"，指诗题中的"于息庵"。也许"子""于"形近，而"客子"又恰巧是"于息庵"，遂有移录之误。又，引例中的"禅说"，实指"禅悦"（"说""悦"古今字），乃佛教语。谓入于禅定，使心神怡悦。如《维摩诘经·方便品》："虽服宝饰，而以相好严身；虽复饮食，而以禅悦为味。"南朝·陈徐陵《东阳双林寺傅大士碑》："非服名香，但资禅悦。"宋·黄庭坚《赋盐万岁山中仰怀外舅谢师厚》诗："禅悦称性深，语端入理近。"清·包世臣《艺舟双楫·〈旧业堂文钞〉序》："至被诬废弃之后，其能放情山水，逃心禅悦者，已为越绝流俗。"像这样的词语，《笺注》应当出注。

《题画为包长明恤部》

寒峰写就数经旬，樾馆棕闾托意真。

《笺注》"题解"："据《辑注》，此诗辑自《壹斋集·萧汤二老遗诗合编》。"（140）引例是这首诗的首联。"棕闾"原文为

"椶閭"，"椶"简化为"棕"，《辑注》本录作"棕榈"（9），陈育德、凤文学校点本《壹斋集》录作"棕榈"（883），与原字未尽合。《笺注》本录作"棕闾"（140），注云："棕闾：即'棕榈'。'闾'同'榈'。"（140）按：这一解释来自《汉语大词典》"椶闾"条："棕榈：闾，同'榈'。清方以智《通雅·植物》：'比闾，即栟榈……《王会篇》"白州比闾"，盖棕闾也。'"（第4册，1189）此释虽不错，但引例太少，也未必可靠，方以智"盖棕闾也"的解释本就含有揣测的成分。这里再补充一个更显豁的例子。《大方广佛新华严经合论》（唐于阗国三藏沙门实叉难陀译经，唐太原方山长者李通玄造论，唐福州开元寺沙门志宁厘经合论）卷第一百一十二《入法界品第三十九之二十五》："广明宝多罗树者，如此方棕闾树。"不过，萧云从这首诗"棕闾"却并非此义。首先，"棕闾"与"樾馆"（《全唐诗》卷一二三载卢鸿一《嵩山十志十首·樾馆》："樾馆者，盖即林取材，基颠柘，架茅茨，居不期逸，为不至劳，清谈娱宾，斯为尚矣。"知为简陋居所）并言，意思理当相同，都是指简陋的居所。其次，萧云从《移居诗（六首）》其一："喜得幽荒日月同，棕轩樾馆筑华嵩。"《笺注》："棕轩樾馆：指简陋的居所。"（145）此释甚确。比对又可确知，"棕闾"犹"棕轩"也。

《移居诗并序》（六首）

甲申后为镇兵是据，遂毁精舍为围栎。

《笺注》"题解"："据《辑注》，此组诗辑自《壹斋集·萧汤二老遗诗合编》。据小序，知此组诗作于1647年，时萧云从52岁。"（143）引例即小序中语。"围栎"，《笺注》本录作"园栎"（142；146），未确。《辑注》本、陈育德、凤文学校点本

《壹斋集》（11；886）不误。按："圉"，原指养马，亦泛指畜养。《左传·哀公十四年》："孟孺子泄将圉马于成。"杜预注："圉，畜养也。"《文选·张衡〈东京赋〉》："圉林氏之驺虞，扰泽马与腾黄。"薛综注："圉，牢养也。"《周礼·夏官·叙官》"圉师"汉郑玄注："养马曰圉。""枥"，本指马槽，亦指关牲畜的地方。东汉·曹操《步出夏门行》："老骥伏枥，志在千里。烈士暮年，壮心不已。"宋·王安石《骐骥在霜野》诗："骐骥在霜野，低回向衰草。入枥闻秋风，悲鸣思长道。""圉枥"抟合成词，当指养马的地方。组诗第五首中有云："树高不隔蝉声切，墙短犹留驹影斜。"亦可见"圉枥"确为养马之所。"圉枥"，大型语文辞书未见收载，故尤显宝贵。

至丁亥秋，始得携儿子，担书笥，葺秽缉垣，略蔽风雨而家焉。

此亦小序中语。"缉"，《笺注》本录作"葺"（142），与原字未合。《辑注》本、陈育德、凤文学校点本《壹斋集》都不误（11；886）。按：《石仓诗稿》（清乾隆十九年曹岱华刻本）卷十七《潞河集·岁暮移寓》中有："缉垣聊蔽雪，祀灶未生烟。"即用"缉垣"之例。"缉垣聊蔽雪"，与"葺秽缉垣，略蔽风雨而家焉"意思相近，"缉垣"即谓修治墙壁也。又，"葺秽"的"葺"，王石城《中国画家丛书：萧云从》（上海人民美术出版社，1979年）中录作"薜"（3），无版本依据。翁志飞编著的《名家闲章趣谈》（江西美术出版社，2006年）中录作"薜移"（45），"移"又是"秽"之误。

倘曰元亮《移家》、少陵《秋兴》，是以灵乌飞鵕而誉腐草之光矣。

此亦小序中语。"鵕"，《笺注》本录作"鷄"（142），与原字未合。《辑注》本、陈育德、凤文学校点本《壹斋集》不误（12；886）。《笺注》："飞鵕：鵕同'骏'。一种鸟名。类山鸡；一说是不祥之鸟，现则天旱。"（145）按：录字似是而非，注释难免把彼注兹。《玉篇·兔部》："兔，狡兔。"又泛指兔。如宋·吴潜《贺新郎·玩月》："玉兔捣药何时歇？几千年，阴晴隐现，团圆亏缺。"萧云从《题地震山水卷》："亦寸裁成卷式高，楮光墨燥兔毛秃。"句中"灵乌"指太阳，"飞兔"显然喻指月亮（吴潜《贺新郎·玩月》词，写的是"玉兔"，"玩"的正是"月"）。这几句大意是说，拙作和陶渊明《移居二首》、杜少陵《秋兴八首》诗相比，一如日月之辉，一似流萤之光。另，萧云从《太平山水诗图跋文》："政治之余，济艰厘弊，翔化哺醇，若飞兔升乌一照曜而罔有遗者。"此"飞兔"义同。唯其"灵（升）乌飞兔"喻指日、月，所以才会出现"一照曜而罔有遗者"。但遗憾的是，"飞兔"的"兔"，沙鸥先生《萧云从版画研究》（黄山书社，2018年）也误作"鸡"（151），真是无独有偶。"飞兔"，大型语文辞书失收。

蹈海鲁连能战日，还家典属雁声秋。

这是该组诗第六首颈联。"能战"，《笺注》本改为"龙战"（143）。注云："龙战：《辑注》作'能战'，误，今改。本谓阴阳二气交战。《易·坤》：'上六，龙战于野，其血玄黄。'后遂以喻群雄争夺天下。唐胡曾《题周瑜将军庙》诗：'共说前生国步难，山川龙战血漫漫。'"（146）按：此亦擅改。核自刻本、许氏重刊本、黄安谨重印本《壹斋集》，可知《辑注》本、陈育德、凤文学校点本录作"能战"确然无误（12；887）。再者，改为"龙战""以喻群雄争夺天下"，与"蹈海"之"鲁连"又有何涉？细研之，此句用了两则典故。一是"蹈海鲁连"典。"鲁连"，即鲁仲连，战国时齐国人，高尚不仕，常周游各国，排难解纷。秦军围赵都邯郸，鲁连以利害进说赵魏大臣，劝阻尊秦为帝，曾云："彼秦者，弃礼义而上首功之国也，权使其士，虏使其民。彼即肆然而为帝，过而为政于天下，则连有蹈东海而死耳，吾不忍为之民也。"事见《战国策·赵策》《史记·鲁仲连邹阳列传》。一是暗用"战日"之典。《淮南子·览冥训》:"鲁阳公与韩构难,战酣,日暮,援戈而撝之,日为之反三舍。"后多用为力挽危局之典。亦作"挥戈回日""挥戈退日""鲁阳挥戈",或省作"挥日""挥戈"等。二"典"之所以能融为一体,盖因"鲁仲连""鲁阳公"(战国时楚鲁阳邑公)都有一个"鲁"字在,故诗人迁想妙得如此。"鲁仲连"能成功劝阻尊秦为帝,正可谓力挽危局。由此二句,我们不难体味出诗人此时对南明小王朝尚抱有很大希望,甚至对自己为国效力、驱除外敌也怀有期许。

《钟山梅下诗》(八首)

尘土飘摇香未散,乾坤今见几人诗。

《笺注》"题解":"据《辑注》,此组诗辑自《壹斋集·萧汤二老遗诗合编》。"(150)引例是八首中第二首尾联。"飘摇",《笺注》本误作"飘落"(148),《辑注》本、陈育德、凤文学校点本《壹斋集》(10;884)不误。按:"飘摇",指飘荡、飞扬。明·刘基《郁离子·九难》:"于是乎翠盖飘摇,文鹓委蛇,嘉朋远至。"

春归但籍花为历,僧老都忘岁已寒。

这是八首中第三首颔联。"籍",《笺注》本改作"藉"(148),注云:"藉:《辑注》作'籍',今改。同'借',凭借。"(151)按:实不烦"改"。"籍"通"藉",自古而然。《孟子·滕文公上》:"助者,籍也。"赵岐注:"籍者,借也,犹人相借力助之也。"《韩非子·八经》:"外不籍,内不因,则奸宄塞矣。"《汉书·贾山传》:"昔者,周盖千八百国,以九州岛之民养千八百国之君,用民之力不过岁三日,什一而籍,君有余财，民有余力，而颂声作。"颜师古注："籍，借也，谓借人力也。"《宋史·高宗纪四》："（绍兴二年八月）戊戌，沿海州县籍民海舶，每岁一更，守海道险要。"此指借助。《史记·司马相如列传》："籍以蜀父老为辞，而己诘难之，以风天子。"《汉书·司马相如传下》作"藉"。此指凭借。

人瞻北阙春千里，香过西邻水一湾。

这是八首中第四首颔联。"西邻"，《笺注》本误作"西郊"（149），而《辑注》本、陈育德、凤文学校点本《壹斋集》均不误（10；885）。按："西邻"，指西边邻居。《易·既济》："东邻杀牛，不如西邻之禴祭，实受其福。"唐·元结《漫问相里黄州》诗："东邻有渔父，西邻有山僧。"是其例。"西邻"句意思是说花香飘过一条弯曲的流水。唐·张说《同赵侍御乾湖作诗》诗："一湾一浦怅邅回，千曲千溠恍迷哉。"清·翁方纲《用德中丞韵赠行》："泉流百磴盘云细，浑照冰条碧一湾。""一湾"用法相同。又，萧云从《题烟鬟秋色图》："赠我二三枚，朝夕云一湾。"此"一湾"以流水之曲弯喻指"云"之流动也。

《辛卯秋至南庄作》

旧日路傍松见顶，几年门外水连空。

《笺注》"题解"："据《辑注》，此诗辑自《壹斋集·萧汤二老遗诗合编》。辛卯年为清顺治八年（1651年），时萧云从56岁。"（155）引例是这首律诗的颔联。"傍"，《辑注》本、《笺注》本录作"旁"（13；142），浦金洲、黄季耕选注的《安徽历代诗选》（安徽人民出版社，1983年）、王石城的《中国画家丛书：萧云从》（上海人民美术出版社，1979）、祝凤鸣主编的《安徽诗歌》（安徽文艺出版社，2012年）、王伯敏、俞守仁等《三国——现代132名中国书画家》（山东美术出版社，1984年）亦录作"旁"（178；12；235；272），与原字都未合。唯有陈育德、凤文学校点本录字无误（887）。按：《集韵·唐韵》："傍，亦作旁。"故"路傍"即"路旁"。但辑录原典，自当以存真为宜。《史记·张丞相列传》："是时丞相入朝，而通居上傍，有怠慢之礼。"唐·韩愈《与孟尚书书》："天地鬼神，临之在上，质之在傍，又安得因一摧折，自毁其道，以从于邪也！"宋·苏轼《秦太虚题名记》："自普宁凡经佛寺十五，皆寂不闻人声，道傍庐舍，或灯火隐显，草木深郁，流水上激悲鸣，殆非人间之境。"《警世通言·金令史美婢酬秀童》："金满好言好语都请出去了，只剩得秀童一人在傍答应。"清·侯方域《宁南侯传》："（宁南侯）一日见道傍驼橐，驰马劫取之。"例中的"傍"都指旁边、侧近。"道傍"犹"路傍"也。

（本文原载《中国诗学研究》2020年第1期）

佳作共欣赏　疑义相与析

——萧云从书法语言考释

詹绪左　吕永生

内容提要：萧云从于65岁时所写的独立的行书作品《胡澹庵书遗从子维宁》意义非凡，具有很高的观赏价值。然今人对该作品的移录、识读存在着严重的失误，或录字未确，或夺文衍字，至于点断之误更是比比皆是。本文择其要者，检讨录文的错误类型和致误缘由，并指出解决此类问题的具体路径。

关键词：萧云从；《胡澹庵书遗从子维宁》；移录；识读

研究安徽文化史，明末清初的萧云从（1596—1673年）无疑是个重要对象。笔者在整理萧云从书画文字的过程中，有幸拜读了沙鸥先生的大作《萧云从与姑孰画派》[1]，在"萧云从书法考评"一节中豁然展示了一幅萧云从65岁时所写的独立的行书作品《胡澹庵书遗从子维宁》，着实令笔者眼前一亮，感奋不已。我们知道，以前观赏、研究萧云从的书法作品，只能是按"图"索骥——从他的画作诗款题跋中去领略其书作的风采。所以，这幅独立的行书作品

---

[1]　沙鸥《萧云从与姑孰画派》，黄山书社2014年版，第134页。

就显得意义非凡。而且就作品本身而论，文笔酣畅，感情饱满，洒然意适，颇有些颜鲁公《争座位帖》《祭侄文稿》的意味。从内容上说，它写的是关于君子为学之道的，话题有些沉重，不像那些模山范水、抒情写意的清词丽句，似乎很难出彩。而从形式上说，这幅书作正文247字，落款8字，字的重复率又很高，如"必"18次，"日"14次，"其"12次，"也"9次，"欲"8次，"以"7次，"曰""焉""如""而"各6次，"又"5次，"君子"4次，这也是让一般书家颇感头疼、难以措手的。可就是这样严肃的内容、繁复的形式，到了萧云从的灵腕妙笔之下，依然有罄控自如的流畅感、不厌其"烦"的恰好感和触遇生变的新奇感，实在是难得一见的佳作。萧云从论书时尝云："必有完字具于胸中，则下笔之际，自然从容中道。"[1]观乎此作，信然！不过想想倒也自然，萧云从长于篆隶，以篆书导其源，借隶书发其机，溢而为行草，自能激其波、扬其澜，写得圆润华滋而又气度雍容，更何况作者还"有完字具于胸中"，岂能不"从容中道"？

不过，令笔者感到困惑的是，这幅书作中明明"说"的是"胡澹庵书遗从子维宁曰……"，可为何沙鸥先生却将其收入《萧云从诗文辑注》之"文"的"囊"中，而且给这篇书作拟题为"萧云从行书作品文"？不仅如此，更让笔者感到吃惊的是《萧云从诗文辑注》和《萧云从与姑孰画派》的录文与笔者对这幅书作的辨认与阅读实在差距太大，简直是遥乎远哉。沙先生是书画名家，又是一直致力于研究萧云从的专家，莫非真的是笔者水平有限，对书作的文字辨认、文句点断屡屡看走了眼？于是笔者决定好好研究一番，以还这段文字的庐山真面目。

---

[1]　沙鸥《萧云从诗文辑注》，黄山书社2010年版，第132页。

经过一番检索，笔者才知道，"胡澹庵"就是南宋时有名的政治家、爱国大臣胡铨（1102—1180年），"邦衡"是其字，"澹庵"乃其号，吉州庐陵（今江西吉安）人。高宗建炎二年（1128年）进士，授抚州军事判官。绍兴五年（1135年）任枢密院编修官。赫赫有名的《戊午上高宗封事》就出自他的手笔。在萧云从这幅行书立轴中，"胡澹庵"对"从子维宁"所"说"的那番关于"君子为学之道"的话，始见于明刻本《澹庵文集》卷六《跋从叔祖八景士遗稿》一文中，这在清文渊阁《四库全书》中可以查到。而且此文在今人曾枣庄主编的《宋代序跋全编》第六册中也可以找到。由于这段话非常有名，又可以在宋罗大经《鹤林玉露》甲编卷二"夜绩"条或明代孙绪撰著的《沙溪集》卷十二《杂著》中找到。经过一番认真比对，笔者发现自己原先对书作的辨认与阅读基本无误，故不免还有点"我思古人，实获我心"之感。相反，沙先生的录文则问题多多。本来，录文与原作理应标配，而此录文却"标"而不"配"，误人匪浅。为了更好地欣赏萧云从这一幅行书作品，很有必要来重新梳理这段文字。这对沙先生的两本大作的再版或许也不无裨益。下面我们先把沙先生的录文揭引如次，另将萧云从的书作也截图于侧，以供参照比对。其录文是这样的：

胡澹庵书送从子维宁曰：古之君子学，欲其日益善，欲其日其加德，欲其日起身，欲其日省体，欲其日强行，欲其日见心，欲其日休道，欲其日暮以为未也。又曰：知其所亡，见其所不见，一日不使其功息，尊其爱日如是之矣。犹以为未也，必将习，尊无一时不习也；必将数，尊无一时不数也；必时中，尊无一时不中也，其竞时如是可以首问其，犹以为未也。则曰：狂者日之余也，互必继咎，尊灯、必湿膏、必焚烛、必秉蜡、必濡萤、必昭月、必带雪、必映光、必隙明、必惜暗，则记呜呼如是极耶。然而君子人曰：终夜不寝必如孔子，鸡鸣而起必如大舜，坐以待旦必如周公，然则何时已也？范宁曰：君子之焉学也，汲身而已耶。庚子七夕萧云从谨书。（图1）

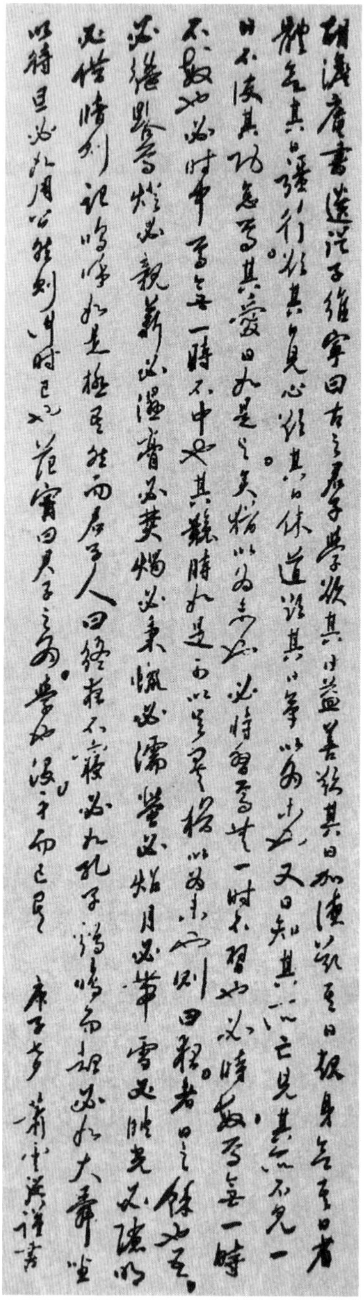

图一　萧云从《胡澹庵书遗从子维宁》98 cm×28.3 cm　重庆博物馆藏

对照图、文，再参照《澹庵文集》《鹤林玉露》《沙溪集》等文献记载，我们做如下评析：

首句"送"，显为"遗"字之误。宋克《急就章》、文徵明《赤壁赋》中的"遗"，都是这一写法。再检《澹庵文集》《鹤林玉露》《沙溪集》《宋代序跋全编》，也都录作"遗"。曾枣庄、刘琳主编的《全宋文》第195册、任继愈总主编的《中华大典·教育典·教育制度分典》第1册都将这篇文字拟题为"遗从子维宁书"，又何"送"字之有？而萧云从的这幅行书作品其实正可拟题为"遗从子维宁书"，这比沙先生新近出版的《萧云从版画研究·萧云从创作年表》中拟题为"胡澹庵语录"[1]要具体、贴切得多。而句中"从子"指侄儿。《左传·襄公二十八年》："卫人立其从子圃，以守石氏之祀，礼也。"杨伯峻注："从子，兄弟之子也。亦谓之犹子。"那么"维宁"呢？他就是胡铨的侄子、乡贡进士胡涣，字秀亨。

"古之君子学，欲其日益善，欲其日其加

---

[1]　沙鸥《萧云从版画研究》，黄山书社2018年版，第228页。

138

德，欲其日起身，欲其日省体，欲其日强行，欲其日见心，欲其日休道，欲其日摹以为未也"，这几句问题更多。第一，"日其加德"的"其"，系衍文。第二，"欲其日摹"的"摹"，是"章"字之误。"章"者，显著也。《国语·周语下》："夫见乱而不惕，所残必多，其饰弥章。"韦昭注："章，著也。"《吕氏春秋·勿躬》："故善为君者，矜服性命之情，而百官已治矣，黔首已亲矣，名号已章矣。"高诱注："章，明也。"王羲之《自书诗》、米芾《章吉老墓表》中的"章"，都是这种写法。《澹庵文集》《鹤林玉露》《沙溪集》《全宋文》《中华大典》《宋代序跋全编》也都录作"章"。第三，点断全误。正确的标点应当是："古之君子，学欲其日益，善欲其日加，德欲其日起，身欲其日省，体欲其日强，行欲其日见，心欲其日休，道欲其日章，以为未也。"

"知其所亡，见其所不见，一日不使其功怠，尊其爱日如是之矣。犹以为未也"，这几句也有几点未妥。第一，"尊其爱日"的"尊"，是"焉"字的误录。索靖《月仪帖》、王献之《兰草帖》、贺知章《孝经》中的"焉"，都是这一写法。《澹庵文集》《鹤林玉露》《沙溪集》《全宋文》《中华大典》《宋代序跋全编》也都录作"焉"。"如是之矣"的"之"，乃"足"字之误。张芝《秋凉平善帖》、王羲之《行穰帖》（唐摹本）、《蜀都帖》（旧摹本）中的"足"，就是这种写法。《澹庵文集》《鹤林玉露》《沙溪集》《全宋文》《中华大典》《宋代序跋全编》都录作"足"。第二，断句有误，实当点断补正为："知其所亡（《宋代序跋全编》作'无'，'亡'即'无'义），见其所不见，一日不使其功怠焉。其爱日如是足矣，犹以为未也。"另外，这里还有一则异文。"功怠"，明刻本《澹庵文集》《沙溪集》《全宋文》《中华大典》作"躬怠"，《宋代序跋全编》作"躬儓"，《鹤林玉露》作"穷俯"，相比之下，萧云从写作"功怠"意义最为显豁，这是他有意避深就浅的一种选择。其学养之深，用字之活，由此也可见一斑。

"必将习，尊无一时不习也；必将数，尊无一时不数也；必时中，尊无一时不中也，其竟时如是可以首问其，犹以为未也"，这几句同样有几点欠妥。第一，三个"尊"，均为"焉"之误。《澹庵文集》《鹤林玉露》《沙溪集》《全宋文》《中华大典》《宋代序跋全编》都录作"焉"。第二，两个"数"，均为"敏"之误录。"敏"者，勤勉也。《礼记·中庸》："人道敏政，地道敏树。"郑玄注："敏，犹勉也。"清王夫之《读四书大全说·中庸》："但务言人道可以敏政之理，而未及夫所以敏之功。"其"敏"字就是这一用法。孙过庭《书谱》《草韵汇编》中的"敏"，也都是这种写法。不过，萧云从的"敏"极尽左伸右缩之势，视觉冲击力更强，尤其是第二个"敏"，其右上之一点，既弥补了"敏"左伸右缩之空缺，又呼应了"敏"上之"不"和"敏"下之"也"。《澹庵文集》《鹤林玉露》《沙溪集》《全宋文》《中华大典》《宋代序跋全编》都录作"敏"。第三，"可以首问其"，"首问"乃"足矣"之误，"其"字是衍文。"足矣"，《澹庵文集》《鹤林玉露》《沙溪集》《全宋文》《中华大典》《宋代序跋全编》作"已矣"，无"其"字。第四，错讹一多，标点全乱，实应点断作："必时习焉，无一时不习也；必时敏焉，无一时不敏也；必时中焉，无一时不中也。其竟时如是，可以已矣。犹以为未也。"

"狂者日之余也，互必继咎，尊灯、必湿膏、必焚烛、必秉蜡、必濡萤、必昭月、必带雪、必映光、必隙明、必惜暗，则记呜呼如是极耶"，这几句问题也不少。第一，"狂"乃"夜"之误。王羲之《上虞帖》、王献之《忽动帖》、陈淳《古诗十九首》

中的"夜"，就是这种写法。萧云从《明月归舟图》中"何人夜吹笛"、《题墨竹图》中"空心终夜疑"的"夜"也都是这一写法。再看《澹庵文集》《鹤林玉露》《沙溪集》《全宋文》《中华大典》《宋代序跋全编》也无例外，都录作"夜"。第二，"互必继晷"，颇费解，实为"吾必继晷"的误录，《澹庵文集》《鹤林玉露》《沙溪集》《全宋文》《中华大典》《宋代序跋全编》也都录作"吾必继晷"。王羲之《旃罽帖》《十八日帖》、王珉《十八日帖》、羊欣《闲旷帖》中的"吾"，都是这种写法。"继晷"，指夜以继日，唐韩愈《进学解》："焚膏油以继晷，恒兀兀以穷年。"明无名氏《鸣凤记·邹慰夏孤》："刺绣添灯，每伴读书过夜半；采蘩烹釜，更思继晷惜春残。"均为其用例。第三，"尊"还是"焉"字的误录。"焉"是虚词，当属上读。第四，"昭月"的"昭"，萧云从书作中写作"炤"，"炤"为"照"的异体字，义同"照"。《荀子·天论》："列星随旋，日月递炤。"杨倞注："炤与照同。"《澹庵文集》《鹤林玉露》《沙溪集》《全宋文》《中华大典》《宋代序跋全编》均录作"照"。第五，"灯必湿"，有脱漏，萧云从原作写作"灯必亲，薪必湿"，《澹庵文集》《鹤林玉露》《沙溪集》《全宋文》《中华大典》《宋代序跋全编》作"灯必亲，薪必然（燃）"。第六，"必惜"的"惜"，萧云从书作写作"借"。《澹庵文集》《鹤林玉露》《沙溪集》《全宋文》《中华大典》《宋代序跋全编》均录作"借"。第七，既多脱误，点断自乱，实应标点补全为："夜者日之余也，吾必继晷焉。灯必亲，薪必湿，膏必焚，烛必秉，蜡必濡，萤必照，月必带，雪必映，光必隙，明必借，暗则记。呜呼！如此极矣。"

　　"范宁曰：君子之焉学也，汲身而已耶"，这里也有三个误字。第一，"焉学"是"为学"之误。《澹庵文集》《鹤林玉露》《沙溪集》《全宋文》《中华大典》《宋代序跋全编》均录作"为

141

学"。"为学"指做学问。《老子》四十八章："为学日益，为道日损。"是其始见之例。第二，"汲身"是"没身"之误。孙过庭《书谱》、怀素《圣母帖》、祝允明《唐寅落花诗》中的"没"，均为如此写法。《澹庵文集》《鹤林玉露》《沙溪集》《全宋文》《中华大典》《宋代序跋全编》也都录作"没身"。"没身"指终身。《汉书·息夫躬传》："今单于以疾病不任奉朝贺，遣使自陈，不失臣子之礼。臣禄自保没身不见匈奴为边竟忧也。"隋·王通《中说·问易》："刘炫问《易》，子曰：圣人于《易》，没身而已，况吾侪乎？"而录作"汲身"，闻所未闻。第三，"耶"是"矣"之误。王羲之《从洛帖》《蜀都帖》（旧摹本），以及李世民《屏风帖》、黄庭坚《廉颇蔺相如列传》中的"矣"，都是这一写法。《澹庵文集》《鹤林玉露》《沙溪集》《全宋文》《中华大典》《宋代序跋全编》均录作"矣"。值得一提的是，"君子之为学也，没身而已矣"，是古代治学的名言，今人著作中多有引用。《中国名言大辞典·好学》中谓"出自宋代罗大经《鹤林玉露·夜绩》"，《人生解迷》中谓"宋朝罗大经"所"说"，均非探本之言。这句名言实是改造过的"范宁"的话，其原话是："故君子之于《春秋》，没身而已矣。"

萧云从的好友方文在一首《赠汤岩夫》的诗中写道："今人读书不识字，下笔淆讹十三四。"[1]没有想到的是，方文所说的情况居然在现今萧云从的行书作品的校录中得到了印证。试想一下，当我们在欣赏这幅萧云从的行书作品时，面对的是如此"标"而不"配"的文字，那岂不是大煞风景？校录绝非小事，它可是关乎"君子之为学"的大事。笔者之所以凝聚心力来整理研究萧云从书

---

[1]　徐世昌《晚晴簃诗汇》（闻石点校），中华书局1990年版，第456页。

画中的文字，一个很重要的原因就是这里漏洞百出，若不还其以"清白"，实在有愧于萧云从这位乡贤大儒。

其实，录文中的很多问题本来是完全可以避免的。就单字而言，拿不准的就不妨查一查各类书法字典，如"没"和"焉"。有的则可借助上下文的重复出现来予以比照。如"夜"凡二见，若加比对，断不会闹出把"夜者"当作"狂者"的笑话来。就文句而言，校录要合乎文理、事理，这就需要校录者具备一定的语言学知识。古代典籍中只有"君子之为道""之为政""之为善""之为谋""之为礼""之为国""之为论""之为人""之为身"之类的说法，何曾出现过"之焉学"，这就是语感问题。至于"互必继咎""其竟时如是可以首问其"，那更是凭语感就能立断其非的伪句子。汉语中只有"继晷""没身"的说法，又何曾出现过"继咎""汲身"之类的词语，这就是"词"感问题。而且，全文谈"为学"，首谈君子之修养，次论竟时之必要，再列圣人做榜样，最后归结为终身"为学"。在这样的大语境中，出现"焉学""继咎""汲身"这样的字眼并不合适。再则，汉语的特点之一就是句式整齐，录文"古之君子学，欲其日益善，欲其日其加德……"这不符合汉语的句式特点，说到底也还是个语感问题。（图2）

同时，正如卢辅圣在《中国书画全书·序》中所说："书画艺术的有效信息，从来没有像今天这样普及。现代传播手段有足够的能力将传统精华和域外经验输送到每一位需求者面前。"[1]我们需要做的就是尽可能多地去捕捉这些"有效信息"，实际上，只要上网查一查萧云从行书作品中的作者或是检索其中的几句话，"有效信息"就会纷至沓来。网上除了上述的几本书外，还有胡仁志主编的

---

[1]　卢辅圣《中国书画全书》第1册，上海书画出版社1993年版，第16页。

图2　萧云从《胜情遥寄图册》之一　23 cm×14.3 cm×2 安徽博物院藏

《中华胡姓通谱・荆门卷》下（第2687页），楼含松主编的《中国历代家训集成》第5册（第2995页），陈建华、王鹤鸣主编的《中国家谱资料选编》第9册《家规族约》卷下（第589页），彭用光编撰的《简易普济良方》卷一（第38页）可供检索。只要查到其中任何一本加以参考，结果恐怕就会大为改观。——当然，这种改观也正是我们所期待的。

（本文原载《书画世界》2022年第6期）

师古法、尚笔意

——萧云从绘画中书法用笔之探微

吴 杨

摘 要：萧云从作为明末清初著名画家，其山水画的风格在师法前人的基础上，重视书法用笔，师古却不泥古，自成一家。萧云从的美学思想对后世画家，尤其是皖南一带画家，影响深远，在当地形成了"姑孰画派"。当下，纵观国内对于萧云从的研究，有关他的个人绘画风格和美学思想，以及他所影响下的姑孰画派的研究甚多，且大都是从传统山水审美风格的角度切入去探讨的，而对于萧云从绘画中的书法用笔的剖析却是甚少。笔者通过元代文人画"以书入画"的艺术影响入手，对明末清初芜湖著名画家萧云从作品的题跋以及他的画作中的书法用笔进行阐述，同时，结合萧云从影响下的皖南画家的艺术风格，尤其是渐江的山水画格调，论证其在皖南山水画的发展史上的重要作用。

关键词：萧云从；中国画；书法用笔；以书入画

一 求端讯末——元代文人画的书法用笔对于萧云从的影响

中国山水画，讲求意境之美，格调以高古为佳，点染以笔法为上，书法用笔一直为中国古代文人画家所推崇。早在南朝，王微在《叙画》中就有所言："以图画非止艺行，成当与易象同体。而工篆隶者，自以书巧为高。欲其并辨藻绘，核其攸同。"[1]从这里我们可以知晓，自南朝开始，画家们已经认为，精于篆隶者在绘画用笔方面更胜一筹，这就为后世绘画中的书法用笔提供了重要的理论依据。又，南朝梁天监时画家张僧繇观卫夫人的书法之后，悟出书画用笔相通之理。"张僧繇点、曳、研、拂，依卫夫人《笔阵图》，一点一画，别是一巧，钩戟利剑森森然，又知书画用笔同矣。"

到了元代，文人画的兴盛使得画家对书法用笔愈加重视，赵孟頫书画相通的思想将书法用笔推向高潮，他在题《秀石疏林图》中道："石如飞白木如籀，写竹还于八法通。若也有人能会此，方知书画本来同。"[2]"飞白"取枯笔之力，"籀"是以大篆入画，"八法"则要求笔毫要向写"永"字一样，运用"侧、勒、弩、趯、策、掠、啄、磔"的各种行笔方式，来描绘竹叶的生长方向。以"飞白"来皴擦石面，既可表现丘壑的雄奇劲利，又可以将岩石的质感描摹出来；运用篆法线条的流畅与树木生长之势相结合，表现树木的挺拔高耸；"永"字八法与竹叶各个方向上的伸展有异曲同工之妙。赵孟頫的这段话不仅对以书入画的道路做了强调，更为深刻的是，解释并且实践了"飞白"与"籀"或"八法"在书法用笔上的合理性，至此，中国画的书法用笔成熟起来。

到了明清时期，社会动荡，各种矛盾尖锐，却为书画艺术创作营造了充分碰撞、融合的氛围，这一时期，中国画艺术得到迅速发展。萧云从作为跨越明清两代的画家，在黄公望、吴镇、倪瓒、王蒙为代表的"元四家"的影响下，承宋继元，又独树一帜，取法宋人的"尚态"，又从元代文人画"尚意"的美学思想中汲取观念，

---

[1] 俞建华《中国古代画论类编·山水》（上），人民美术出版社2005年版，第585页。

[2] 赵孟頫题于《秀石疏林图》现藏于北京故宫博物院，卷尾有子昂重题"石如飞白木如籀"七言诗。

自我作古，开创了"不宋不元，自成一家"的新画风。

萧云从（1596—1673年），字尺木，号于湖老人、无闷道人、钟山梅下、梅石道人、东海萧生、默思等。明末清初著名画家，姑孰画派创始人。他幼而好学，"笃志绘事，寒暑不废"，诗书画印皆有成就，好友方文在《寄萧尺木先生七十》中说其"读书万卷诗千首，自晦宁称老画师"。抱节守志、淡泊名利的萧云从受到来自元代文人画家风格的影响，在美学观念上崇尚师古和师法自然，他的作品多以山水为主，将自己的闲情逸致寄情于山水之间，画作沉郁雄浑、气势宏大、设色秀丽、意境幽远。他师古而不泥古，创新而不弃本，气韵生动，笔迹之中见骨法，形成了独树一帜的个人山水风貌。

二 通元识微——萧云从作品中书法用笔的体现

萧云从作为明末清初著名的画家，元四家的以书入画的观点为萧云从以书入画的艺术主张提供了深厚的积累与铺垫。他的绘画美学思想主要体现在"师古法"和"尚笔意"这两点上，这两种美学思想并不是孤立存在的，它们之间有着内在的联系性。

（一）萧云从在题画诗和题跋中的书法融入

题跋是写在书籍、字画等前后的文字，有时可以归纳、升华画作的境界，起到画龙点睛的效果。中国的文人画家们，喜在画面作题跋，并以书卷气自得。文人画之所以意境高古，很大程度上得益于题跋，它增加了画作的卷轴气，诗、书、画、印的完美结合是中国文人画成熟的标志，代表了中国画艺术的最高境界。萧云从的山水画作品，几乎件件有题诗题跋，且用篆、隶、楷、行、草多种书体赋之。由于萧尺木在中国画领域的影响甚大，所以大家常常忽略其在书法方面的成就，皖籍诗人梅磊云："世知萧尺木以画显，而不知其六书六律更精也。"萧翁74岁高龄时为方沂梦做《山水图卷》，方沂梦对此画甚是珍视，在画上题道："尺木先生尝教予以六法矣，曰：'世人知有墨气，而不知有笔气，故浓淡远近以语境界则可，而情致风韵，非运腕之妙，不能出也。'予虽领其言而未获，顺其意，每用自歉。今观此卷，姑无论丘壑布置亭馆安顿之妥，想见握管挥毫时，实有一种自得之趣，令人不可企及者，笔为之也。"。由此可知，萧云从不仅倡导书法用笔，还将绘画中的笔法总结教导给别人。因此，要探究萧云从的美学思想，对于他的书法的探究是无论如何也绕不过去的。

萧云从自幼习书，笔耕不辍六十载，五体皆擅长。他的书法深得二王一脉技法，俊秀疏朗、结体纤细、错落有致、用笔古拙、线条刚劲有力。到了晚年，专攻篆书，五十九岁为彭旦兮作山水长卷时，题道："旦兮汉隶之学甲天下，将以易得数十幅，为晚年摹式。"以画易隶书，作为晚年临摹学习之用，足以见得他对书法的推崇，萧尺木不单单只是在画作中作诗题跋，将书画在形式上结合，同时，他对于书法用笔尤为重视，在赠友人方兆曾《深山溪流图卷》上题："第世人画山水务墨气而不知笔气，余见大痴全以三寸弱翰为千古擅场，虽复格纤皴以蒙茸杂乱，而力古势健，流览而莫尽者，笔为之也。"从此处中，我们清楚地了解到萧翁对于书法的重视程度和在中国画中以书入画的艺术主张。

萧云从一生志节高远，不为名利，喜爱游历，常常寄情于山水间。他常涉足于家乡皖南一带，所到之处，皆爱用丹青记录时景，并赋上诗文。难能可贵的是，萧云从以古为师，在他的作品中，题跋的内容，大多拟用前人的诗句。在他的《采石太白楼壁画》中，描绘的是安徽马鞍山采石矶的旖旎风光，江水的奔腾不息、太白楼的斗拱飞檐、松林郁郁葱葱、凉亭的别致典雅、怪石的嶙峋突兀、远山的巍峨绵延、文人泛舟的闲散隐逸，整个画面物象虽多却丝毫不觉拥堵，反而有一种徐徐道来的节奏韵律。画卷上题苏东坡的诗："天人几何同一沤，谪仙非谪乃其游，麾斥八极隘九州。化为两鸟鸣相酬，一鸣一止三千秋。开元有道为稍留，縻之不可矧肯求。西望太白横峨岷，眼高四海空无人。大儿汾阳中令君，小儿天台坐忘真。平生不识高将军，手污吾足乃敢嗔，作诗一笑君应闻。"足见萧尺木对于前人的尊敬和推崇。此外，萧云从在《太平山水图》中，以篆书题跋，并用隶、真、行、草多种书体赋诗文，多种书体的并用填补了画面的留白，使作品更具观赏性，体现出高古、雅致的文人气息，彰显了以书入画的形式美感和造型的典雅。

（二）萧云从山水画取景中的书法布局

萧云从在笔法上习黄公望、倪瓒，在山水布局上，又师法宋人山水之势，篇幅皆较长、布局较满、气势恢宏，他以元人之笔墨，运宋人之丘壑。萧氏山水画构图繁盛，取景多元，巧妙结合。在画面构图上，萧氏常师法北宋范宽的全景式构图，画面繁而不乱、密而不堵、主次分明、远近有序，毫不琐碎、繁杂，"师造化而得心源"，这一点在他的名作《秋岭山泉图》中得到很好的论证。画面勾勒的是秋日皖南山泉的景色。萧尺木在这幅作品中，取"之"字形构图，将画中景物的重心分散开来，增加了观赏的趣味性。画面最底部的右端，两株松树立在峻峭的山岩之上，观赏者的视觉重心自然而然地落在松石旁的隐士身上，以奇松、怪石、峭岩、凉亭的静来衬托隐士、文人的动；画面中部，又以淡墨皴擦晕染出山泉的流淌之势，将画面重心拉回左边，高山峻岭、陡岩峭壁、零星几处茅屋、郁郁葱葱的杂树，基本上都是以短线条勾勒，山石中间一条瀑布拉伸了画面长度，增加了视觉上的延伸感；而最上方的留白处，则以二王笔法写了一首题画诗，画面重心再次回到右边。整幅画面构图繁密，笔墨重视浓淡变化，在取景布局上，用"之"字形来分散重心，以篆籀线条来破扁势，将书法运用到布景之中，营造出一种高古淡泊的韵味、缥缈虚恬的宁静之感。

再如萧氏的《雪岳读书图》，是一幅难得的雪景山水图。他采用高远法构图，描绘的是在江南山间寒冬雪夜的景象。画面受版画的影响，线条遒劲，笔法整齐，取景颇繁，布局饱满。他以湿笔蘸淡墨，结合大面积的留白，用以表现山石及树木枝干上的积雪，用枯笔蘸浓墨在山石凹陷处做皴擦，来表现山岩的质感。他喜用对比的方式，又以山间的焦枯硬朗的枝杈打破这种白雪的绵柔之感，曲直结合，使得整个画面气韵贯通。在润色上，大片淡墨晕染的天空表现出皑皑白雪在山间的反射，使得整个天空阴郁清冷，近景树干敷以赭石，石隙间显露出的数竿篠竹，朱红、汁绿的树叶，描绘出一派清寂萧索的江南雪夜，衬托出作者的清冷、孤傲的明代遗民的风骨。

萧云从以篆籀之笔的流畅，浓淡、枯湿的墨色变化，"之"字形走向的构图取景，他将这些书法元素与笔下的景物融会在一起，画中入书、诗中蕴画，诗、书、画、印在他的笔下融为一体，给观赏者以和谐、美妙的韵律感。

（三）萧云从山水线条中的书法用笔

将书法用笔运用到山水画上，不再是照搬篆隶的线条，而要求对书法笔法进行皴、擦、点、染的艺术性整合，通过中国画的作品来彰显书法的韵律和节奏，书写性的笔法可以增加画面的卷轴气和高古的意境。

萧云从在笔法上受元代文人画影响颇深，尤以受黄公望影响为大。作为"元四家"之一的黄公望，擅画山水，所作山水画笔力雄劲，气韵深厚，又在水墨之上略施淡赭，后世称为"浅绛山水"。

黄氏山水一改之前水墨山水色泽的单一，素雅清淡，明快透彻，气韵生动，灵巧活泼。黄公望晚年尤喜以草籀笔意入画，气韵雄秀苍茫。他将山水创作的经验，撰成《写山水诀》，一个"写"字，道出"书法用笔"之见地。

萧云从的传世名作《秋山行旅图卷》，整个画面布景较满，篇幅较长，山峦重叠，绵延千里，气脉贯通，取景繁密而不拥堵，层次丰富又极具灵动之感，将秋日整个皖南山脉的雄伟险峻的景象勾勒得生动有趣。画面上远景危峰耸立，高陡峻峭，气势磅礴，山势跌宕，气脉相连，体现出山的险峻之势，中景山峦蜿蜒盘旋，绵延不绝，山间草木丛生，郁郁葱葱，山路中，一旅人乘坐马车，风尘仆仆，在秋日山林间，必有一番悠然自得、闲云野鹤之意。画作中，萧尺木深得黄公望篆书入画之技，以中锋运笔勾勒奇石怪岩轮廓，表现出山石立体遒劲的自然之势。他又将隶书中的轻提重按细化，将笔的重心在笔画端部及折点变成起笔左边轻按，徐徐向上行笔，收笔时略微往下顿显出笔力，篆隶互相渗透，平稳中不失遒劲，流畅中亦有顿挫。他又师法董源，用披麻皴、斧劈皴描绘山峰，用笔果断干脆、线条亦不失圆润，轮廓简洁流畅，下笔挺健雄劲，受造化启示，而心源有得。

萧翁师古亦有取舍，师造化亦有心得，取宋人之章法，摹元人之墨法，融自身之心法，因此，萧云从的画重写，而不是描，重意境，而不是重形似，书法线条的流畅、写意构成了他画作的悠远意境和高古气息。

（四）萧云从山水润色中的书法用墨

萧云从的书法用笔不只在线条上下功夫，更在墨色晕染上着力。萧云从笔下的皖南山脉，多取陡山峭岭、奇岩怪石之势，他的绘画技法以"师古人"为路径，攀缘直上，又以"师造化"而形成自己的美学观念，最后形成自己的绘画风格。他在董其昌的技法基础上，改变了原有的直接以湿笔来描摹景物的笔法，而是别出心裁地先用书法中的枯笔来皴擦出远山、云海的纹理，再将枯笔笔锋蘸以清水，晕染皴擦，淡墨、泼墨、破墨、宿墨、焦墨并用，通过干湿墨色的重叠覆盖来表现出皖南一带的云山雾海的变幻与山脊上林木若隐若现的蒙眬感；墨晕染成各种不同的层次，并由之产生出浓淡不一的效果，丰富了山水画的创作技法。

在《秋山行旅图卷》中，画面以全景式的构图，徐徐勾勒出秋日皖南山脉的高远之境。他用浓墨勾勒出近景，再以干湿笔交替使用，将远景层层晕染，墨的浓淡枯湿变化，层次鲜明，墨色分布轻重有序。勾勒出形之后，再以黄公望的浅绛设色，体现出皖南山水的秀丽雅致、气韵独特之美，又突出了画面意境的优雅别致和墨色的层次韵律。他的画受到时人的极大认可和推崇，乾隆看后题道："几点萧萧树，疏皴淡淡山。由来心意胜，无不寓神间。秋景宜寥廓，客人自往还。粗中具工细，识语破天悭。"

师法古人而另辟蹊径，师造化而别具一格。萧尺木在所作《深山溪流图卷》的题跋上，曾特别提到画山水既要讲究墨法，更要讲究笔法；他自己的作品也曾被清人黄钺赞为"笔踪健拔，墨法亦苍润"；他对《秋山行旅图卷》，自诩"筋力强壮，工细自适"；后来，清朝乾隆皇帝在看过这幅作品之后，为之题诗，也赞其"粗中具工细"。由此可见，他在处理笔与墨、粗与细等技法的关系上，也是很有艺术匠心的。笔墨繁而不杂，构图满而不乱，结构密而不堵。

萧氏在观倪瓒作品后，又习得倪云林媚而不妖、拙而不板的书风，并融入他的绘画中去，在他的《万壑松声图》中，萧云从又加以笔法的变化，以侧锋勾勒线条，描绘出苍松翠柏的挺拔生长之势；又以披麻皴描绘近处的山丘野草，体现古朴自然的纹理；并淡墨湿润远景，突出空灵缥缈之感；再以干笔蘸湿墨，用参差不齐、疏密有致的小圆点点染在画面上方，营造出树木因阴阳面的疏密生长之势。整个画面运用平远构图，将松柏、云海、奇山、怪石、凉亭、丘壑、杂草融为一体，与倪氏山水的大片留白大相径庭，却又和倪云林的荒凉寂寥、深秋寒凉、萧瑟沧桑的天人合一的无我之境有异曲同工之妙。

三 德厚流光——萧云从对于后世山水画用笔的影响

萧云从作为活跃于明末清初的画家，他的山水画用笔承元继明，又取法二王，直追晋唐，他师古法，却又展现出自己的风格特征，"不宋不元，自成一格"。至此，书法用笔通过萧云从的作品，在皖南的艺术实践中如雨后春笋般地发展。他的画在家乡芜湖地区影响尤其甚大，赞誉颇高，形成了"姑孰画派"，画家们直接或间接受到萧云从艺术思想和艺术语言的影响，而他本人也对后辈格外提携，其弟云倩，子一旸，侄一荐、一箕、一芸继续在绘画中践行他的用笔之道。

萧云从的书友中，渐江是受其影响最深的。渐江，俗姓江，名韬、舫，字六奇、鸥盟，为僧后名弘仁，自号渐江学人、渐江僧，又号无智、梅花古衲，安徽歙县人，是新安画派的开创大师，和查士标、孙逸、汪之瑞并称为"海阳四家"。他兼工诗书，爱写梅竹，但一生主要以山水名重于世，属"黄山派"，又是"新安画派"的核心人物。他深得萧云从书法用笔的思想，在书法上同样重视笔法。渐江吸收了颜真卿楷书的刚劲有力，又取法倪云林行书的灵动秀美，同时，他吸收汉隶的古拙朴素和篆书的线条顺直，五体皆擅长。他的作品中，题跋用笔干练沉稳、厚实遒劲，章法疏密有序、错落有致，结体灵动妍美、严谨匀称。总的来看，渐江沿袭了萧云从"师古法"的艺术主张，继承和发展了"姑孰画派"的传统技法，在皖南山水画中独树一帜。渐江的代表作《黄山真景册》五十幅，描绘的是他的家乡黄山、白岳一带的山水风光。五十幅作品中，皆有诗、书、画、印，书卷气相当浓厚。用笔爽直凌厉，力透纸背，线条挺直顺畅，毫不含糊，墨色晕染精谨，格局简约。渐江摈弃了厚墨润色之法，独辟蹊径，减少山石的皴擦步骤，一改山水画近景处理的审美方式，以淡墨调湿，徐徐写出皖南山脉间云雾缭绕的空谷之境，于灵动中显具体，静谧中不乏生动。从他的作品中，我们可以体验到一派干净、幽远而又峻逸隽永的皖南山水意境，给人以身临其境的审美感受。

总的来说，萧云从因为对于书法的重视，在绘画中融入独到的书法用笔，所以他的影响力才如此之深，他的美学思想不仅影响着姑孰画派的观念和审美，更直接贯彻到这一派画家的实践中去。所以，萧云从书画理论和创作实践的导向作用，使得他的美学观念和审美标准逐渐成为一种思潮，在整个皖南一带影响深远，甚至在全国书画界迅速传播和蔓延，并且得到了书画家们的认同和崇拜，形成了一种重写意的群体化格局，使山水画展现出一种诗、书、画、印相得益彰的高古气息。

（本文原载《美与时代（中）》2023年2期）

经典钩沉

宋起凤《萧尺木画学》笺注

唐　俊

宋起凤，字来仪，号紫庭，又号夆山、觉庵等。河北沧州人。顺治八年（1651年）副贡生。历官灵丘、乐阳县令。康熙元年（1662年），擢升广东罗定州知州。宋起凤在罗定州任上，勤政爱民，体恤当地的老百姓，深受当地人民的爱戴。据地方志载，宋起凤"抚恤民徭三载，众建祠以祀。旋丁内艰归，民诣大府乞留，环跪载辕竟日"。[1]

宋起凤是萧云从友人，两人可能是在萧云从赴南京参加乡试时相识。康熙四年（1665年）十月，萧云从七十寿辰，这年冬天，宋起凤特地远道来芜湖，看望萧云从并祝寿。萧云从非常感动也非常高兴，除了让老妻卖画沽酒杀鸡款待宋起凤，还特地为其作画。

第二年，萧云从到扬州与冒辟疆会面的时候，还邮寄给宋起凤一书一画，可见他对宋起凤这次特地来看望自己是多么感动。同样，宋起凤也很珍惜与萧云从的友情，后来把这次见面写入《萧尺木画学》，收进自己的笔记《稗说》中。《稗说》当时未刊行，其稿本后来被学者谢国桢觅得，他也为萧云从、宋起凤二人友情所感

---

[1]　民国《沧州志》，转引自脉望《亦官亦儒宋起凤》。

动，特地作诗赞叹："老屋荒寒风雨声，割鸡煮酒话离情。元见梅隐云从画，写来稗说见平生。"[1]

宋起凤的《稗说》后被江苏人民出版社列入《明史资料丛刊第二辑》中出版，《稗说》卷三第七篇《萧尺木画学》是目前发现的最早的萧云从研究文献，弥足珍贵，特移录于此并就主要文句笺释如下：

余生平有两老友，姑熟萧尺木、兰陵陆元见也。两君高旷雅足传，余并著之。

萧君讳云从，字尺木，崇祯己卯举江宁乡副[1]第一人。君善诗画，法诸家笔，又妙达音律字学，凡音中阴阳清浊，每发口著声，无不立证舛错。即一弦管搏拊之际，五音纤微必按，虽老于词场者无以夺也。画备诸法，然往往以篆隶寓笔于山石林木，故落墨疏秀润逼人。四十年前不肯多作，非同调解人秘惜未尝示。

向游京师，自成均鼓箧之余，又半兴于诗酒。辇下贵人谓萧子故酒徒也。忽忽年余，无所遇，归里益肆力古文诗画，技愈进。曾再游秦淮，僦居桃叶渡[2]。比时声物繁盛，与旧院仅一水盈盈耳。日坐水轩中读书，书少倦，或拈韵成小诗壁间。有乞画片[3]者，兴到，为泼墨一二。已，命酒，令两青衣度曲，自倚箫和之。少间，为证其误，自按拍谱之声。渡头游舫每一过，无不人人指为萧生制词处也。

南院有尹、顾两生，以善歌著，闻萧名，数使苍头[4]持楫过江邀与语。尺木造之[5]，两生预待秘阁中治具，更迭行酒小巳，各操喉进技，尺木从中别白其喉齿轻重抑扬转换之妙，一一著之谱，而

[1] 谢国桢《宋起凤〈稗说〉》，转引自脉望《亦官亦儒宋起凤》。

又手被管弦，逐字迟其声，使自绎焉。曲少止，两生理茗饮佐谈，乘兴乞诗画。尺木则盘礴榻上，为作小景数笔，题句一二，即拂衣归。不痛饮，亦不狭邪也。自是曲中善歌者谓非得萧郎顾曲不敢吐词，其引重如此。

尺木既久困场屋，不得志，终以乡荐授职司李[6]。念李官刑名重任，不娴法律之学，以官为试，其如民命何。遂决意不出，无心仕进。退而筑舍于姑熟大江之湄[7]，门枕寒涛，邑山交拥，篱落下有精舍数间，左右老梅数株，松石映带。尺木日盥漱毕，焚香著书而已。曩昔教歌作诗之兴，阑删[8]殆尽。然家无负郭[9]，一二相知有力者远不能托，时时借画以治生。每一幅出，则远近人争购去，得一二镮易薪米鲑菜归，即阁笔[10]。寻告匮，汶理绘素如初。生平画多散布人间，其最得意者《太平山水图》，为册三十余幅，仿诸名笔殆尽。原本藏郡李山左公家，今行者，摹本耳。又有《离骚图》数十幅，《九歌》《天问》《渔父》《卜筮》诸篇奇骇不可名状，悉依经义为之，殆绝技哉！二图册尺木赠余，珍诸笥[11]。闻尚有《杜诗全图》，为某友绘者，莫可得见矣！此皆尺木中年笔，故神理独至，而用意疏密相间，无一毫败气乘于中也。

尺木昔年广交与，结纳皆当时名流，户外乞诗画者履常满，泻酒煮茶声夜分不已，然好客而身未尝饮，兴且勃勃，不鸣鸡不听归也。晚年交游散尽，性厌人事，常谢客杜门，有购画者，置金为期[12]而去，不谋面。授徒门下至数百人。

乙巳冬，余扁舟过访，尺木年已（七）帙一[13]矣！拥褐坐草堂。时梅花盛放，篱落如雪，出诸稿读之，学益深，识亦彻，真名宿佳境耳。其《杜律细》[14]一编，亦如读诗者调其字句，为易入口，非必欲力挽拗体而颠倒古人成法，毋讶也。尺木别余三十年，喜余至，为卖画沽酒。令老嫂烹伏雌[15]，佐我两人谈频，更命子一都[16]涤盏劝酬，喁喁至两夜，忘倦。相叹谓："千里命驾[17]，知心有几？余老矣！后会未可知，迟君数日，当呵冻属意数幅，留作老人身后余想可也。"余为滞姑熟半月，得朝夕话言，持所赠渡江归。明年，尺木复从邢上[18]邮致一书一画，则绝笔矣！

[1] 乡副："乡试副榜"的简称。所谓"副榜"，是相对于正榜而言的。正榜就是举人，而在正榜之外，录取若干，可以入国子监肄业，但是没有取得参加更高一级会试资格的人，则属于"副榜"。

[2] 僦居：租房。僦，租赁。

[3] 画片：画就的单幅图画。

[4] 苍头：指奴仆。《汉书·鲍宣传》："使奴从宾客浆酒霍肉，苍头庐儿皆用致富。"颜师古注引孟康曰："汉名奴为苍头，非纯黑，以别于良人也。"

[5] 造之：到（尹、顾两生）那里。造：到，去。

[6] 司李：官名。即司理，明朝推官别称，掌管刑狱等政务。

[7] 姑熟大江之湄：这里指芜湖古城城东一带，萧云从在此建有"梅筑"，故下文有"篱落下有精舍数间，左右老梅数株"。"姑熟"又作"姑孰"，本指太平府府治所在地当涂，这里指芜湖。宋起凤习惯称芜湖为"姑孰"，如下文"余为滞姑熟半月，得朝夕话言"。

[8] 阑删：衰减。元关汉卿《窦娥冤》第一折："愁则愁兴阑删，咽不下交欢酒。"此义亦写作"阑珊"。

[9] 负郭：亦作"负廓"，谓靠近城郭。《战国策·齐策六》："齐负郭之民有孤狐咺者。"

[10] 阁笔：停笔；放下笔。《三国志·魏志·王粲传》裴松之注引三国魏鱼豢《典略》："钟繇、王朗等虽各为魏卿相，至于朝廷奏议，皆阁笔不能措手。"

[11] 珍诸笥：珍，珍藏。诸，之于。笥，盛饭或衣物的方形竹器，这里指放置字画的书箱之类器物。

[12] 置金为期：留下定金，约好（取字画的）时间。

[13] 年已（七）帙一：已经七十一岁。帙，十年为一帙。

[14]《杜律细》：萧云从研究杜甫诗格律的专著，已散佚，部分内容散见于王士祯《池北偶谈》、仇兆鳌《杜诗详注》等清代文人笔记或诗歌注疏著作中。

[15] 伏雌：指母鸡。明《见只编》卷上："张问其仆：'主人饭未？'答云：'中厨无肴，尚俟伏雌生卵耳！'"

[16] 一都：萧一都，萧云从儿子。

[17] 命驾：命人驾车马。谓立即动身。

[18] 邗上：邗，城名。春秋时吴国建，在今江苏扬州市西北蜀冈上。一说在今扬州市东南濒江处。

汤燕生《题萧尺木山水册赞辞》笺释

唐　俊

　　《萧云从诗文辑注》中收录的汤燕生《题萧尺木山水册诗文》共六则，作者汤燕生。汤燕生（1616—1692年），字玄翼，号岩夫、黄山樵者，江南太平（今安徽黄山）人。明末清初书画家、诗人，著有《商歌集》等作品。

　　汤燕生是萧云从友人，其《题萧尺木山水册诗文》是研究萧云从生平与艺术的重要资料，但是《萧云从诗文辑注》收录的其中第一则《赞辞》断句多处不当，且缺必要注疏。[1]为方便读者，今重新点断并作笺释。

　　"赞"是古代的一种文体，以颂扬人物为主旨。汤燕生《题萧尺木山水册诗文》首则题跋即为四言韵文形式的"赞"（"尺老此画"后数句是赞辞的尾跋），笔者现断句如下：

　　江枕鲁明[1]，山当梦日[2]。番番静士[3]，毖有其室[4]。文将起衰，谈能愈疾[5]。有祕皆探[6]，匪奇弗述。攻晋人书，师元贤笔。意

---

[1]　沙鸥《萧云从诗文辑注》，黄山书社2020年4月版，第205页、第207页。

在有无，景分疏密。巨然未亡^[7]，北苑更出^[8]。谁论先后，未许甲乙^[9]。时惠山翁，以遗渔逸。山能改容，水或流苤^[10]。情于此移，誉非云溢^[11]。

尺老此画，圆浑深厚。正使一峰捉笔^[12]，无以相逾，漫系以赞。汤燕生。

下面是主要文句的笺释。

[1] 鲁明：指鲁明江。漳河下游别名。在今安徽芜湖县西北。漳河于石硊渡有青弋江枝津来会，可上通宣州。《舆地纪胜·卷一八·太平州》载：鲁明江"在芜湖县西南三十余里。《旧经》云'鲁仲明居'"。

[2] 梦日：指梦日亭。北宋元丰八年（1085年）芜湖东门承天寺方丈蕴湘募建"梦日"和"玩鞭"二亭。亭名出典于《晋书》。晋明帝太宁二年（324年）六月，"王敦（字处仲——引者注）将举兵内向，明帝密知之，乃乘巴骏马，征行至于湖，阴察敦营垒。敦昼寝，梦日环其城，惊起曰：'此必黄须鲜卑儿来也!'使五骑追帝。帝驰去，见逆旅卖食妪，以七宝鞭与之，曰'后骑来，可以此示!'追者至，问妪，妪曰，'去远矣！'因以鞭示之。传玩良久，帝获免。"萧云从中晚年曾居住于梦日亭附近，并名住处为"梅筑"。其《移居诗》自序："畴昔小筑于东皋，则迩王处仲梦日亭也。甲申后为镇兵是据，遂毁精舍为围栅。至丁亥秋，始得携儿子担书笥，蓊秽茸（编者注：詹绪左《札记》中观点，此处为缉）垣，略蔽风雨而家焉。"

[3] 番番：本有"勇武貌"义。《书·秦誓》："番番良士，旅力既愆，我尚有之。"此处通"皤"，番番，白貌。多形容白发。宋梅尧臣《送正仲都官知睦州》诗："是以世间人，鬓发易番番。"

163

[4] 毖：谨慎。《说文》："毖，慎也。"这里或有"低调"的意思。

[5] 文将起衰，谈能愈疾：这两句分别用苏轼《潮州韩文公庙碑》和枚乘《七发》的典故。苏轼在《潮州韩文公庙碑》里赞美韩愈"文起八代之衰，而道济天下之溺。"汉代辞赋家枚乘在《七发》中虚拟了一则楚太子有病，吴客前去探望，通过谈话使太子痊愈的故事。吴客认为楚太子的病因在于贪欲过度，享乐无时，不是一般的用药和针灸可以治愈的，只能"以要言妙道说而去也"。于是分别描述音乐、饮食、乘车、游宴、畋猎、观涛等六件事的乐趣，一步步诱导太子改变生活方式；最后要向太子引见"方术之士"，"论天下之精微，理万物之是非"，太子乃霍然而愈。

[6] 祕：同"秘"。秘密，不公开的。

[7] 巨然：五代宋初僧。江宁人，居本郡开元寺。工画山水。南唐李煜降宋，巨然随至京师，居开宝寺，知名于时。山水祖述董源，擅画江南山川烟岚气象，风格苍郁清润，与董源并称"董巨"，为五代、宋初南方山水画主要流派。

[8] 北苑：指董源，名或作元。五代时钟陵人，字叔达，又字北苑。事南唐李煜为后苑副使。工画山水，以状如麻皮皴笔画山峦，讲究以水墨表现江南云雾显晦、溪桥渔浦、汀渚掩映之景，极大丰富了山水画表现手法。又工设色山水，山石少皴纹，景物富丽，有李思训之韵致。与释巨然并称"董巨"，为五代、北宋画坛之巨擘，对后世影响甚大。

[9] 谁论先后，未许甲乙：这两句的意思是萧云从与巨然、董源的绘画技艺难分高下。

[10] 流苾：苾，芳香：《荀子·礼论》："椒兰芬苾，所以养鼻也。"

[11] 誉非云溢：意思是赞誉的话并非溢美之词。

[12] 一峰：黄一峰，即黄公望（1269—约1354年）。元常熟人，一作富阳人，本姓陆，名坚，出继于永嘉黄氏，字子久，号一峰，又号大痴、井西老人。顺帝至元中辟为书吏，寻弃去，隐于富春。一度在松江卖卜。博极群书，通音律图纬之学，尤工画山水，师法董源、巨然，自成一家。常随身带描笔，见好景奇树，便摹写记之。笔墨高雅，与王蒙、倪瓒、吴镇为元末四大家。有《山水诀》《大痴山人集》。传世之画以《富春山居图》最著名。

汤燕生这则"赞"文，比较全面地赞颂了萧云从中晚年在文化艺术方面的造诣与成就。"江枕鲁明，山当梦日。番番静士，毖有其室"点明其面山临水的居处；"文将起衰，谈能愈疾。有祕皆探，匪奇弗述"是赞美萧云从博学健谈，且致力于文化著述[1]；"攻晋人书，师元贤笔"是说萧云从刻苦研修王羲之等"晋人"书法和王蒙、倪瓒、吴镇等"元贤"的绘画技艺，最终与黄公望难分伯仲。汤燕生自己也是著名的书画家和造诣颇深的诗人，作为萧云从的老友和至交，他的这篇"赞"对萧云从虽极力推崇，但所云皆内行人语，并非廉价的溢美之词。

---

[1] 据《嘉庆芜湖县志·文学》载，萧云从"著有《易存》《韵通》《杜律细》等编"。

萧云从年谱（校订本）

原著　胡　艺

校订　唐　俊　朱　寅

　　萧云从为明末清初时期著名画家之一。作画笔意清疏韶秀，饶有逸致。尤其是所画的《离骚图》及《太平山水图》版画，更是工雅绝伦。关于萧氏的生平，各书记载颇简，且有相互矛盾之处。现就所收集的资料，初步加以整理排比写成年谱初稿。对萧氏的一生，可以略见梗概。但因学力所限，疏漏难免，期待批评与指正。

1596年（丙申）　明神宗万历二十四年　一岁

十月生于芜湖。

　　《历代名人生卒年表》《历代名人年谱》及《中国美术年表》，均有记载。

　　《虚斋名画录》卷十载：《萧尺木山水轴》中有"前丙申生"（白文）印章。

　　《穰梨馆过眼续录》卷十三：《秋林出云卷》中，有"岁丙申生"（白文）印章。

　　民国《芜湖县志·卷五十九·杂识·诗类》有：《辛卯十月初度》诗。

　　黄钺《画友录》载有："卒于康熙七年己酉，年七十八。"据此推算，萧氏生年应在1592年。但据各画题跋所记年月核之，应为1596年，当以是年为准。

《芜湖县志》《画友录》《清画家诗史》等书均载：萧云从，字尺木，号默思，一号无闷道人。

《金陵通传·二十二·萧一旸传》中有："公云从，字尺木。贡生。工画。移家金陵，遂为上元人。晚号钟山老人。"

《重刊江宁府志·卷四十二·流寓·萧一旸传》中有："萧一旸，字孟旭，一字☒坡（按：'☒'字系古字，一作夷，一作仁）。芜湖人。钟山老人尺木之子也。"

明清绘画集藏展览会展出的山水轴署名："钟山梅下萧云从。"

《太平山水图画》各页中署名有："默思""于湖渔人""石人""梅石道人""江梅"等。印章有"小字咬脐""梅石""梅石道人""东海萧生""谦翁""梦履""梅主人"等。

按萧氏署名"钟山老人"，以庚寅（1650年）画《雪景直幅》为最早。是年五十五岁。

乾隆《芜湖县志》卷末志余载："萧无闷老人，喜绘事，人谓将诞之夕，其父梦郭恕先至其家，殆所谓前身老画师也。"

嘉庆《芜湖县志·卷十三·人物志·文学》："萧云从，字尺木，一号无闷道人。父慎余，明乡饮。生云从时，父梦郭忠恕至其门曰：'吾当为嗣'。"

此事《画友录》亦有记载。

《画苑掇英》载：《云台疏树图》及《古缘萃录》卷七《萧尺木青山高隐图卷》，均有"郭恕先后身"的印章。

按此类记载，虽含有迷信色彩，但可以看出两个问题：一是萧氏对郭恕先至为崇拜，二是其父也是知画的人。

1636 年（丙子）　明毅宗崇祯九年　四十一岁

与胡日从遇于金陵。【胡日从，应为"胡曰从"，以下皆同。胡曰从生平可参见本年谱"1667年"条】

《虚斋名画录》卷十载：《萧尺木山水轴》，识曰："日从先生长余十二岁，别三十年，偶来金陵，拜瞻几杖。年开九秩，人景千秋，犹镌小印，（编者注：詹绪左《札记》中观点，此处不加逗号）篆成蝇头，神明不隔，真寿征也。丁未九月区湖七十二弟萧云从诗画呈教。"

按丁未为1667年。推前三十年应为是年。且是年又为考期，想云从当赴金陵应试，故系于此，以俟详考。

1638 年（戊寅）　明毅宗崇祯十一年　四十三岁

弟萧云倩参与《南都防乱公揭》具名。

先生亦为复社成员之一。

吴翻《复社姓氏录》载：《南都防乱公揭》末有"崇祯十一年八月日具"。

按该公揭内具名者共有一百四十人，弟萧云倩亦在其中，但无萧云从名。

又同书芜湖名录中有："沈士柱（昆铜）、张一如（来初）、罗世绣（绣铭）、葛天裔（仍民）、朱长履（在放）、张明象（元湛）、朱有章（西雍）、杜时皋（直卿）【据民国八年版《芜湖县志·卷五十·人物》，当为'杜时举'】、施天植（立先）、萧云倩（小曼）、罗世撝（撝笏）、萧云从（尺木）、罗世藻（虞期）、葛绥（福履）。"

《复社姓氏》（贵池吴应箕鉴定）前卷、太平府芜湖县姓氏中有："沈士柱（昆铜）、张明象（元湛）、朱家禾（颖立）、朱长泽（祖润）、朱有章（西雍）、潘廷年（右枚）、杜时举（直卿）、彭达古【据民国八年版《芜湖县志·卷五十·人物》，当为'彭述古'】、萧云倩（小曼）、萧云从（尺木）。"

民国《芜湖县志·卷五十·人物志》附《萧云从传》后："弟云倩字小曼，有俊才。画山水似其兄。"

1639年（己卯） 明毅宗崇祯十二年 四十四岁

先生中副榜第一准贡。弟云倩中举人。

康熙《芜湖县志·卷六·选举》载："端帝崇祯十二年己卯。"贡士项下有："萧云从，字尺木，是年副榜第一准贡。"举人项下有："萧云倩，字小曼。"

同书《卷三十·人物·文学》载："萧云从，字尺木，中崇祯己卯乡试副【疑脱'榜'字】第一选贡，避世不仕。"

乾隆《芜湖县志·卷九·举人》项下有："崇祯十二年己卯科萧云倩，字小曼，云从弟。"贡士项有："萧云从，崇祯十二年己卯科副榜，后申【后申，应为'复中'】壬午科副榜。"

同书《卷十五·人物志·卓行》亦载："萧云从，字尺木。中崇祯己卯乡试副榜充贡。"

嘉庆《芜湖县志·卷十三·人物志·文学》："萧云从，……崇祯己卯乡试副榜。"

黄钺《画友录》作"中崇祯丙子、壬午两科副榜"。按康熙《芜湖县志》，系康熙十二年编纂，值云从卒年，为时最近，故应以此为据。

是年阳月鉴定唐小李将军金碧山水真迹。

《听骊楼书画记》卷一《唐李昭道山水卷》有题识曰："唐天宝年间，召宗室李思训画大同殿壁，此'大李将军'也。其子名昭道，号'小李将军'。帝胄勋贵，而能继志，尤为可贵。又观《益州名画录》有李锦奴者，自比昭道，蜀人呼为'小李将军'。尝作

《青城山图》。其楼台桥舫、构结精巧。春骑如粟，云雁如尘。长短之缣，随人征索。此或然欤？今细玩此卷，虽不著款，而笔墨精工，非'小李将军'不能臻此绝诣。则两'小李将军'，必居一于此耳。崇祯十二年己卯阳月尺木萧云从识。"

1642 年（壬午） 明毅宗崇祯十五年 四十七岁

是年后中副榜。【后中，应为"复中"】

乾隆《芜湖县志》卷九载："萧云从……复中壬午科副榜。"

《太平府志·卷二十·贡生》项下亦载："萧云从十二年己卯科副榜准贡，复中壬午科副榜。"

1643 年（癸未） 明毅宗崇祯十六年 四十八岁

是年秋作《山水图轴》。

《陶风楼藏书目》载《清萧云从山水轴》，题曰："秋窗坐尽菊花开，细雨重阳酌酒回。此日松风游路冷，凌敲台【凌敲台，应为'凌歊台'，又作陵歊台，位于今安徽省当涂县城关镇。相传为南朝宋武帝刘裕所建】上慨烟霾。癸未九日未赴登山之约，次晨则（有缺脱）逼人，遂有良时难再之叹。作此图以致足下也。似频宣社兄教，萧云从。"

1644 年（甲申） 清顺治元年 明毅宗崇祯十七年 四十九岁

作《春岛奇树图》。

《宋元明清书画家年表》是年项下有："作《春岛奇树图》，故宫博物院藏。"

三月李自成攻进北京，崇祯帝吊死煤山。

1645年（乙酉） 清顺治二年 五十岁

四月二十五日扬州陷，督师史可法死国。

五月清兵陷南京，至芜湖，由崧被执北去，旋遇害。

是年中秋七日，先生题《离骚图》序于万石山之应远堂。

陈萧《离骚图》载："《离骚图》序，芜湖萧云从尺木甫著。"末署："乙酉中秋七日题于万石山之应远堂。"

接【接，当为"按"】《离骚图》当完成于此时。

《一角编》乙册载：《萧尺木山水真迹》，末署曰："乙酉冬日，写于东皋梅舍，七十四老人萧云从。"

接【接，当为"按"】乙酉年先生仅有五十岁，与七十四岁不合。七十四岁，应为己酉年。疑为误录。但丁亥年后，先生已移居。其《移居诗》序云："畴昔小筑于东皋，则迩王处仲梦日亭也。甲申后为镇兵是据，遂毁精舍为围栅。"据此又非丁亥年以后事。此山水图想非真迹，恐系赝品。待详考。

有《吊邑人周孔来殉节泾县学署》诗。

乾隆《芜湖县志·卷二十三·七言律上》：《吊邑人周孔来殉节泾县学署》。诗曰："泮壁何人自鼓刀，天寒日暮风飚飚。老儒转战敌长稍，弟子招魂赋反骚。 夜雨同悲涵水鳢，阴雷欲劙戴山鳌。庙空悬古松长碧，浩气森森北斗高。"

此诗本无年月可考，按九月清兵陷泾县，姑系于此。

1647年（丁亥） 清顺治四年 五十二岁

是年先生移居，有《移居诗》。

民国《芜湖县志·卷五十九·杂识·诗》载《移居诗》序曰："畴昔小筑于东皋，则迩王处仲梦日亭也。甲申后为镇兵是据，遂毁精舍为围栅。至丁亥秋，始得携儿子，担书笥，葺秾葺（编者注：詹绪左《札记》中观点，此处为缉）垣，略蔽风雨而家焉。惟乱离迁播，亲友凋残，触景内伤，忽然哀愤。溯其凄戾，横集无端。况予老矣病矣，无能为矣。穷途日暮，情见乎词，得诗六首，求故人书之。倘曰元亮《移家》，少陵《秋兴》，是以灵鸟飞巇，而誉腐草之光矣。"

1648年（戊子） 清顺治五年 五十三岁

是年先生画《太平山水图》成，并题跋。

《太平山水图》中《行春圩图》题曰："戊子暮春萧云从。"又《北园载酒图》题曰："戊子四月四日记萧云从。"该书跋云："顺治戊子岁夏五治年家社晚生萧云从谨识。"

《四库全书总目提要·卷七十六·史部三十二·地理类·存目五》载："《太平三书》十二卷（江西巡抚采进本）国朝张万选编，万选字举之，济南人，官太府府【太府府，当为"太平府"】推官，是三书成于顺治戊子，据其序例，一曰图画，二曰胜概，三曰风雅，图凡四十有二，见唐允甲题词中，此本佚其图画一卷，惟存胜概七卷、风雅四卷，原本纸墨尚新，不应阙失无考，或装辑者偶遗欤。"

1649年（己丑） 清顺治六年 五十四岁

作《青山高隐图卷》。

《古缘萃录》卷七载《萧尺木青山高隐图卷》题曰："画亦戏事也，而感慨系之。少时习业之暇，笃志绘事，寒暑不废。近流离迁播，齿落眼蒙，年五十而谆谆然若八九十者。遂握笔艰涩，间有索者，则假手犹子一芸。芸年才廿余，即游雪苕，溯衡湘，以画著声。复归来余【'来'系衍字，当删】，益加精励，而门己铁限矣。见余愵愵【'愵愵'当为'愀偢'】郁郁，不复读书。灯荧茗瀹，忽作悲吟之余，乃申纸研墨。冀一见猎生喜，余亦破涕为欢。

172

下笔刺刺不休，自秋叶藏红，冬雪肤白，代谢未几，而群芳恣艳，为已丑春之今日也【‘之’当在‘春’字之前】。曾【‘曾’当为‘尝’】忆竹林图，晋遗民南北之阮窃已愧矣。而复有小儿破贼于淝，令东山老子折屐。人处乱世，上不得击栉纾奇，次不得弹琴高蹈，而优游尘土，画青山而隐，则吾与芸子，解衣磅礴，相附于长康探微之流，亦足矣，他复何顾【‘顾’当为‘愿’】。寒食日石人云从识。”

《清人书画人名谱》卷下：“萧一芸字阁有，善山水。”

《历代画史汇传》卷十九：“萧一芸，字阁有。山水参唐沈，用笔清逸。”（画名家录）

黄钺《画友录》：“萧一芸，字阁友（一作‘有’）。云从犹子。工画。郭石公《画纪》又有一荐、一萁，并一芸称‘三萧’。荐字盥升，萁字位歆，皆善山水。”

1650年（庚寅） 清顺治七年 五十五岁

除夕画《雪景直幅》。

《梦园书画录》卷十七载：《萧尺木雪景直幅》题有诗跋曰：“群峰矗矗种白玉，山家避寒居茅屋。雪后易晴日当空，老人惊喜踏深麓。木屐草笠不随身，带水拖泥趁双足。撑天栉栗自主张，觅醉前村汛醽醁。有诗何必灞桥吟，有鹤莫向华亭宿。身处穹庐望雁飞，独怜汉使旄节秃。庚寅除夕染此雪图，感时题咏，颇大称意趣。钟山老人萧云从。”

二月廿五夜为跳石道兄题扇。

《明清扇面画选》第五十五页载：《萧云从松竹茅檐》。题曰：“欢饮春宵尽烛光，丹青犹见树苍漭。茅檐住得乾坤老，松引龙鳞竹引凰。庚寅二月廿五夜饮，跳面【跳面，系‘跳石’之误】道兄出旧所画，感而题，教弟萧云从。”

1651年（辛卯） 清顺治八年 五十六岁

有《辛卯秋至南庄作》及《辛卯十月初度》诗。

民国《芜湖县志·卷五十九·杂识·诗》载《辛卯秋至南庄作》，诗曰："湖庄来往任飞蓬，不谓山田立钓翁。旧日路旁松见顶，几年门外水连空。秋烟已断千家爨，花穗重遭一夜风。叶叶白波无限恨，纷纷人哭雨声中。"另有《辛卯十月初度》诗曰："忆昔燕台称壮游，十年一别团【团，当为'困'】沧州。读书漫说身当致，临老曾无国可忧。青镜不堪霜鬓雪，黄花犹系九秋愁。龙蛇又复嗟明岁，目极西山楚水流。"

夏初在金陵游钟山，有《钟山梅下诗》八首。

《萧汤二老遗诗合编》载钟【钟，衍字，当删】："《钟山梅下诗》。萧子性喜梅花，而梅花无如钟山之麓之盛。少时踪游其处，遇王孙筑草阁数椽，引余登之。仰望钟山，丹楹金瓦，鳞戢翚飞，曜云而丽日。俯瞰其下，则梅花万树，恣放纵横，一望十余里，如坐香航浮玉海也。辛卯夏初，复往访之，鞠为茂草矣。王孙亦不知所之。荒凉之中，因感成诗，他无所及。（略）"

1652年（壬辰） 清顺治九年 五十七岁

作《雪岳读书图》及《秋林出云卷》。

《宋元明清书画家年表》是年项下有："尺木作《雪岳读书图》（故宫博物院藏）。"

《穰梨馆过眼续录》卷十三载《萧云从秋林出云卷》题曰："……此卷作自壬辰……"。（参见本谱"1657年"条）

1654年（甲午） 清顺治十一年 五十九岁

正月廿七日先生为彭旦兮画山水卷。

有正书局发行之《萧尺木山水神品》画册跋曰："旦兮道盟别四年，今春蒙其过访，快惬吾怀。而索余画山之兴不减于昔，然余亦老惫，百务俱捐，而此事断不能已。自元旦风雪，键户融冰，便搦管续缣，随意成卷丈余，以黄公望瘦树山石为之纵横，润之以马远泼墨之法。矜慎自娱，乃尘之旦兮，鉴中谓旦兮汉隶之学甲天下，将以易得数十幅，为晚年摹式，解鱼目贷明珠，所获虽多，余亦太狡狯矣。甲午正月廿七日区湖弟萧云从识。"

再据狄学耕跋曰："按彭旦兮名旭，明末孝廉。国变后，隐居不仕。家有夏林园，园中古木为江左名园之冠。主人亦好事，喜招致名流，丰采照耀一时。无不知夏林园古木者。其园地在吾溧邑南门外偏东三里许。予幼时已荒烟蔓草，兵燹后更不堪复问矣……"。

1655 年（乙未）　清顺治十二年　六十岁

六月识宋荦于芜湖识舟亭。

宋荦《西陂类稿》卷二十六载："谪仙楼题名，予识萧尺木在顺治乙未。"

又同书卷四十七（即《漫堂年谱》）载："十二年乙未，余二十二岁，五月为江南之游，道滁州，访醉翁亭、琅琊寺。月杪抵金陵。六月与张公尔自烈，杜于皇俊、康小范范生、吴汉若濯时、陈伯玑允衡、董文友以宁，会于秦淮。赋诗纪事。过高座寺，访无可大师（即方公以智），游牛首献花岩、燕子矶诸胜。购秘书名迹甚富。至芜湖，与萧尺木云从、唐祖命允甲诸公，会于识舟亭。还还【'还'系衍字，当删】经采石，欲登天门，以风驶扬帆而过，七月返里。"

《明遗民录》卷十七："明唐祖命，字允甲，宣城人。故明中书舍人也。乱定后有诗云："残花野蕨园荒寨，破帽疲驴避长

175

官"，与徐文长"疲驴狭路愁官长，破帽残衫拜孝陵"之句颇相似，鼎革时之情况可想见也。"

《宣城县志·卷十八·文苑》："唐允甲，字祖命，号耕坞。幼时汤睡庵器之，与周仪部镳、沈征君寿民订交伯仲间。崇正末征江右巨儒充中书之选，阁臣高宏图首荐允甲为舍人，一时辞命多出其手，会权臣披剥善类，允甲遂遁迹溪山，以诗画自娱，所著诗文十余卷行世，施愚山、沈耕岩皆有序。"

1956年【当为1656年】（丙申） 清顺治十三年 六十一岁

元旦先生画《云台疏树图卷》。

《画苑掇英》载《云台疏树图卷》图上有题跋云："朝起见红日，气象殊佳哉。世事不我与，独登书云台。得此丈余宣德纸，滑腻流光一带水。啜茗焚香染数峰，疏树寒烟春欲雨。吾生得意岂须多，月窟天根自筑窝，安乐何庸处否吟。君不见海上余芝客，湖边佩茝人，鹏风龙气万千里，三月飞涛出禹门。丙申元旦晴和，胸中浩然，知世外有余乐，伸纸作画，顷刻而成。留此数语，若献吉梦，不止绘事也。钟山老人萧云从识。"

按《宋元明清书画家年表》谓："客西子湖，作《丹云台疏树卷》。"【'丹'系衍字，当删】未悉何据。查云台山有四：①在江苏丹徒县（今镇江市丹徒区）西北。②在江苏江宁县（今南京市江宁区）南。③在江苏灌云县东北。④在四川苍溪县东南三十五里。云从所登之云台应为江苏江宁县南之云台山。该山山脉绵亘，直接安徽当涂县诸山。是否确切，尚待详考。

作《归寓一元图》并题。

神州国光社印《萧尺木归寓一元图》卷尾跋曰："丙申春仲，就棹宛陵，应郡侯之约，暇则寻幽探胜，历览敬亭诸峰。与二三同人放情诗酒，快登白云巅。步奉圣禅房，晤僧净儒，接谈倾盖，大有远公妙谛遗风。终及书画津津，复呼侍者捧所自作《归寓一元图》，索余品题。展卷击节，颇称遒劲。熟视气蒸冉冉处，真令人引申于慧心之域。曾赠之以'静习平心法，寒烟冷雪诗'之佛句。继归鸠江，坐小斋神怡僧卷，恍在目前，仿佛运笔，遂成一辙。仍将僧所题原卷之诗，删订列载。敢云生平攻苦，获为并传于世耶？亦曰聊为效颦，或可异日逢憎相晤，同心鼓掌，若合一契也云尔。区湖云从并题。"

1657年（丁酉）　清顺治十四年　六十二岁

花朝题旧作《秋山行旅卷》，七月为方兆曾作山水轴，寒食朝续成《秋林出云卷》。

《穰梨馆过眼续录》卷十三载《萧云从秋林出云卷》，题曰："昔见黄一峰《秋林图》、王叔明《秋树图》，各擅其胜，第恨其未尽变也，当万物凋瘁，一草一木，具见精采。妙在设色繁茂，令见者叹薄寒之中有人尔。此卷作自壬辰，距今丁酉六年矣。后睹之清华斋几，因携归续成。回思停车霜叶间如昨日也。萧森之感，岂待杜陵耶。寒食朝萧云从识。"

明清绘画集藏展览会展出实物【胡艺原注：1959年5月1日起在上海美术馆展出。】山水轴题诗："笔墨之耕倩石田，洮泓冷碧积寒烟。先生自爱春流水，池上融冰写太玄。"识曰："沂梦先生出纸索画，随手应教，不足观也。丁酉七月于西崖，钟山梅下萧云从。"

《石渠宝笈续编》（乾清宫藏）载："萧云从画《秋山行旅》一卷……设色画秋景山水，车马舟楫。作款：此画几十年矣，当时偶没之废册中，若不知有此，今予年六十有二，重一相遇，阅之不能复得，因以叹昔之胫力强壮，工细自适，谁谓画师必老而后佳耶。丁酉花朝题，钟山萧云从。钤印：钟山老人。"

《太平府志·卷二十九·人物志·流寓》："方兆曾，字沂梦，号省斋。其先世新安莫考，兆曾流移避地。性孤介，腹笋【写作'腹筍'，当为'腹笥'。】腴润，甫弱冠，以远不能归，即谢不应试，刻意工古文辞。长吟日夕不少休。近体工雅，《古乐府》及《避兵东村》诸作，致致笔力【据乾隆《太平府志·卷二十九·人物志·流寓》，致致，当为'叙致'】，又其瘤痳浣花者。萧云从尺木暮年一见，深契之，辄以不朽事相托。汤燕生元翼，其父友也，与兆曾并屋而居十余年。讲学读诗【据乾隆《太平府志·卷二十九·人物志·流寓》，读诗，当为'谈诗'】，助爨分灯，情好竟如昆弟。又尝客游邗上，与征逐者绝迹往来。一编兀坐，竟日萧然，作《于湖六忆》，久之仍归，病殁。妻老无子，人为殓资，归榇故茔，副贡陈鸢遍搜遗什，汇曰《省斋诗稿》，藏于家。"

1658年（戊戌） 清顺治十五年 六十三岁

小雪，题孙无逸《临唐六如鹤林玉露册》。

《穰梨馆过眼续录》卷十三载："余髫时便模唐解元此册，不能淡远，与子西所云超轶尘外之义殊失也。无逸静者也，太古小年，殓缉于一豪端，故落墨有青蓝之异。昔《辋川图》出右丞手，以米氏父子临之，独自叹为刻画。得郭恕先细绣妙颖，始贞砥砥，然不若无逸绝伦逸群尔。▨生（即麟生）社兄精六法，驰誉江东。无逸服其神骏，胶乳之合自来矣。是以无逸之真迹，所留实多，不受促迫，纡徐经营，玩者一日如两日，烟云益寿讵百四十年哉。戊戌小雪区湖萧云从谨识。"

《清代画史增编》卷十："孙逸，字无逸，号疏林。徽州人，流寓芜湖。山水得子久法，人以为文待诏后身。前与查士标、汪

178

之瑞、释渐江，称'四大家'，后与萧云从又称'孙萧'云。"（《图绘宝鉴续纂》《画征录》）

《扬州画苑录》卷三："孙逸，字无逸，号疏林。海阳人，流寓芜湖。山水兼法南北，宗各家，人以为文待诏后身。歙令靳某所雕歙山二十四景是其笔也。"

《宣城县志·卷二十八·仙释》载："大瓠，字用无，号筇在。本沈氏寿嶲犹子，名麟生。崇正间贡生。寿嶲死节，麟生为僧，结龙听庵于姚江黄竹浦，有'潜向江东依宋寝，万年枝上挂袈裟'之句。鹧鸪山人黄晦本最与相契，所著有《蛰茶经》，尝抚江右邹职方之遗孤于庵中，时以为王成、魏泽之流。其后住鄞之南明，入九老社中，又住慈之宝峰，卒返龙听。"

1660年【当为1662年】（壬寅）　清康熙元年　六十七岁

太平府知府胡季瀛倡募重修太白楼成。云从画楼下四壁。

《太平府志·卷十九·职官》："国朝太平府知府胡季瀛，（按：《国朝画识》卷三作'胡瀛季'，但据《海盐县志》《当涂县志》及《太平府志》均作'胡季瀛'，《国朝画识》作'胡瀛季'误。字念察，浙江海宁人。贡生，顺治十七年任。"

《当涂县志·卷二十七·古迹》载："太白楼，在采石江口。唐元和间建，原名谪仙。宋天圣间知县滕宗谅修。明正统五年，巡抚周忱肖太白像祀于楼。楼后建清风亭。本朝顺治初年毁，康熙元年郡守胡季瀛倡募重建。楼下萧云从绘壁。粮道周亮工易今名，总督范承勋题'人境皆仙'，又联'罔象水中藏，尚有燃犀客遇；姮娥天畔走，岂无捉月人来。'"

《国朝画识》卷三载："胡季瀛守太平日，慕芜湖萧尺木能画，三访俱辞不见，胡怒。时新修采石矶太白楼成，遂于案版中插

179

入尺木名，摄之至。送至楼中，令白壁间若图成，即当开释。尺木年已七十余，方卧病，不得已，画匡庐、峨眉、泰岱、衡岳四大名山。凡七日而就，遂绝笔。至今登楼者叹赏不置。画与斯楼俱传矣。事与沈启南绝相类。"（陈琰《旷园杂志》）

按此事各书均载，但此事在萧尺木所作之《太白楼画壁记》、许岩光《重修太白楼始末》，以及各家诗文均未述及被迫之事。且陈琰所记有数处不符，如"尺木年已七十余""凡七日而就，遂绝笔"等。是年先生只六十六岁，而事后所作画亦不少。画壁为实，被迫之事暂存疑，以待详考。

清朝《画征录》卷上载："曾于采石太白楼下四壁，画五岳图，（按此处误记四岳为五岳）宋漫堂为长歌，镌诸石。"

乾隆《芜湖县志》卷末志余、嘉庆《芜湖县志·卷十三·人物志·文学传》、民国《芜湖县志·卷五十·人物志·文学传》及《卷五十八·杂识》、《清画传辑佚》三种、《太平府志》《今画偶录》《复社姓氏录》《安徽通志·卷一百七十八·人物志·文苑传》等书均有记载。不赘录。

1664 年（甲辰）　清康熙三年　六十九岁

夏四月作《江山胜览图》，秋始作《崔华诗意卷》。

《石渠宝笈续编》载："萧云从《江山胜览卷【卷，当为'图'】》……浅设色，画长江胜景。自识：黄一峰客梁溪，与倪荆蛮合笔，自倪自楚游还为此，谓之《江上胜览图》，余素所宗服。其山层峦叠嶂，未所【所，当为'能'】仿佛万一，真神工也，境取幽深，情况高哲，后之习于□者，毋易视之也。甲辰夏四月云从识。"

同书载："萧云从画《崔华诗意》一卷……设色，画仿文徵明《秋山图》，写《崔华诗意》。自识：予友太仓崔华不雕，画翎毛花卉甚工，尤善诗。其警句云：'一寺千松内，飞泉屋上行。'又'此中枕簟客初到，夜半梧桐风起时。'颇与画意合。常欲写其意而不敢妄拟。后见征明《秋山图》，大有会心。未识会【会，当为'合'】其诗意否也。康熙甲辰秋日写起，至乙己【乙己，当为'乙巳'】冬止，计一年有余始毕工。云从识。"

《清画家诗史》："崔华，字不雕，太仓人，顺治庚子举人，性孤洁，工花鸟，诗清迥自异，有《樱桃轩集》。"

画《梅花》。

《南画大成》第三卷载萧云从《梅花》题曰："山园好秋色，随处自徘徊。柳悴动烟外，残阳照寒隈。岁华感无尽，八月忆春梅。共约东墙下，临风引玉怀。【玉怀，当为'玉杯'。】癸卯【癸卯当为康熙癸卯，即1663年，未知何故系于此】寒露。云从识。"

1665年（乙己）【乙己，当为"乙巳"】 清康熙四年 七十岁

作《青绿山水长卷》，冬写《崔华诗意卷》毕工。

《瓯钵罗室书画过目考》卷一载："家（李）芝阶太守藏有《青绿山水》，纸本长卷。其间人物驮马无数。七十岁作。自题。后汤燕生行书跋一段。"

乾隆《芜湖县志·卷十五·人物志·卓行》："汤燕生，字元翼，号岩夫，宁国府太平县人。明末为诸生。名播大江南北。阁部史可法、霍式耜频以书招燕生。朝廷秕政相仍，沦胥不戒，事已莫可为，均谢不起。鼎革后隐居芜湖东河沿，筑补过斋，称黄山樵者。貌朴拙，性情孤介。日所往还如萧尺木、陈香士、张东田、沈天士、僧渐江、芥庵数辈，又与方沂梦并屋居十余年。四方巾车过者，造门求访不绝。然意有弗惬，即达官宿望，闭户不欲见。所作

诗体原变风，多惓惓悱恻意，至挽萧尺木乃谓：晚与论《易》，益复有合。盖进退存亡，理之交晜者，至失此良箴，是用感惧，其笃志矫矫可尚矣。年七十余卒，子早丧。继嗣贫寒弗任荷。今停柩火炉山麓，士林丧之，将谋卜瘗焉。"

1666年（丙午）　清康熙五年　七十一岁

秋与冒辟疆遇于芜城【芜城，即扬州】，饮于老友郑士介水部米颠石畔，为之图形。菊月精绘山水卷（即《涧谷幽深卷》）。

《石渠宝笈续编》载："萧云从山水一卷……设画色，涧谷峰峦，山寺村居，人物诸景。自记：丙午菊月，卧居静斋，倏忆河阳李晞古年近八十，多喜作长图大障，至为高宗所眷爱，爱题其卷曰：李唐可比【脱'唐'字】李思训。余草野中人，无缘献纳。近虽衰老，犹不肯多让古人。于是极力经营，勉为此卷。自觉落笔矜慎，涧谷幽深，峰峦明秀，亦生平所仅有者，藏之以俟知我。区湖萧云从画并记。钤印二：钟山老人、萧云从印。"

1667年（丁未）　清康熙六年　七十二岁

在南京画山水轴呈胡日从。

《虚斋名画录》卷十载："《萧尺木山水轴》记曰：'胡公九十好林居，三十年前老秘书。蟫匾心潜羲颉学，凌云大字光椒除。即今高卧紫峰阁，天下何人不式庐？气卷灵春太液润，道漾棻缊青阳舒。烧兰旧赐宫中烛，倚缛仍安下泽车。淇水洋洋数竿竹，颐期衍武歌璠玙。文章善后延松鹤，敬为胡公赋遂初。'日从先生，长余十二岁。别三十年，偶来金陵，拜瞻几杖，年开九秩。人景千秋，犹镌小印，篆成蝇头，神明不隔，真寿征也。丁未九月区湖七十二弟萧云从诗画呈教。"

《金陵通传》卷二十二载："胡正言，字日从。上元人。少从李登学。精篆籀，以贡除中书舍人，归授经自给。所居名十竹斋。著有《九十授经图》《千文六书统要》《篆法偏旁正讹歌》。"

《休宁县志》卷十九载："胡正言，字日从。文昌坊人。少颖悟。精究六书，以篆籀名世。所摹历代篆文法帖，印存画谱，不下数百卷。性爱竹，号十竹主人。寿九十。"

1668 年（戊申）　清康熙七年　七十三岁

画《山水册》十幅，另作《岁寒三友图》《设色山水卷》。

《梦园书画录》卷十七载：《萧尺木山水画册》末叶题跋曰："七十三岁老人，冬日曝于南窗，构成十幅，不知其拙也。然亦供高士雅赏，称不朽复何逊焉。"

第八页题曰："戊申之春七十三翁云从。"

《宋元明清书画家年表》引《艺林月刊》及故宫博物院藏："作《岁寒三友图》《设色山水卷》。"

1669 年（己酉）　清康熙八年　七十四岁

宋荦过采石，登谪仙楼，观先生画壁，长歌纪事。

《西陂类稿》卷二十六："谪仙楼题名，予识萧尺木在顺治乙未，后十五年，为康熙己酉，舟过采石，登谪仙楼，观尺木画壁，作长歌纪事。"

《当涂县志·卷三十一·艺文》：宋荦《谪仙楼观萧尺木画壁歌》云："谪仙楼外长江流，谪仙楼内烟云浮。悬崖峭壁欲崩落，虬松怪树风飕飕。泉声山色宛然在，渔翁樵子纷遨游。细观始知是图画，扪壁惝恍凌沧州。古来画手倾王侯，笔墨直令鬼神愁。每逢胜地亦挥洒，元气取向空墙留。呜呼！维摩真迹不可得，通泉群鹤无颜色。当今画壁数何人，鸠兹萧叟称奇特。前年挂帆牛渚来，登楼一望胸怀开。解衣盘礴使其气，倏忽四壁腾风雷。画出青莲游赏处，千年魂魄应来去。匡庐云海泰山松，华岳三峰压秦树。朦胧细景不知数，一一生成出毫素。杂烟窈窕溪涧深，野水逶迤洲渚露。危桥坏磴荒村暮，多少林峦莽回互。横涂乱抹总精神，河伯山灵不敢怒。我闻荆关与董巨，画苑声名重伊吕。大痴黄鹤吴仲圭，鼎足争霸迈凡侣。叟也此画非徒然，摹仿前贤妙如许。世人作画昧原流，敢到斯楼笔一举？我家赐画旧盈箱，年来卷轴半沦亡。每与名流谈绘事，辄思鸿宝起彷徨。今也见此心飞扬，众山皆响殊寻常。不用并州快刀剪秋水，但愿十日寝食坐卧留其旁。"

1672年（壬子）　清康熙十一年　七十七岁

是年冬画《问津图》扇面及山水轴。

《明遗民画续集》（域外所藏中国古画集之七）第六十八页载有"萧云从《问津图》扇面。"上题："问津图，壬子仲冬，尺木萧云从。"

《陶风楼藏书画目》载："清萧云从山水轴。"识曰："夏山逸隐多真乐，雨欲潇湘时读书。壬子冬尺木山人萧云从写于清茶谈话之轩。"

1673年（癸丑）　清康熙十二年　七十八岁

是年卒。

《历代名人生卒年表》载："清康熙十二癸丑（1673年）卒。"嘉庆及民国《芜湖县志》均作"年七十八卒"。《安徽通志》亦同。但均未记何年卒。按推算当在是年。

《宋元明清书画家年表》是年项下载："萧云从尺木卒。年七十八。"注引自《历代名人年谱》，查《历代名人年谱》是年项下并未有萧氏卒年记载，《中国美术年表》是年项下亦未有记载，想系依生年推算得之。

乾隆《芜湖县志·卷十五·人物志·卓行类》曰："自署无闷道人，年七十余，病将终，执诸同志手，曰：'道在六经，行本五伦，无事外求之，仍衍其旨。'赋诗毕，瞑去，真诣所践，又与画禅渔隐不同趣矣。"（《太平府志》所记亦同。）

同书卷末志余"方省斋"条曰："方省斋，芜湖侨客也，己酉秋寓邗江（邗江即今江苏省自江都西北至淮安之运河，今又名漕河），一夕梦入萧尺木斋头，尽出其《易存》《字学》《韵谱》诸书，点次手授，情境与生时不类，觉大异之，纪其事于简末，且与诸同人言及，不三日凶问至，盖其平生服膺，及于化去，犹精英相感如此。"

黄钺《画友录》载："卒于康熙七年己酉，年七十八。"

按黄钺所记依"方省斋"条所记推出，但与各画题跋不同。且壬子仲冬尚作《问津图》扇面，当不至于卒于己酉。故黄钺所记不确。今以《历代名人生卒年表》为准。

萧氏之死，另有一说。亦并录之，以俟详考。

《金陵通传·卷二十四·萧一旸传》中："公云从，字尺木。贡生。工画。移家金陵，遂为上元人。晚号钟山老人。有女适高淳邢氏，遂卒于高淳。"

著有《易存》《韵通》《杜律细》及《梅花堂遗稿》等。

康熙《芜湖县志·卷十·人物·文学传》中载："所为书，往往秘不示人，多致散失。卒，门生张秀壁、朱长芝，取其残编，整比成帙，名曰'梅花堂遗稿'"。

乾隆《芜湖县志》卷十五人物志传中载："学徒辑残编成帙，为《梅花堂遗稿》。"

嘉庆《芜湖县志》卷十二【当为"卷十三"】人物志传中载："著有《易存》《韵通》《杜律细》等编。援据甚博。门人辑其残编为《梅花堂遗稿》。"

《四库全书·总目提要·卷九》："经部九易类存目三《易存》无卷数，大理寺卿王昶家藏本。国朝萧云从撰。云从字尺木，芜湖人。前明崇祯己卯副榜贡生。是书乃云从年八十时所撰。"（此处作年八十，不悉何据，实系传误。）《池北偶谈》卷十二有"杜律细"条载曰："芜湖萧尺木云从。以画擅名江左，尝作《杜律细》一卷。"

《画友录》载："著《易存》《杜律细》若干卷，四库全书载存目中，诗文集藏芜湖沈氏，未刊行。"

葬城西严家山。

民国《芜湖县志·卷三十七·古迹志·宅墓》载："萧尺木墓在县西严家山。"汪畸《重修萧处士墓碑记》载："卒后附葬城西严家山，盖先生尊甫慎余公之墓隙地也。"

附：增补

1603年（癸卯） 明神宗万历三十一年 八岁

从师讲孟子，解诂章句，学习六律五音。（萧云从《易存·自序》）

1610年（庚戌） 明神宗万历三十八年 十五岁

开始学习唐伯虎绘画，临摹《鹤林玉露图》等。（萧云从《孙逸临唐六如鹤林玉露册跋文》："余髫时便摹唐解元此册，不能淡远，与子西所云超轶尘外之义殊失也。"清光绪十七年（1891年）刻本陆心源《穰梨馆过眼续录》卷二十三）

1620年（庚申） 明神宗万历四十八年 二十五岁

研读《左传》《国语》《史记》《汉书》及历代史论。同时，

"算术、歌唱、琴筝、箫管无不习之精熟"。（萧云从《易存·自序》）

1632 年（壬申）　明毅宗崇祯五年　三十七岁

与无逸道长交往，遵嘱作《萧山春日图》。（萧云从《萧山春日图》跋文：壬申春日拟元大家笔意，无逸道长嘱命。）

1644 年（甲申）　清顺治元年　明毅宗崇祯十七年 四十九岁

夏，与至芜湖访老友的遗民诗人李盘（字小有）相会，小有作《喜见萧尺木》诗赠之。诗序云："尺木，芜关名士，工画逼真黄子久，又精篆书。己卯乙榜首名，壬午又登乙榜。其弟小曼，己卯得俊，旋化去。相见悲喜交集。"按诗后附江西喻建诗评："萧疏历落，尺木画中有诗，小有诗中有画。"

1650 年（庚寅）　清顺治七年　五十五岁

正月初九日，与方文、罗天成等有芜湖范罗山之会，方文作诗二首以纪之。（方文《嵞山集》卷五《初度日宋计部载酒见访因携萧尺木罗天成登范罗山限春光二字》、卷七《萧尺木有诗见讯答之》）

1655 年（乙未）　清顺治十二年　六十岁

三月初三日，赠《离骚·天问图》一册与客居芜湖的施男（字伟长），伟长作诗答谢，诗序曰："尺木书读等身，著作如林，出其余为绘事，亦穷神极化，妙绝等伦。"（清初留髡堂刻本施男《邛竹杖》卷四）

1660年（庚子）　清顺治十七年　六十五岁

七月，作书法立轴《胡澹庵遗从子维宁书》："胡澹庵书遗从子维宁曰：古之君子，学欲其日益，善欲其日加，德欲其日起，身欲其日省，体欲其日强，行欲其日见，心欲其日休，道欲其日章，以为未也。……庚子七夕萧云从谨书。"该作现藏于重庆市博物馆。

1664年（甲辰）　清康熙三年　六十九岁

二月，作纸本设色山水长卷《山水清音图》。萧云从自题五古一首，诗后落款："甲辰花朝题于青莲阁。钟山老人萧云从。"此画现为美国克利夫兰艺术博物馆收藏。

1665年（乙巳）　清康熙四年　七十岁

十月，七十诞辰前后，友人方文、孙枝蔚等作贺寿，诗文以赠。（《萧云从诗文辑注》第203页、第212页）友人宋起凤到芜湖为萧云从贺寿，萧云从卖画沽酒，与宋欢谈半个月，临别赠画送行。（宋起凤《稗说》卷三《萧尺木画学》）

校订说明

胡艺编写的《萧云从年谱》原载《美术研究》1960年第1期。编写者胡艺系中国古代美术史研究专家，侧重明清书画家生平研究，除《萧云从年谱》外，另编著有《汤燕生年谱》等明清书画家年谱多部。

胡艺《萧云从年谱》的正文为宋体，正文所依据的历史资料及编写者所加按语为楷体。此年谱是系统梳理萧云从生平的发轫之作，且编写者秉持实事求是态度，故虽简略，但至今仍是萧云从研究的重要参考资料。

由于各种原因，胡艺《萧云从年谱》也有两点主要缺憾：一是存在少量文字错讹；二是当年萧云从生平若干重要史料尚未发现，以致年谱中萧云从自一岁后至四十岁的生平付之阙如。故有校订且适当增补史料之必要。

这次校订以当年《美术研究》发表的《萧云从年谱》影印件为底本。为存其真，校订本只将原文采用的繁体字改为简化字，文字错讹一仍其旧，文字错讹的修改和说明则均采用夹注形式写于【】内。为免烦琐，校订者对相同的人名错讹只在第一次出现时修改并说明，对原文中明显不规范的或遗漏的标点符号径直修改或添加；另外，删去了南明弘光、永历等年号。校订者对萧云从生平若干年份重要史实的少量增补则附在年谱文末。（2023年6月）

萧云从（校订本）

原著　王石城

校订　王永林　　文字整理　朱　寅

原著者小传：王石城（1909—1993年）江苏江都人。擅长中国书画及美术史论。1933年国立杭州艺专肄业。曾任国立杭州艺专讲师，中央艺专副教授，正则艺专、安徽师范学院、安徽艺术学院教授。出版有《中国画家丛书：萧云从》（1979年9月上海人民美术出版社）等著。

目　　次

一、生平

简历

交游

被迫作太白楼壁画

二、艺术成就

诗歌和书法

山水画

人物画

三、给后世的影响

给清代画家的影响

帮汤天池创造铁画

给日本的影响

四、小结

一 生平

简历

萧云从（1596—1673年）字尺木，号默思，一号无闷道人、于湖渔人、石人、钟山梅下、梅石道人、江梅、谦翁小字咬脐、东海萧生、梦履、梅主人等，1650年他五十五岁时，画《雪景直幅》，又开始署名"钟山老人"，这是他对明代江山沦于清朝，仰望钟山陵阙，怀有惓恋故国之情而用的别号。其他字、号也都有一定的含义。

他是1596年（明神宗万历二十四年丙申）农历十月生于安徽芜湖。父名慎余，是明乡饮大宾。他懂绘画，希望萧云从成为像郭恕先那样的画家[1]。后来萧云从刻了一枚"郭恕先后身"的印章[2]。可见他们对郭恕先是非常崇拜的。

萧云从的一生，适当明末清初七十八年间，他的少年时代正是明万历到崇祯时期，政治腐败达于极点，统治阶级内部矛盾日趋激烈，引起党派斗争。表现在东林党、复社与宦官魏忠贤及其党羽的对立上。这种斗争的性质，是中小地主阶级和比较正直的知识分子的进步势力与大地主阶级和宦官的反动、保守势力的斗争。

---

[1] 黄钺《画友录》及《芜湖县志》都同样记载一段无稽之说："云从始生之夕，慎余梦郭恕先至其门，曰：'萧氏将昌，吾当为嗣。'"

[2] 萧云从作《云台疏树图卷》和《青山高隐图卷》都有"郭恕先后身"的印章。

萧云从与其弟云倩在1638年（崇祯十一年戊寅）参加复社，这是江苏太仓人张溥（字天如）结合了当时应社、几社、匡社等组成的政治集团。在成立之初，共有一百四十人，芜湖地区有：沈士柱（昆铜）、张明象（元湛）、朱家禾（颖立）、朱长泽（祖润）、朱有章（西雍）、潘廷年（右枚）、杜时举（直卿）、彭述古、萧云倩（小曼）、萧云从（尺木）等十余人。（据贵池吴应箕鉴定的复社姓氏前卷）这个社团与东林党相呼应，同魏党斗争，后来又与奸臣马士英、阮大铖等进行斗争。

这个时期阶级矛盾也日趋尖锐，政府增加赋税，魏党大官僚大地主占有大量土地，残酷地剥削人民。农民起义，各地相继而起。后来起义军在李自成、张献忠等领导下，力量日渐强盛。至1644年（崇祯十七年甲申）三月十九日，李自成进入北京，朱由检见大势已去，皇城难保，乃吊死煤山。可是不久，吴三桂引清兵入关，合力击败了李自成，清朝即定都北京，改称顺治元年。继着分兵南下，1645年四月二十五日清兵陷扬州，督师史可法殉国。五月渡江陷南京，进驻芜湖。朱由崧被执北去，旋遇害。萧云从离家避居高淳，当时高淳是个抗清据点，"顺治初，高淳民不靖，大兵致讨，淳与水阳接壤，前驱突至，有朱巡检者，迎启军帅于境上，指示分疆处，民得安堵。无何，淳遗顽戕杀巡检，取其元以去。……"[1]萧云从是否直接参加抗清的斗争，虽然不能确定，但这时他是在高淳。我们可以从他《吊邑人周孔来殉节泾县学署》诗中了解他的态度：

泮壁何人自鼓刀，天寒日暮风飕飕。老儒转战敌长矟，弟子招

---

[1]　见《宣城县志》卷十四杂记。

魂赋反骚。

夜雨同悲涵水鳣，阴雷欲剖戴山鳌。庙空悬古松长碧，浩气森森北斗高。[1]

这首诗颂扬了周孔来，也抒写了萧云从自己对改朝换代的认识。

同时，萧云从还为"乙酉，南都亡，降者皆薙发，（张）秉纯闻之，遂绝粒不食"[2]这样的人写传记。从这篇传记中也可以反映出他的看法和心情。

亡国的痛苦，战争的创伤，直接影响萧云从的精神和物质生活，在他五十二岁那年秋天，才从高淳回到家乡，眼看故居遍栽梅花的"梅筑"遭受清兵破坏，触景伤情，感慨万端，乃写《移居诗》六首。其诗序说："畴昔小筑于东皋，则迩王处仲梦日亭也。甲申后，为镇兵是据，遂毁精舍为圈枥。至丁亥秋，始得携儿子担书笥，薙秽缉垣，略蔽风雨而家焉。惟乱离迁播，亲友凋残，触景内伤，忽然哀愤，溯其凄戾，横集无端。况余老矣病矣无能为矣，穷途日暮。情见乎词，得诗六首，求故人书之。倘曰元亮《移家》，少陵《秋兴》，是以灵乌飞巍而誉腐草之光矣。"[3]他这六首诗充满了哀愤，反映了他那种明朝遗民反清复明的思想感情。

萧云从少年科考不利，直至四十四岁才中己卯（崇祯十二年）科副榜第一准贡，而其弟云情却在三年前丙子就成举人。三年后再考，他又只中崇祯十五年壬午科副榜。当明末宦官魏忠贤把持朝政，东林党人如杨涟、左光斗、魏大忠等因抨击擅权的宦官和他们

[1] 见乾隆《芜湖县志》卷二十三。
[2] 见《皖志列传稿·张秉纯传》末注萧云从撰传。
[3] 见民国《芜湖县志》卷五十九和《萧汤二老遗诗合编》。

的党羽，竟惨遭杀害；而更多的党人则被削籍为民，政府中没有正直人士了，萧云从在这样的年代里就"避世不仕"。及至清季，更不与清朝合作，拒不做官，闭门读书或漫游长江两岸及其他名山大川，从事诗文书画的学习和创作生活。

《古缘萃录》卷七载《萧尺木青山高隐图卷》题曰（图1）："画亦戏事也，而感慨系之。少时习业之暇，笃志绘事，寒暑不废。近流离迁播，齿落眼蒙，年五十而谆谆然若八九十者，遂握笔艰涩。间有索者，则假手犹子一芸。……曾忆竹林图，晋遗民南北之阮窃已愧矣。而复有小儿破贼于淝，令东山老子折屐。人处乱世，上不得击楫纾奇，次不得弹琴高蹈，而优游尘土，画青山而隐，则吾与芸子解衣磅礴，相附于长康、探微之流，亦足矣，他复何愿。寒食日石人云从识。"

从这幅《青山高隐图卷》的题跋中，可知萧云从在少年时代就"笃志绘事，寒暑不废"了。也可看出他在明朝灭亡以后，悲愤填

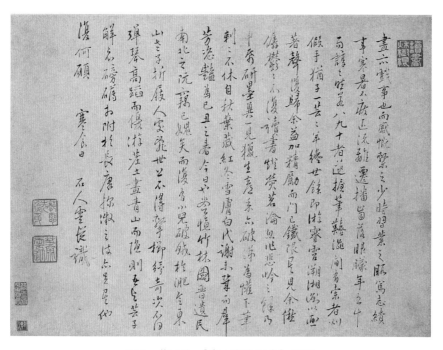

图1　萧云从《青山高隐图卷》题跋

膺，隐居避世，怀念故国的沉痛感情。情愿以布衣终老，使自己成为顾长康、陆探微这样的画家罢了。他一直过着穷愁潦倒的生活，正如他自己所说："仆本恨人，既长贫贱，抱疴不死，家区湖之上，秋风夜雨，万木凋摇，每闻要眇之音，不知涕泗之横集。"[1]他的处境，颇像元代倪云林和黄公望，所以他很崇拜倪、黄，作品也多吸收他们的画法。

交游

萧云从的交游不广，但所交往的人除复社成员外，多为当时具有民族气节和爱国思想的文人、画家。如江苏溧阳彭旦兮是明末孝廉，明亡后，隐居不仕，他是书法家，汉隶写得很好，萧云从曾替他作山水长卷，换得其汉隶数十幅，作为晚年临摹学习之用。这样的友情是可贵的。萧云从与唐祖命友情也很深厚。"唐祖命字允甲，宣城人。故明中书舍人也。乱定后有诗云：'残花野蕨围荒寨，破帽疲驴避长官'，与徐文长'疲驴狭路愁长官，破帽残衫拜孝陵'之句颇相似，鼎革时之情况可想见也。"[2]他们友情之所以这样深厚，正因为这些文人所处的环境与萧云从完全相同，他们的思想感情也与萧云从相一致。

萧云从与志同道合的画家相处，更是亲如兄弟，他很推崇孙逸，他题孙逸临唐六如《鹤林玉露册》这样说："余髫时便模唐解元此册，不能淡远，与子西所云超轶尘外之义殊失也。无逸静者也，太古小年，缋缉于一豪端，故落笔有青蓝之异。昔《辋川图》出右丞手，以米氏父子临之，独自叹为刻画，得郭恕先细绣妙颖，始贞砥砥，然不若无逸绝伦逸群尔。麟生社兄精六法，驰誉江东。

---

[1] 萧云从《九歌图·自跋》。
[2] 见《明遗民录》卷十七。

无逸服其神骏，胶乳之合自来矣。是以无逸之真迹所留实多，不受促迫，纡徐经营，玩者一日如两日，烟云益寿，讵百四十年哉。"[1]

查孙逸，字无逸，号疏林，海阳[2]人，流寓芜湖。与萧云从并称"孙萧"。而萧云从的作品在质量和数量上都超过孙逸。可是萧云从却谦虚地赞扬孙逸的作品。同时，赞扬参加九老社的麟生，麟生是沈寿峣的侄子，崇祯间贡生。寿峣死节以后，麟生就做了和尚，结龙听庵于姚江黄竹浦，有"潜向江东依宋寝，万年枝上挂袈裟"诗句。麟生是一位坚持民族气节，不受清朝利用，而精六法，驰誉江东的明代遗民。萧云从对这些人都是非常尊敬的。他题孙逸画册是在1658年（顺治十五年戊戌），这时他年已六十三岁，如此尊重别人的艺术成就，这是值得我们学习的。

萧云从对年老的艺术家更是尊如师长。他在七十二岁那年九月到南京拜访胡曰从，画了一幅山水轴（《溪山高隐图》，见本书83页图10），题上"胡公九十好林居，三十年前老秘书。蝶匾心潜羲颉学，凌云大字光椒除。即今高卧紫峰阁，天下何人不式庐。气卷灵春太液润，道溁梦缊青阳舒。烧兰旧赐宫中烛，倚缛仍安下泽车。淇水洋洋数竿竹，颐期卫武歌璠玙。文章善后延松鹤，敬为胡公赋遂初"这样的诗句；又跋："曰从先生长余十二岁。别三十年，偶来金陵。拜瞻几杖，年开九秩。人景千秋，犹镌小印，篆成蝇头。神明不隔，真寿征也。丁未九日区湖七十二弟萧云从诗画呈教。"[3]这位老艺术家是值得萧云从崇拜的。根据《金陵通传》卷二十二和《休宁县志》卷十九所载：胡正言，字曰从。安徽省休宁县文昌坊人，侨居金陵。少颖悟，精篆籀，以贡除中书舍人，归受

[1] 见《穰梨馆过眼续录》卷十三。

[2] 海阳：即安徽省休宁县，而非山东半岛南部的海阳市。

[3] 见《虚斋名画录》卷十。

196

经自给。性爱竹，号十竹主人，所居名"十竹斋"，寿九十。著有《九十授经图》《千文六书统要》《篆法偏旁正伪歌》，所摹历代篆法帖，印存画谱，不下数百卷（南京"十竹斋"金石书画商店，就是用胡曰从的斋名）。

萧云从对年轻画家也关怀和帮助，如他与方沂梦[1]的关系就是一例。方沂梦曾以古墨两锭，请萧云从作画，萧云从画了一幅《深山溪流图卷》，卷高九寸五分、长四尺二寸，内容为浅绛山水。并在卷尾题作画的动机及用笔的概要。

乙未三月十七日，沂梦先生以藏墨二笋，下易余画。乃归山寺，解衣静坐纷披，五日搁笔，而风雨大作时，心寂揪间，遂多称意，盖不务修饰，独撼性情也。昔吾家颖士梅花诗云："丑怪惊人能妩媚"，此语与写山水甚合。

第世人画山水务墨气而不知笔气，余见大痴全以三寸弱翰为千古擅场，虽复格纤䅶以蒙茸杂乱，而力古势健，流览而莫尽者，笔为之也。沂梦为诗画宗匠，……勉以小幅应教，必有鉴于骊黄之外者矣。

这样的词句是多么亲切，作此画是那样认真，五天才完成。并举黄公望为例，说明画山水着重用笔，才能"力古势健"，使观者"流览而莫尽"。这不仅对方沂梦的教育意义很大，就是对我们今天青年画家也有帮助。这是萧云从在六十岁画的山水卷。过了两年，方沂梦又拿纸来请萧云从作画了，萧云从再画一幅山水轴[2]给他（《洗砚图》，见本书21页图8），题诗道："笔墨之耕倩石田，洮

---

[1] 黄钺《画友录》载："方兆曾，字沂梦，号省斋，少为萧尺木所称赏。"
[2] 这幅画曾于1959年5月1日起在上海美术馆展出的明清绘画集藏展览会上展出。

泓冷碧积寒烟。先生自爱春流水，池上融冰写太玄。"识曰："沂梦先生出纸索画，随手应教，不足观也。丁酉七月十七日题于西庐，萧云从。"这幅山水轴画得很好，可是他却谦虚地说："随手应教，不足观也。"题的四句诗对方沂梦也有鼓舞作用。

另外，我们再看看萧云从与汤燕生的交往，更可知萧云从的为人了。

萧云从与汤燕生往还甚密。汤燕生，字元翼，号岩夫，宁国府太平县人。明末为诸生，名播大江南北。阁部史可法、瞿式耜频以书招燕生。朝廷稗政相仍，沦胥不戒，事已莫可为，均谢不起。明亡后，隐居芜湖东河沿，筑"补过斋"，称黄山樵者。与方沂梦并屋居十七年，教授方家。工诗，通六书，精篆籀，有《商歌集》若干卷，不传。"四方巾车过者，造门求访不绝。然意有弗惬，即达官宿望，闭户不欲见"。[1]但与萧云从则朝夕相处，诗文唱和，亲如兄弟。他们的处境一样，世界观相同，所以他挽萧云从说："晚与论《易》，益复有合。"[2]这就是说，他们相处愈久，年龄愈老，感情愈厚，哲学观点愈趋一致。而与那些投降清朝的达官贵人则往往"闭户不欲见"，这与萧云从对清朝官吏采取对抗的态度完全相同。所以他们情深意厚是很自然的。黄钺把他们两人的诗辑成《萧汤二老遗诗合编》也是有道理的。

被迫作太白楼壁画

萧云从与当时其他画家相处也都非常谦虚，而对他们的关怀和帮助也是无微不至的。可是，他对当时丧失民族气节、投降清朝的官吏则冷眼相待，不但不为他们作画，连他们来拜访也都不见。据

---

[1] 见乾隆《芜湖县志》卷十五人物志卓行。
[2] 见乾隆《芜湖县志》卷十五人物志卓行。

陈琰《旷园杂志》所载：

　　胡季瀛守太平日，慕芜湖萧尺木能画，三访俱辞不见，胡怒。时新修采石矶太白楼成，遂于案牍中插入尺木名，摄之至，送至楼中，令白壁间若图成，即当开释。尺木年已七十余，方卧病，不得已画匡庐、峨眉、泰岱、衡岳四大名山，凡七日而就。遂绝笔。至今登楼者叹赏不置。画与斯楼俱传矣，事与沈启南绝相类。

　　胡季瀛字念斋，浙江海宁人。贡生，顺治十七年（1660年）任太平府[1]知府。两年后，即康熙元年（1662年）倡募重修太白楼[2]。这时萧云从六十六岁。陈琰所记"尺木年已七十余"是不符事实的。可是不能因为这一点错误，就否认萧云从对当时清朝官吏采取对抗的态度。我们从萧云从的诗画、为人及交往的朋友中，都可以肯定萧云从是不愿意与胡季瀛这样的人往还的；胡季瀛因为求画不得，一怒之下，滥用职权，强迫萧云从绘太白楼壁画，这也完全是可能的。

　　此事《国朝画识》等书均有转载。可是在萧云从所写的《太白楼画壁记》、许岩光《重建太白楼始末》中均未述及被迫之事。且萧云从在六十六岁以后，作画甚多，与"凡七日而就，遂绝笔"也有矛盾。我认为"凡七日而就，遂绝笔"是指画太白楼壁画七天完成，从此不再画壁画了。萧云从一生画过两处壁画，另一处是芜

---

[1] 太平府：宋升平南军为太平州，元为路；明为太平府，清仍之，属安徽省，治当涂县，辖当涂、芜湖、繁昌三县。

[2] 《当涂县志》卷二十七古迹载："太白楼：在采石江口。唐元和间建，原名谪仙。宋天圣间知县滕宗谅修。明正统五年，巡抚周忱肖太白像祀于楼。楼后建清风亭。本朝顺治初年毁，康熙元年郡守胡季瀛倡募重建。楼下萧云从绘壁。粮道周亮工易今名，总督范承勋题匾'入境皆仙'，又联'罔象水中藏，尚有燃犀客遇；姐娥天畔走，岂无捉月人来'。"

湖城北劳公祠壁画。以萧云从的身体多病，而年龄又这样大，事实也不能再画壁画了，而不是不再作卷轴画。至于许岩光在《重建太白楼始末》中未提起被迫之事，这是因为他在胡季瀛指使下写的，当然不会把强迫之事记在里面，这是可以理解的。胡季瀛既能强迫萧云从画壁，他也会强迫萧云从写一篇画壁记的。萧云从既画成壁画，当然也会写这篇文章的。让我们先看看这篇《太白楼画壁记》的全文吧。

郡守胡公念斋，重建采石唐供奉太白祠与其楼居，既落成矣，诗文纪胜，倡和流连，镌之金石，传大雅焉。复简供奉集中有姑熟诸咏，出素所摹临晋、唐、宋、元真楷、行草榜锓，以秽式来学。是以星斗龙蛇，烂焉腾跃，观者如堵，几铁限其门也。又以供奉瞻泰岱、登峨眉、读书匡庐、飞杯华岳，古风高韵，不没人间，则名山之胜，仙魄攸存。乃顾瞻四壁，粉若空天，欲秃笔貌之，以为迎神之曲，招魂之辞，巍然俎豆，知有谪仙人在焉。时以郡务云集，不遑经营，知余为老画师，折简相招。且云："飞白泼墨，人生快事，但乘兴含毫，醉后能作草书，而无声之诗，非凝神定想，终难淡描。"是则先生知画者也。先生其以书法教余画法乎？窃谓庖牺画卦，画即是画。孔子曰："枣棘之字如画树，牛羊之文以形举。"后之论书法者，如卫夫人比于高峰崩浪，庾肩吾拟于碧海璃山，至于龙跳虎卧，芙蓉柳杖，皆以象书之为画家之事。愧余衰且病，秃草不润，断松无烟，解衣坐于先生书碣之末，偶罄遐思，急宏其气，以撼于丹青，推拖械棁，疑有神助。竭道子一日之功，生少文众山之响，小豀胸中，狂焉叫绝。余但知为书，不知其为画也。古有之张彦远论伯英书，气脉连接不断，王子敬悟之为一笔书，陆探微悟之为一笔画。吴道玄之画受笔法于张旭，李龙眠书画精妙，黄山谷谓书之关窍透入画中，则余不知余之为画，只知为先

200

生之书也。先生曰："予老矣，河图洛书殊途一致，何解之迟耶？姑存其说，以见吾书中为画已尔。"羲靖在前，吮毫皆怯，谨为汉隶，以贞厥珉。时陈子醇儒，共研撰事，资余不逮者。并记之。

在这篇记文中，一开始就写胡季瀛重修太白楼，在萧云从看来，是件好事，为太白楼作壁画，萧云从是愿意的。因为李太白是萧云从所崇拜的历史人物，他知道李太白曾"瞻泰岱、登峨眉、读书匡庐、飞杯华岳"。所以他画匡庐、峨眉、泰岱、衡岳四大名山，使"名山之胜"与"仙魄攸存"，这是非常有意义的事。然后写胡季瀛能书、知画，发挥书画同源的道理。他以书法作画，效法唐代画家吴道子奉玄宗之命，在大同殿壁上画四川嘉陵江三百余里的风景，一天就完成的精神，所以"凡七日而就"。以萧云从的绘画技巧，画这四幅壁画，七天是可以完成的。文章末尾有"陈子醇儒，共研撰事，资余不逮者"。这位姓陈的，可能是胡季瀛太平府中的人，他代表胡季瀛与萧云从共同写这篇文章。文中"折简相招"，以及写胡季瀛能书、知画，可能都是陈醇儒的意见，但萧云从写得有分寸，只说这些，不谈其他，如胡季瀛的"德政""为人"等等。这里可见萧云从的为人，他的爱憎是分明的。

萧云从以一生的时间和精力用于诗、画创作，他不做明朝官，更不与清朝合作，为人品高志坚，所谓富贵不能淫，贫贱不能移，威武不能屈，专心致志于诗、书、画，勤学苦练，取得卓越的成就。他一生创作了许多山水画和人物画，间也作梅、兰等花卉，还写了许多诗，著有《易存》《韵通》《杜律细》等编[1]，"所为书往

---

[1] 《四库全书总目提要》卷九："经部九易类存目三《易存》无卷数，大理寺卿王昶家藏本。国朝萧尺木撰。"黄钺《画友录》载："著《易存》《杜律细》若干卷，《四库全书》载存目中，诗文集藏芜湖沈氏，未刊行。"

往秘不示人，多致散失"[1]。在他死后，他的学生张秀壁、朱长芝将其诗文汇编成册，名曰《梅花堂遗稿》。藏芜湖沈家，未刊行。现在我们只能看到他的一部分诗歌和画中的题跋，其他著作一无所存。这是损失。

萧云从卒于1673年，在临终时"执诸同志手，曰；'道在六经，行本五伦，无事外之求，仍衍其旨。'赋诗毕，瞑去。"[2]年七十八岁。他的墓在芜湖城西严家山，道台袁昶重修萧墓，人们误称"道台坟"。

二 艺术成就

诗歌和书法

萧云从一生勤苦学习，诗、书、画都有卓越的成就。他的诗在黄钺辑的《萧（云从）汤（燕生）二老遗诗合编》中仅搜集七言律诗一体，共三十首。在这些诗作中，他本传统的"诗言志"的主旨，说出自己的胸怀，表达自己的爱和恨。如：

闭户曾无一刻欢，持杯难遣万山寒。写成茅屋何能隐？寄到秋诗不忍看。斜日随人趋古路，浮云往事忆长干。梅花小筑依城阙，画角哀生泪未干。

这首诗把他在明末清初年代里痛苦生活，做了概括的写照。又《题扁舟图》：

往事江南不尽哀，中流犹见片帆来。斜阳自弄桓伊笛，远道谁留袁绍杯。到处飞花随燕子，有时乘雾跃龙媒。万方多难无人济，

---

[1] 见康熙《芜湖县志》卷十。
[2] 见乾隆《芜湖县志》卷十五人物志卓行类及《太平府志》。

一叶宁淹天下才。

这首诗道尽明朝末年衰落，那些在朝为官的不奋起抗清，而有志之士又不为重用，有感而作。他不仅感叹自己，同时也关心人民的疾苦。如《辛卯秋至南庄作》一首，写水灾淹没了庄园，更描绘广大人民遭受水灾饥饿之苦。

湖庄来往任飞蓬，不谓山田立钓翁。旧日路旁松见顶，几年门外水连空。

秋烟已断千家爨，花穗重遭一夜风。叶叶白波无限恨，纷纷人哭雨声中。

萧云从在辛卯夏天到南京钟山，见一片荒凉景象，回忆少年游览时，"仰望钟山，丹楹金瓦，鳞戢翚飞，曜云而丽日。俯瞰其下，则梅花万树，恣放纵横，一望十余里，如坐香航浮玉海也"。因写《钟山梅下诗》八首。兹录第二首：

苍天白发总难期，野径梅花两不知。海内有春藏北斗，雪中无路觅南枝。

玉龙战退盈城湿，瑶爵轻寒引杖迟。尘土飘摇香未散，乾坤今见几人诗！

这首诗虽然写的是钟山下的梅花，实喻自己坚贞不屈的精神，表达对故国念念不忘的感情，也含有对明清改朝换代的斗争态度：明朝虽然亡了，但反清复明的志士如梅花一样的"香未散"，只是像他这样的人不多了。他在《移居诗》中更明确地写出他反清复明的决心。如：

莼嫩鲈肥尽可餐，归思岂只一张翰，吾庐近市无车马，世法宽人有愤冠。霜气空凋千树碧，旭光已破万山寒。衰年强起凭高望，赋得鹏云万里抟。

随意寒潭落钓钩，青蛉作伴立竿头。浮云天际归何处？独树溪边影不流。蹈海鲁连龙战日，还家典属雁声秋。身经迁播皆萍梗，一有吾庐更有愁。

这两首诗是他自高淳回到芜湖写的，时清兵已毁坏了他的家，鲁王逃入东海内，唐王逃到汀州，被清兵所杀，这些都增强了他的亡国之痛。可是桂王又称帝于广东肇庆，在西南坚持抗清斗争，这又给他很大的希望。所以前一首写他回到家乡，见市井萧条，人民不肯降清；许多地方虽然失掉了，而桂王已立，坚持抗清，前途又是远大的。后一首写他在明亡后孤寂情景，可是他要像战国时代鲁仲连一样，宁可蹈东海也不愿奉秦称帝；更要像苏武那样与匈奴坚持斗争十九年，终于还家，受汉昭帝封典属国。最后两句则写迁播损失很大，有了残破家园更有忧愁，更增反清复明的决心。

萧云从对杜甫的诗做过一番研究，《池北偶谈》中有这样一段："萧尺木以诗擅名江左，尝作《杜律细》一卷，以为杜诗无拗体者，穿凿可笑，而援据甚博。"所以他的诗继承了杜诗的传统，题材现实，多即事忧时之作，雄浑奔放，音韵铿锵。而他的题画诗则继承王维的传统，以助绘画主题思想和意趣的表现，所谓"诗中有画，画中有诗"诗画结合的表现方法。这类诗也颇有新意。如早期作品《秋山霜霁图》中题着："一林霜叶可怜红，半入虚中半雾中。冷艳足为秋点染，从来多事是西风。"

在崇祯壬午年作的《秋山访友图》，写秋山幽情，饶有清疏淡简画趣。他题上"秋风谡谡水潺潺，曳杖闲行意坦然。应访石桥东畔去，友人茅屋竹林边"。

第二年重九未赴登山之约，翌晨有良时难再之叹，所以就根据这样的心情作了一幅山水轴，题上"秋窗静坐菊花开，细雨重阳酌酒回。此日松风游路冷，凌歊台上慨烟霾"。

他晚年的题画诗写得更有声有色，如顺治七年（1650年）除夕，他五十五岁画的《雪景直幅》直幅题诗云：

> 群峰矗矗种白玉，山家避寒居茅屋。雪后易晴日当空，老人惊喜踏深麓。木屐草笠不随身，带水拖泥趁双足。撑天栟栗自主张，觅醉前村汛醽醁。有诗何必灞桥吟，有鹤莫向华亭宿。身处穷庐望雁飞，独怜汉使旄节秃。

他在后面又跋了几句："庚寅除夕染此雪图，感时题咏，颇大称意趣。"

就以这几幅画中的诗而论，写得多么形象，我们不要看画，而能从这些诗句中理解画的主题思想和意趣。有了这些诗与画结合，就更能增加画面的艺术性。

萧云从虽然不是书法家，但他认真学习过篆、隶、真、行、草，直到老年都学习不倦。他在五十九岁那年为彭旦兮作山水长卷，后面题有："旦兮汉隶之学甲天下，将以易得数十幅，为晚年摹式。"他接受了晋唐以来如王羲之、王献之、颜真卿、欧阳询，柳公权等先进典范，形成他的艺术风貌。他在《归寓一元图》中二十四个题跋都以篆标题，隶体写诗，可见其功力。在《太平山水图》四十三幅中，也是以篆标题，以隶、真、行、草题诗文。其草书颇得二王神髓。一般题画都用行书，写得非常俊逸，结体瘦长，错落有致，用笔散朗，风调秀健。本来，在画上题诗写字，起于宋代苏轼、米芾等人，元代吴仲圭、倪云林等的画也多有题跋，从此便形成了风气。萧云从在早期的作品中就把诗、书、画三者结合起来了。这是中国画特殊的表现形式，他继承和发展了这种综合性的艺术。

山水画

萧云从之所以为人们所推崇，不是因为他的诗歌和书法好，而是他的画笔牵引了人们的爱慕。《石轩随录》载："萧尺木品高志坚，不肯随人俯仰，迥别时流。"这种意识在他的山水画中也表现得很突出。他的《闭门拒客图》[1]（图2）写幽居山谷，闭门读书，家犬护院，一位着红袍乌纱的客人被拒在院外，以示不与统治者合作，宁愿隐居的心情和愿望。他在画上题着："赵荣禄仕元，省其兄子固，子固高卧窠檐，闭门拒之。今就子固画法为图。荣禄笔意虽优，余无取焉。"这种明显地表达反抗清朝统治者态度的作品，在清初是不多见的。

《西台恸哭图》[2]（图3）是根据宋末谢翱《西台恸哭记》内容有感而作的。写落水萧疏，白云漠漠，秋水

图2　萧云从《闭门拒客图》

---

[1] 为纸本着色山水画，纵29.2厘米、横18.5厘米。安徽博物院藏。编入《安徽名人画选》中。

[2] 图2、图3、图4均为纸本着色山水画，纵29.2厘米、横18.5厘米。安徽博物院藏。编入《安徽名人画选》中。

图3 萧云从 《西台恸哭图》

图4 萧云从 《仙山楼阁图》

与长天一色，在高台上站着一位着汉人服装的知识分子面对祖国大好河山恸哭，也反映了萧云从对亡国的痛苦心情。

他的《仙山楼阁图》（图4）和《岩壑幽居图》（图5）两幅画也都是描绘他隐居不仕的思想。前者写重楼叠翠，缀以楼阁，在云中有路可通，意境非常奇妙。后者写悬岩下临水隐居，寄以清静之情。

萧云从的山水画创作中，"手卷"尤为突出。他早期作品《秋山行旅图卷》[1]（图6）就已显露出他的卓越才华和深厚功力，形成自己的独特风格了。这幅画的景物变化无穷，山间溪流，曲折回转。卷首红叶悬崖，小溪如素帘高挂。远方的栈道上隐约可见旅客行走。过了一山又一

图5　萧云从　《岩壑幽居图》

图6　萧云从　《秋山行旅图卷》

---

[1] 这是一幅纸本浅绛山水，纵八寸二分五厘，横十八尺。萧云从三十一岁作，时1626年。1667年重题。1930年在日本东京"唐宋元明画展"中展出。1931年12月12日为东京帝室博物馆所藏。1936年审美书院复制。

山，溪雾间仿佛有人骑马，也有三三两两步行的。前面近景红叶大树，远景青黛山峦；断崖处一家团圞。从这里有路下山，过石桥，入山村，老松数株，茅舍数间，人们和牛马都在这里休息，充分表现出闲寂和平之乡。再前，山路险阻，行人苦恼，一步一步地慢慢前进，渐登山顶，设有茶亭。奇岩、怪石、老松、羊肠栈道，构成另一景色。山下过木桥，潺湲溪流，注入湖沼，豁然开朗。湖边坦道，马蹄之声，不觉惊动了钓鱼人。湖畔景色，孤塔耸立，朱壁青松，互相掩映。船樯上挂着旗子，船头童子煮茶。此岸修竹成荫，竿头挂着酒旗，以招舟人。彼岸小路上，牧童骑牛背，口吹短笛。最后以远山近水结束。全卷布局多样统一，妙趣横生。我们看这幅画的全景固然很好，即使看一部分也非常有味。这是萧云从所热爱的祖国河山，也是他希望广大人民能过着这样的和平、幸福生活的情景。他把这幅画放在筐底几十年，在六十二岁那年发现了，高兴地在卷尾题上"作此画几十年矣，当时偶没之废册中，若不知有此。今余年六十有二，重一相遇阅之，不能复得，因此叹昔之胫力强壮，工细自适，谁谓画师必老而后佳耶？"这是他自己对这幅画的评价。

清乾隆帝在这幅画上题（图7）："几点萧萧树，疏皴淡淡山。

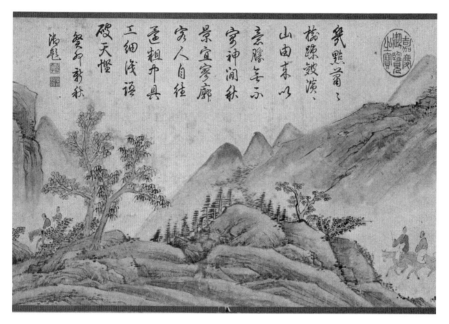

图7 萧云从《秋山行旅图卷》乾隆御题

由来以意胜，无不寓神间。秋景宜寥廓，客人自往还。粗中具工细，识语破天悭。"也写出其内容和赞赏其表现技法。

他为彭旦兮所作山水长卷，是融合宋、元诸家，而自成一格。正如他自己所题："以黄公望瘦树山石为之纵横，润之以马远泼墨之法。"用苍老的秃笔挥点，写秋山景色，既得公望真趣，又有马远笔墨，苍劲而不险怪，沉着且显湿润，其表现的内容，马世骏题得好：

曳来一卷秋山色，松风谡谡飞黄叶。逶迤渐见有人家，门掩寒屏千万叠。石路萧森杳然去，板桥正在烟深处。何人策杖偶相从，茅舍却邀流水住。青天百尺开芙蓉，苍岚紫霭霏蒙蒙，岩头灵乳落岩半，轰雷喷雪当晴空。巉巤层峦藏古寺，丹梯绀宇排幽翠，林影能吹过客寒，钟声不唤山僧睡。峆岈中断两崖开，清溪碧涧自潆洄，欸乃忽闻深谷响，漾舟拟是武夷来。路转前峰如欲失，归帆数片衔斜日。枉矶回汀一径通，萦滩杳渚千村出。远势苍然望更悠，分明陆地接瀛洲，三岛微茫何处是？九疑暧逮不胜愁。夏林主人拥书读，万树参天绕云屋。……

　　这是萧云从在顺治十一年（1654年）从元旦那天开始，花了二十七天的时间才完成的长达一丈多的山水长卷。内容如此丰富，构图那样严谨，如果没有湛深的文学修养，精到的表现技法，是不能作出这幅被称为"神品"的山水长卷的[1]。

　　人们在元旦总是尽情庆贺、欢乐，而萧云从却在这天作画，《云台疏树图卷》[2]是他在顺治十三年（1656年）元旦作的。他说："丙申元旦晴和，胸中浩然，知世外有余乐，伸纸作画，顷刻而成。"（图8）与前面那幅画了二十七天才完成的山水卷，各擅

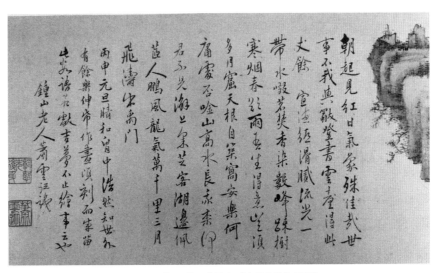

图10　萧云从《云台疏树图卷》题跋

[1]　这幅山水卷有正书局有影印本，标题为《萧尺木山水神品》。
[2]　这幅山水卷为纸本着色，全图纵26.5厘米，横233.8厘米。上海博物馆藏。载《画苑掇英》中册（卷之属）。

图9 萧云从 《江山胜览图卷》

其妙。他题的诗既抒其心境，也写出画境："朝起见红日，气象殊佳哉。世事不我与，独登书云台。得此丈余宣德纸，滑腻流光一带水，啜茗焚香染数峰，疏树寒烟春欲雨。吾生得意岂须多，月窟天根自筑窝。安乐何庸处否吟，山高水长我奈何？君不见瀣上采芝客，湖边佩茞人。鹏风龙气万千里，三月飞涛出禹门。"这幅虽然画的时间不长，但很严整。全卷山峰连绵，错落有致，疏树点缀其上，山上房屋只有四处；点景人物只有三人，一老人身着明代服装，手执拐杖向左前行，将抵茅亭，这可能就是写画家本人。山峰耸起，飞泉奔流而下。山左平坡上房屋数间，一人端坐其中，门外溪上架木桥，船夫持桨而过，似回山家。小舟停于江边。再经高峰，沿江山麓，栏杆横亘。拾级而上，围墙带山，过墙门，高松林立，山顶楼阁参天。画至此结束。

查我国云台山有四：一是在四川苍溪县东南三十五里。二是在江苏灌云县东北处。这两处萧云从都未到过。三是在江苏镇江市丹徒区西北处。四是在江苏南京市江宁区以南。这两个云台山萧云从都登临过。画中的云台则取景于江宁以南的云台山，部分画面也可能以丹徒西北处的云台山为对象。这样构成一幅萧疏淡简的画境。这幅画纵26.5厘米，横233.8厘米，内容又是那样丰富，他能"顷刻而成"，固由于他的描绘技巧熟练，也是他深入观察自然体验生活的结果。

江宁南部云台山山脉绵亘，直接安徽当涂采石矶诸山。萧云从

的《江山胜览图卷》[1]（图9）描绘的就是这一带风景。这是他长期
生活在长江两岸边，深入观察自然景色而创作成功的。画面自右而
左，以崇山峻岭、茂密树林开始，接着巧妙地描绘了古寺、城镇、
竹篱、茅舍、舟楫、行旅，最后以浩渺的烟岚结尾。山环江绕，峰
回路转。这种画境，使人们一看便知是当涂采石矶一带。点景的人
物有观赏的，有三两闲话的，有骑驴赶路的，以及樵夫担柴、纤夫
拉船……无不生动自然，充满了生活气息。他自己说是学元代黄公
望的画法，实际与黄公望不尽相同。他这种用古人的传统技法，描
绘家乡景色，师古而不泥于古的精神，在当时是可贵的。

图 10　萧云从《归寓一元图卷》（部分之一）

图 11　萧云从《归寓一元图卷》（部分之二）

---

[1]　这幅山水卷神州国光社有珂罗版本，1959年中国古典艺术出版社重印。

萧云从的山水长卷的形式是多种多样的，《归寓一元图卷》[1]就与上面所介绍的那些山水卷不同。他画了二十四景，每段景色都用篆字标题，隶体题诗（图10、图11）。这些诗、书与画结合使画面生色。而各段景色又天衣无缝地连接起来，成为一幅，使人百看不厌。从他的题跋中得知其创作过程和描绘对象。他在顺治十三年丙申（1656年）春天，自芜湖由水阳江乘船到宛陵（今宣城市），历览敬亭诸峰，快登白云巅，到奉圣禅房，晤僧净儒。这位和尚能画，把他画的《归寓一元图》拿出来，请萧云从品题，萧称遒劲。并赠以"静习平心法，寒烟冷雪诗"之佛句（图14）。回到芜湖，神怡僧卷，乃描绘"《白云山长松草堂图》，并宛陵全概。俾得一展卷，而先人庐墓，桑梓风光，恍如目接，继以喻也，姑溪[2]名胜，共成一卷。寓郎归也，归郎寓也。合名《归寓一元图卷》"[3]（图13）。这里可知他画这幅山水卷的用意和图卷名称的来由。

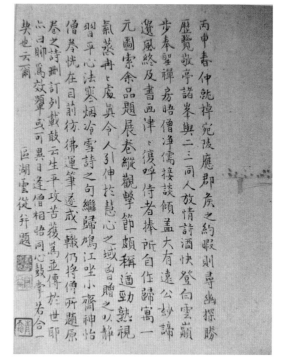

图12　萧云从　《归寓一元图卷》（部分之三）

图13　萧云从　《归寓一元图卷》（部分之四）

[1]　这幅山水卷神州国光社有影印本，《支那南画大成》第十五卷加以翻印。

[2]　姑溪：溪名，在安徽省当涂县南，亦名姑熟溪，又称姑浦，源出丹阳湖，注大江。所以当涂县城古称姑熟，以濒姑熟溪而名。

[3]　见萧云从《归寓一元图卷》自跋。

《涧谷幽深卷》[1]是他老年代表作之一，也是他自认为是最好的作品。这是一幅设色山水，写涧谷峰峦，山寺村居，人物诸景。自记：

> 丙午菊月，卧居静斋，倏忆河阳李晞古年近八十，多喜作长图大障，至为高宗所眷爱，爱题其卷曰：李唐可比唐李思训。余草野中人，无缘献纳。近虽衰老，犹不肯多让古人。于是极力经营，勉为此卷。自觉落笔矜慎，涧谷幽深，峰峦明秀，亦生平所仅有者，藏之以俟知我。

这是他与如皋冒辟疆在芜湖相遇，同饮于老友郑士介水部米颠石畔，为之图形。菊月精绘此长卷。这幅画在一百年后，乾隆三十八年（1773年）侍郎曹文埴把它献给高宗皇帝，高宗题诗云："……展观长卷四丈余，观之不厌意弗舍。崇山复岭绕回溪，古寺烟村接书社，士农工贾莫不具，飞潜动植乃咸若。"从这时起，《石渠宝笈》才收藏萧云从的画。黄钺说萧云从的原跋"其言颇见诚恳，今百年后入石渠，竟符其愿，岂非翰墨有缘哉"[2]。这种说法是歪曲萧云从的意志。萧云从的意思是他既不能如李唐到徽宗朝补入画院，他的画也不能像李唐的画那样得南宋高宗题"李唐可比唐李思训"[3]句。因为明朝亡了，连南明永历帝坚持斗争十九年，也于1661年在缅甸被捕，次年被吴三桂杀死于昆明。萧云从画这幅山水卷是在康熙五年丙午（1666年），时七十一岁。所以他说"余草野中人，无缘献纳"是不能献给明朝皇帝，而不是献给清朝皇帝。至于一百年后，乾隆皇帝在他画上题诗，更非其所愿，也是他所不能

---

[1] 这幅山水卷故宫博物院藏。

[2] 见黄钺《萧汤二老遗诗合编》。

[3] 李唐字晞古，河阳三城人。徽宗朝补入画院，建炎间授成忠郎、画院待诏，赐金带。善山水、人物，尤工画牛、能诗。高宗雅爱之，尝于其画上题"李唐可比唐李思训"。时李唐年近八十。

预想的。

他的山水长卷，除了上面几幅外，尚有"计一年有余始毕工"的《崔华诗意卷》[1]及长达六年才完成的《秋林出云卷》[2]；还有在七十岁以后作的《青绿山水长卷》[3]和《山水卷》[4]以及前面已提到的《青山高隐图卷》[5]（图13）等等。这些山水长卷内容都很丰富，山川、林木、道路、舟车、屋宇、人物、驮马等景物穿插，曲折有趣。构图、运笔、用墨，设色等，各有其特色。每一幅作品都有题跋，诗文朴素，洋溢着画家的情感，非凡的才能。我们读了萧云从的山水画，特别是山水长卷，使人感到意境幽深，引人入胜。而这

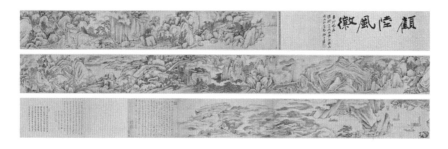

图13 萧云从 《青山高隐图卷》

[1] 《石渠宝笈续编》载："萧云从画《崔华诗意》一卷，设色，画仿文徵明秋山图，写崔华诗意。自识：予友太仓崔华不雕，画翎毛花卉甚工，尤善诗。其警句云：'一寺千松内，飞泉屋上行。'又云：'此中枕簟客初到，夜半梧桐风起时。'颇与画意合。常欲写其意而不敢妄拟。后见文徵明秋山图，大有会心。未识会其意否也。康熙甲辰秋日起，至乙巳冬止，计一年有余始毕工。云从识。"

[2] 《穰梨馆过眼续录》卷十三载："萧云从《秋林出云卷》题曰：'昔见黄一峰《秋林图》、王叔明《秋树图》，各擅其胜，第恨其未尽变也。当万物凋猝，一草一木，具见精采，妙在设色繁茂，令见者叹薄寒之中有人尔。此卷作自壬辰，距今丁酉六年矣。后睹之清华斋几，因携归续成。回思停车霜叶间如昨日也。萧森之感，岂待杜陵耶？寒食朝萧云从识。"

[3] 《瓯钵罗室书画过目考》卷一载："李芝阶太守藏有萧云从《青绿山水纸本长卷》，其间人物驮马无数，七十岁作，自题。后汤燕生行书跋一段。"

[4] 《宋元明清书画家年表》引《艺林月刊》及故宫博物院藏："萧云从七十三岁作《岁丰三友图》《山水卷》。"

[5] 这幅是与其侄萧一芸合作的山水长卷。

些情景又都是常见的，都是可游可居之地。不是危崖奇峰，令人怪异；也不是残山剩水，一片荒寒。他描绘的是祖国壮丽的山川，使人看了胸襟为之开阔，热爱祖国的思想感情，油然而生。

我国绘画发展到明末清初，董其昌等提倡仿古临摹，抬高"文人画"的声价，进一步划分南北宗派，尚南贬北。追随他的人有王时敏、王鉴、程嘉燧、张子曾、李流芳、邵弥、卞文瑜、杨文聪等八人，加上董其昌本人，称为"画中九友"。由于他们的联合行动，这种风气对当时和以后的绘画影响很大。

萧云从虽然也受了他们的影响，临摹古人的作品，但他不是模仿一家，而是出入唐、宋、元、明各家，也不是机械模仿，而是吸收前人奥秘，有所创造。"萧尺木明径不仕，笔墨娱情，不宋不元，自成一格"[1]。本来艺术家师古人而发展了古人，这是可贵的。人民需要这样推陈出新的画家。如他在崇祯六年癸酉（1633年）秋七月下浣画的《山水图》，虽题仿大痴道人《天池石壁图》笔意，但不是机械模仿，而是吸收黄公望、徐渭的长处，有所创造，初步形成自己的风格。这时他三十七岁。萧云从发挥了宋、元画家水墨皴擦，渲染技法，也融合了刘、李青绿山水的傅彩和所谓"水墨淡赭之法"，丰富了民族绘画的表现力。他在《秋林出云卷》

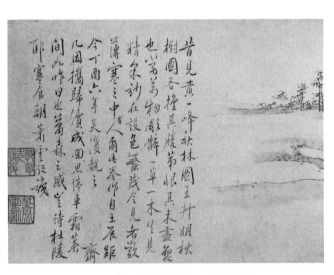

图15　萧云从《秋林出云卷》题跋

---

[1]　见《图绘宝鉴续纂》。

中题着（图17）："昔见黄一峰《秋林图》，王叔明《秋树图》，各擅其胜，第恨其未尽变也。当万物凋猝，一草一木，具见精采，妙在设色繁茂，令见者叹薄寒之中有人耳。"这说明他在设色上丰富和发展了黄、王的山水画。由于他不仅作水墨、浅绛山水，也作青绿山水，他巧妙地运用青绿山水的傅彩，表现秋天景色，使色彩繁茂，不同于黄、王的浅绛山水。这不仅熟练掌握笔墨、设色的技法问题，也是他观察、体验了大自然的变化，对自然景物有着深厚感情的结果。前面所列举的山水画，他都根据不同季节和不同景物，运用古人的传统技法表现当时的祖国河山面貌。同时，在传统绘画的基础上创造新的技法。他继承和发展元代黄、王、倪、吴的"雅洁淡逸"的风貌，强调水墨在绘画上的表现作用，也吸取唐、宋绘画的赋彩，无论运笔、用墨、设色等各方面，他都做了一定的"推陈出新"的工作。

清初王石谷用古人的笔法，写家乡虞山最美丽的风景十二幅，恽寿平称赞他："用古人的笔法，写目前的丘壑。"而这种写生法萧云从已开其先。

他的《太平山水图》就是用古人的笔法写太平州所属地区山水图四十三幅。这部创作是他应张万选之请而绘的。张万选字举之，济南人，官太平府推官。四年后，调济南。在离开芜湖之前，请萧云从把当涂、芜湖、繁昌（太平府所管辖地方）的风景画出来，作为他所编的《太平三书》中一种[1]。张在序中说："……余理姑（熟）四载，姑名胜日在襟带间，披榛涉巇，溯洄寻源，实愧未

---

[1] 《四库全书总目提要》卷七十六、史部三十二地理类存目五载："《太平三书》十二卷（江西巡抚采进本）国朝张万选编。万选字举之，济南人，官太平府推官，是三书成于顺治戊子，据其序例，一曰图画，二曰胜概，三曰风雅，图凡四十有三，见唐允甲题词中。此本佚其图画一卷，惟存胜概七卷，风雅四卷，原本纸墨尚新，不应阙佚无考，或装辑者偶遗欤？"

能。今适量移北去，山川绵眇，遥集为艰，岁月驱驰，佳游不再。于是属于湖萧子尺木，为撮太平江山之尤胜者，绘图以寄。余思间一展卷，如见鸟啼、如闻花落、如高山流水环绕映带、如池榭亭台藻绘满眼，即谓置我于丘壑间，讵曰不宜。萧子绘事妙天下，原本古人，自出己意……"萧云从在《太平山水图》跋中说："姑孰滨大江，攒石环冈不数百里，而平遥铺芜，�洄薮薄，地乏良杰，多得古人之流寓于斯者，如谢玄晖、李青莲，苏、黄诸名凤，流连赓赞为无穷也。考之史华，观之耆旧，而千秋之上，万里之中，有玄览焉。则青山采石，赤铸丹丘，阅历凡几，而更获一遇于先生也。然又出于古人蕴藉之外，若曰山水之播于诗者尚矣，而未有以画传者，吾将缕烟渲雨，以尽其涛壑之致。顾无能手可为语也。仆少时窃有志乎斯事，虽得役志左右，而惨淡经营，如坐云雾。先生口语指画谓，某山某水确有肖乎其诗，而简其顾陆以下，倪黄以上。某写某工，确有肖乎某山水与某人诗者。余既得其说，则吮毫濡墨，然后知山不在高，水不在深，环顾郊邑之中，凡垒块洼壤，皆得如鸟道蚕丛、不通人迹者，豁开以巨灵之凿，石破而天惊矣。菰渠蓼泊，剩水残烟，一牛跨间，若九曲群飞，应接不暇，帆我以沧溟之外矣。三邨四垒，颓榭荒台，而不关人意者，则一琚璘清宇，鹭鸾灵巢，闪烁倏忽，将探百宝于海蜃，而餐九芝于寒鲛矣。凡此者则先生之教也。先生又虑其播之不广，传之不远，而谋事于剞劂。又曰，昔米颠父子以摩诘画如刻画为不足道，而《辋川图》以恕先临本存于石碣者为奇画，岂可不刻乎？……深山大泽随处呈妍，嘉木美葩不植而遂，清风自发，翠烟自生。……今日者，剑砺于石，马饮于川；一草一木，血溅而膏涂，而蕞尔姑孰江响山光，风雅不坠。……"从这两篇序跋中可知萧云从创作《太平山水图》的动机、用意及其中所描绘的风景感人深切的情况，而不可不刻版刊行。于是由旌邑汤尚、刘荣镌刻，顺治五年戊子（1648年）印行。

郑振铎对《太平山水图》也极为赞扬："图凡四十三幅，无一不具深远之趣，或萧疏如云林，或谨严如小李将军，或繁花怒发，大道骈驰，或浪卷云舒，烟笼渺渺，或田园历历如毡纹，山峰耸迭似岛屿，或作危岩惊险之势，或写乡野恬静之态。大抵诸家山水画作风，无不毕于斯，可谓集大成之作矣！"[1]

这四十三幅风景画，计《太平山水全图》一幅，当涂风景十五幅，芜湖风景十四幅，繁昌风景十三幅。每一幅都题古人诗一首，记明仿某古人的画法。兹分别介绍如下：

《太平山水全图》一幅

《太平山水全图》 杨万里七言绝句，临萧贲《五岳四渎图》。

当涂十五幅

（一）《青山》 谢朓治宅五言古诗，临郭熙画法。

（二）《东田》 谢朓五言古诗，学范宽法。

（三）《采石》 苏轼谪仙楼七言古诗，临文与可《蜀道图》法。

（四）《牛渚》 李白五言古诗，临马楹法。

（五）《望夫山》 李白五言古诗，临郭忠恕法。

（六）《黄山》 李白夜泊黄山，闻殷十四吴吟七言古诗，临信世昌《泰畤祠图》法。

（七）《天门山》 李白七言绝，临夏珪法。

（八）《白纻山》 本郡志载王安石五言古诗之半，临王维法。

（九）《景山》 李观七言绝，临鲗复。

（十）《尼坡》 李宗茂七言律诗，临荆浩《灞桥骡背图》法。

（十一）《龙山》 杨洪五言律，临郭熙法。

（十二）《横望山》 杨杰咏丹灶寒烟七言律，临赵孟頫法。

---

[1] 见郑振铎：《劫中得书记》。

（十三）《灵墟山》 李白五言古诗，临董源法。

（十四）《褐山》 梅尧臣五言律诗，学王蒙法。

（十五）《杨家渡》 杨万里七言绝，学沈周法。

芜湖十四幅

（一）《玩鞭亭》 温庭筠湖阴曲，学陈居中法。

（二）《石人渡》 梁元帝泛芜湖五言古诗，丹铅录为律祖，学吴元镇法。

（三）《赭山》 黄庭坚读书赤铸山五言律诗，临刘松年雪图。

（四）《神山》 欧阳玄咏神山时雨七言律诗，学米友仁江南景法。

（五）《范萝山》 萧照七言绝句并画法。

（六）《荆山》 欧阳玄七言绝句，学李伯时法。

（七）《灵泽矶》 欧阳玄咏蠛矶烟浪七言律，学李思训法。

（八）《白马山》 王蒙咏白马洞天五言古诗，原有此图今袭之。

（九）《行春圩》 杨万里行春七言绝，临盛懋豳风图法。

（十）《鹤儿山》 苏轼赏花吉祥寺七言绝，临钱选法。

（十一）《梦日亭》 苏辙五七言古诗，临勾龙爽法。

（十二）《吴波亭》 欧阳玄咏吴波秋月七言律，临薛稷画法。

（十三）《江屿古梅》 王安石七言律，临燕仲穆怪石古梅图法。

（十四）《雄观亭》 黄礼咏雄观江声七言律诗，学吴道玄水法。

繁昌十三幅

（一）《双桂峰》 徐杰五言古诗，临关全画法。

（二）《洗砚池图》 徐杰五言古诗，学马远法。

（三）《五峰》 李白五言古诗，学李咸熙匡庐东折笔法。

（四）《隐玉山》 严允谐浮丘丹井七言古诗，临高房山法。

（五）《凤凰山》 杨万里七言律诗，临徐熙画法。

（六）《覆釜山》 严允谐七言古诗，临黄公望法。

（七）《灵山》 杜牧之七言律，临李唐武夷精舍图法。

（八）《三山》 严允谐三山秋月七言古诗，学巨然师法。

（九）《阪子矶》 张舜民七言绝，临徐熙法。

（十）《繁浦》 本郡志载刘孝绰五言古诗之半，临黄筌法。

（十一）《峨桥》 严允谐七言古诗，临倪瓒法。

（十二）《荻浦》 严允谐七言古诗，临周昉法。

（十三）《北园载酒》 徐迪五言古诗，学唐寅法。

这四十三幅中第一幅《太平山水全图》（图16）运用梁萧贲《五岳四渎图》的表现技法，写当涂、芜湖、繁昌三县景色，也就是太平州所辖的全图，题上宋杨万里的诗："圩田岁岁正逢秋，圩户家家不识愁。夹道垂杨一千里，风流国是太平州。"这样的诗画结合，可以看出萧云从对家乡的热爱，人们看了这幅画，也可见长江南岸鱼米之乡的自然景色，热爱祖国河山的感情油然而生。

图16 萧云从 《太平山水全图》

当涂《采石图》（图17），萧云从在画幅的右边用文与可《蜀道图》折带皴法写翠螺山，太白楼耸立山中，山石遮掩其右角，既突出这个主要建筑物，又略有含蓄。山上平地，在万松林立中置一亭，这就是清风亭，亭中一人远望，两人在平地上行走，另一人坐采石矶头，欣赏白浪滔天、风帆片片的长江景色，这个地方就是李太白饮酒赏月处。山下石坡缀以三人拾级而上。画幅的左边写浩瀚的长江，江岸杨柳、楼阁，掩映生姿。江中一小舟由翠螺山左行，似送游人回当涂县城。远山、

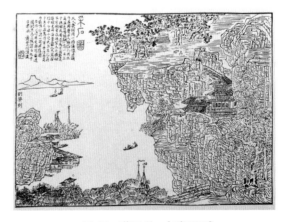

图17 萧云从 《采石图》

远帆放置在靠近山腰的位置，以突出采石矶耸立之势。萧云从描绘这段景物，颇有李白《横江词》六首中的第二首"海潮南去过浔阳，牛渚（采石矶原名牛渚矶）由来险马当。横江欲渡风波恶，一水牵愁万里长"之险要。画面不大，而江山景色一览无尽。再题上苏东坡的诗："天人几何同一沤，谪仙非谪乃其游，麾斥八极隘九州，化为两鸟鸣相酬，一鸣一止三千秋，开元有道为少留。縻之不可劚肯求。西望太白横峨岷，眼高四海空无人。大儿汾阳中令君，小儿天台坐忘真。平生不识高将军，手污吾足乃敢嗔，作诗一笑君应闻。"李白曾两度游采石矶，前一次是在他十载漫游的时期，后一次是在他生平最凄凉的晚年。两度游历，他都留下许多不朽的诗篇。这更使人怀念大诗人李白的生平。

芜湖《赭山图》（图18）表现得也很真实而有新意。赭山为干将铸剑之地，黄山谷读书之处，所以萧云从就题黄山谷在这里读书时所写的诗："读书在赤铸，风雪弥青萝。汲绠愁冰断，村酤怯路蹉。玉峰凝万象，璙莘啄轻螺。古剑摩空宇，寒光启太阿。"萧云从用刘松年的《雪图》法写赭山冬景，画的右下角写两人骑驴上山，两随从在后步行，山上的树木，除松树外，均为枯树，用笔遒劲。画的左面着重描绘山中广济寺，寺院房屋及殿后高塔，今仍其旧。正如萧云从所题："古迹名咏，两垂不朽。"

繁昌十三幅山水，我们可以《洗砚池图》（见本书第74页图1）为例，这幅画用马远笔法写山石，奇松立山右，拖枝、松针如车轮，也是马远的表现手法。松下王翀霄写字已毕，笔和纸平放石面，雍容坐在石凳上。一童子侍立其旁，另一童子在石桌左旁池边洗砚。

图18　萧云从《赭山图》

这三个人是画面的主人，而翀霄尤为突出。画面上方山石为云所遮掩，下方池水流动不息。这样处理，主题非常明确。画面左上角以小篆题"洗砚池图"四字，右上角以小楷题宋代徐杰的诗："翀霄姓王氏，云是羲之儿。性洁爱山水，好书复临池。波间洗破砚，墨浪飞玄鱼。羲之写黄庭，名声千载垂。翀霄书涅槃，字画与并驰。二子已仙去，遗迹人间奇。春风翰墨香，秋雨鲛龙悲。飞鸟不敢过，何必高藩篱？"这样处理别具一格。

在这些作品中，题古人的诗句与用古人的画法写当时自然风景，三者不易结合，这是这种表现方法的缺点。萧云从乃发挥创造性弥补了这种缺点，特别在表现技法上有他独特的风格。秦祖永在对他的画做了评论之后，对此亦颇为推重："惟所绘《太平山水全图》追摹往哲，工雅绝伦，极为艺林珍重。"[1]

从表现方法来说，萧云从在这些作品上虽然模仿吴道玄、李思训、王维、荆浩、关仝、董源、巨然、李成、郭熙、郭忠恕、文与可、李伯时、米友仁、李唐、刘松年、马远、夏珪、赵孟頫、黄公望、王蒙、吴镇、倪瓒、盛懋、沈周、唐寅等三十六家，实际仅借着这些人的笔墨技法和构图特征，用以描绘自己常见的美丽风景而已。由于萧云从继承和发展古人的绘画技法，并能与自己所见过的当涂、芜湖、繁昌等地的真山真水相结合，又把古人的构图加以变化，布置点染，自然就能描绘出新的意境和趣味，而有自己的独特风格了。所以《太平山水图》四十三幅中没有雷同，而各有其特色。这些作品充分地流露着画家热爱乡土的感情，这是非常可贵的。不管当时怎样崇尚仿古，轻视写生，萧云从却本"古为今用"的精神，写生《太平山水图》，并由旌德县刘荣和汤尚刻版刊行，

---

[1]　见秦祖永：《桐阴论画》。

以与当时从形式趣味而不从内容实质出发的师古主义者相抗衡。

萧云从山水画创作是反映当时的现实的。他虚心向古人学习，是为了吸收古人的好的经验；接受古代的传统，是为了更好地反映现实；他向大自然学习，是以现实生活为本，以写实的手法表现出来的。无论他的披麻皴或斧劈皴，水墨或着色，都是他对现实的观察体会及典型的艺术概括描写的结果；他所取决的形式正是由对象的实质和形式所决定的。所以他所表现的是自己生活于其中的真山真水。他的成就绝不是仅靠学习古人的技巧所能取得的。而当时董其昌等人不是这样，他们陷于师古之泥潭里，他们错误地认为"以古人为师已自上乘"了，他们发表许多理论强调师法古人的重要，这就给一些艺术上的懒汉造成了理论依据，而形成崇尚临摹仿古的风气。他们为了自显面目就把许多古人的形式加以割裂拼凑。如董其昌说：

画平远师赵大年，重山叠嶂师江贯道，皴法用董源麻皮皴及《潇湘图》点子皴；树用北苑、子昂二家法，石用大李将军《秋江待渡图》及郭忠恕雪景；李成画法有小幅水墨及着色青绿，俱宜宗之。

或曰须自成一家，此殊不然。如柳则赵千里，松则马和之，枯树则李成，此千古不易，虽复变之不离本源，岂有舍古法而独创者乎？

说明他们的艺术观点不是要反映现实，不以现实为第一义，而只是为了表现一些什么"平远""重山叠嶂"，什么皴法，什么石头，什么树木而已，把中国的绘画拉到复古的道路上。萧云从却本唐代张璪的名言"外师造化，中得心源"的现实主义的创作方法，他反对师古不化，主张师法自然及自我个性之表现。在这些思想意识交织的作用下，他的作品呈现出崭新面目和生动气韵；在他的作品中不但看出具有写实主义的基本手法，而且还可看出富有浪漫主义的色彩。虽然在他的作品中我们可以看出其创作的局限性和缺点，但他那生气勃勃的创造性的成就，是应该予以高度的评价和肯定的。

萧云从的山水画除卷轴画外，还作了两处壁画：一处是芜湖城北劳公祠壁画，在八尺见方的墙壁上画了四棵松树，矗立于峭壁青山之间，千尺瀑布如白龙从天而降。黄钺曾以长歌记之，据他说："道光丙申夏五月廿二日与许小琴于劳公祠观萧尺木画壁，口占九言长歌记之。"

墙纵八尺其横亦如之，四松矗立翠叶交纷披。
划然五丁擘开两青壁，中有白龙掉尾从天垂。
璁璁琤琤不知几千尺，凉雨洒面谡谡松风吹。
笔踪健拔墨法亦苍润，想见当日解衣盘礴时。

这里可以看出这幅壁画的内容，也可知它的气势磅礴，笔墨健拔苍润之概。

另一处是当涂采石矶太白楼壁画，关于作这处壁画的经过情况，前面已经说过了。这里只略述一下壁画完成之后，许多人都有题咏，如方观承《太白楼观萧尺木先生画壁歌》、杨锡汝《太白楼观萧画》、宋荦《谪仙楼观萧尺木画壁》、王士禛《采石太白楼观萧尺木画壁歌》等，都一致赞扬萧云从的艺术成就。而这幅壁画的内容和形象我们也只能从这些诗歌中领略其大概。如：

方观承："峨眉积雪千崖冻，庐山对峙寒阴重；银河一派喷珠帘，华岳三峰压高栋。秦松岱影影森森，海风伊有涛声送。"

杨锡汝："虬松百尺插霄汉，烟岚青霭出墙端。蛟龙乱飞风雨黯，崇岩迭巘指顾间。"

而写得最详细的则为宋荦《谪仙楼观萧尺木画壁》歌："谪仙楼外长江流，谪仙楼内烟云浮。悬崖峭壁欲崩落，虬松怪树风飀飀。泉声山石宛然在，渔翁樵子纷邀游。细观始知是图画，扪壁惝恍凌沧州。……当今画壁数何人，鸠兹萧叟称奇特。前年挂帆牛渚来，登楼一望胸怀开。解衣盘礴使其气，倏忽四壁腾飞雷。画出青莲游赏处，千年魂魄应来去。匡庐云海泰山松，华岳三峰压秦树。朦胧细景不知数，一一生成出毫素。杂烟窈窕溪涧深，野水逶迤洲渚露。危桥环磴荒村暮，多少林峦莽回互。横涂乱抹总精神，河北山灵不敢怒。我闻荆关与董巨，画苑声名重伊吕。大痴黄鹤吴仲圭，鼎足争雄迈凡侣。叟也此画非徒然，摹仿前贤妙如许。世人作画昧原流，敢到斯楼笔一举？我家赐画旧盈箱，年来卷轴半沦亡。每与名流谭绘事，辄思鸿宝起彷徨。今也见此心飞扬，众山皆响殊寻常。不用并州快刀剪秋水，但愿十日寝食坐卧留其旁。"

从上面的诗句中，可以仿佛见到匡庐、峨眉、泰岱、衡岳四大名山如在目前。而它的特点，如匡庐云海、峨眉积雪、泰山古松、华岳三峰各显其胜；并且缀以渔翁樵子活动其间，其真实的程度要"细观始知为图画，扪壁惝恍凌沧州"，真是"宋元手笔君独擅"了。

这四幅壁画，黄钺说："至今犹未剥蚀。"[1]也就是在道光年间仍完整如新。可是到了晚清，这样壮丽多彩的艺术就完全被毁坏了。

---

[1] 见黄钺：《画友录》。

人物画

　　萧云从也是人物画家，在他的山水画中可看出他在人物画方面的修养。他的人物画代表作品是《离骚图》。萧云从对《离骚》的作者屈原是非常崇拜的。屈原是中国战国时代的一位伟大诗人，也是思想家、政治家。屈原的一生是个悲剧，他热爱楚国，热爱人民，他的正直和进步的主张得不到楚顷襄王的支持。他过了二十多年的流窜生活，在公元前278年，时年62岁，当他看到楚国的都城郢被秦国的大将白起攻破，楚顷襄王逃陈躲避的时候，对楚国的前途已经绝望，写了一首哀悼国都的诗（一说写《怀沙》），就在这年（楚顷襄王二十一年）五月初五跳汨罗江自杀了！他的一生得到全国人民的同情，后来每年五月初五全国人民都要吃粽子、划龙船，来纪念屈原。萧云从身处明末清初，对屈原一生的悲剧更有深厚的同情。对屈原的生平和伟大的诗篇都做过一番研究。在明朝灭亡以后，苦难的年月里，他经一年有余的精心制作，完成《离骚图》。这是继承宋代安徽画家李公麟的《九歌图》"出己意而扩充之的新图"。

　　李公麟字伯时，号龙眠山人，安徽桐城人。据张澂岊《画录广遗》记："李伯时博古善画，尤长于佛神人物。率不入色，而精微润澈，六法该畅。世谓王右丞后身。有《离骚九歌图》……传于世。"这是记载李公麟《九歌图》最早材料。所谓《离骚九歌图》是《离骚》中的《九歌图》，而不是《离骚图》与《九歌图》。李公麟的《九歌图》后人摹写不下百千，根据诸家考论，自庋藏源流，图中跋识，可确指为真品的有两种：一为绢本，一为纸本。纸本曾入宣和内府，后为赵兰坡所藏。图凡十一段，李公麟自书《九歌》全文，只描神鬼之象，而无景色。另一为绢本，则依《文选》所选六神：东皇太一、少司命、云中君、湘君、湘夫人、山鬼六段。有山水树石屋宇等景色。《九歌》原文为曹纬所书。此画人物间施浅绛色，笔法如春蚕吐丝，云行水流，初看似甚平易，细玩则六法兼备，而布景用笔，尤为古雅。

元代淮南人，张渥字叔原，号贞期。曾临摹李公麟的《九歌图》，自《东皇太一》至《国殇》，凡二十一人。贝琼《清江贝先生集》中《书九歌图后》云：

右《九歌图》，淮南张叔原所作，以赠番易周克复者。越二十年，而神气益新。其一冠服手板，见三素云中。二史左右掖之，而从以玉女。一举旌，一执箑。东皇太乙也。其次冠服如太乙，有牛首人身者，执大纛，飞扬晻暧，自空而降，旁一姬执杖者，云中君也。美而后饰，飘飘若惊鸿，欲翔而衔波相荡，石上江竹斑斑者，湘君也。其后风裳月珮，貌甚闲雅，俨乎若思者，湘夫人也。一叟髯而杖，左执卷，二从者，俱稚而异饰，大司命也。秀而丰上，冠服甚伟，执盖者猛士，拥剑者处子，一翁舒卷旁趋，少司命也。衷甲执弓矢，眦裂髯张，欲仰射者，东君也。一乘白鼋水中者，河伯也。山石如积铁，大松偃蹇，皮皆皴裂成鳞甲，一袒裸骑虎行者，山鬼也。甲而执刀者一，甲而执矛者一，先后出乱山林木间，惨无人色者，国殇也。叔原博学而多艺，尤工写人物，咸称李龙眠后一人而已。……是图凡二十一人，有贵而尊严者，有魁梧奇伟者，有枯槁憔悴者，有绰约如神仙者，有诡怪可怖者，有创而墨者，旁见侧出，各极其妙。……

这里可以看到张渥所画的《九歌图》中二十一人的形象。在这篇文章的后面，贝琼还写了一首歌：

紫宫太乙中煌煌，佐以五帝环其旁，道存无为乐且康。丰隆倐

229

忽周八荒，鬼牵大蠹蛟螭黄。上台司命中文昌，斟酌元气调阴阳，福我以德奂必殃。下招帝子隔清湘，苍梧九点山苍苍，跧鸟三足升扶桑。天门洞开夜已明，神人瞠目须髯张，长弓白羽射天狼。水仙胡为宅龙堂？九河既阻不可方，鼋鼍出没波汤汤。山中之人日日藏，天阴雨湿啼幽篁。兜鍪战土身尽创，魂魄欲归道路长，吹箫击鼓歌巫阳。酌以桂酒陈椒浆，神来不来何渺茫！

这首歌也可帮助我们了解《九歌图》的内容和表现技法。

查李公麟作的《九歌图》十四幅，实为长卷分作十四段。自东皇太一起，至山鬼止。作者以飞舞瑰丽的笔姿，取材《九歌》，加以想象力，用写实的表现手法画出。凡一龙一鹿一钟一鼓，辞之所存，图无不备。把神话的文艺作品，用线形绘影绘声，云雾氤氲，波涛汹涌，无不引人入胜。李公麟的这本《九歌图》是有人物有景界的。

张渥作，徐邦达临本《九歌图》。共十一幅。即《九歌》中九个主神，加《国殇》《礼魂》。作品中的神像，除驾云浮水外，体态容貌，颇富人间味。女像有唐美人丰腴之态，即山鬼亦近似人。东君稍威武，大司命、少司命、河伯，皆和蔼可亲。《礼魂》作屈原像，面容憔悴。郑振铎《楚辞图题解》，述张渥此图褚奂跋云："此图盖宋龙眠居士李公本，无怪乎有唐、宋风韵。"其实张渥画了好几卷，但都出自李公麟的画本。

自李公麟以后，以屈原《九歌》为题材作图的，除张渥外，尚有南宋马和之绘的《九歌图册》，元钱选《临龙眠九歌图》，元赵孟頫作《九歌书画册页》，明文徵明绘《湘君湘夫人图》，明董其昌绘《九歌图》，明陆谨绘《离骚九歌图》，明朱季宁绘《九歌图》，明仇英绘《离骚九歌图》，明周官临《李龙眠九歌图》，还有与萧云从同时的陈洪绶也画过《九歌图》及《屈子行吟图》等。

这些《九歌图》除陈洪绶所作，能越出李公麟的范畴，而自树一帜外，其余都是从李公麟的两个本子一脉相传下来的。

萧云从则不仅继承和发展李公麟的优秀传统，绘了《九歌图》，还第一次尝试作《天问》插图，合成一部《离骚图》。他是寄亡国之痛，悲愤感怀而作。他在《九歌自跋》中说："余老画师也，无能为矣。退而学诗，孰精《文选》。怪吾家昭明，黜陟《九歌》。取《离骚》读之，感古人之悲郁愤懑，不觉潸然泣下。……谢皋羽击竹如意，哭于西台，终吟《九歌》一阕；雪庵和尚，泛舟贵阳河，读《楚辞》毕，则投一纸于水中，号鸣不已。两人心湛狂疾，恋慕各有所归。……然而冥心潜虑，寄愁天上而幻出之。所谓思之思之，鬼神通之者，画师亦难言矣。"以这样的心情读《离骚》，绘《离骚图》，其精神是与屈原有相通之处的。郑振铎说得对："尺木为明遗民，故绘《离骚》以见志，仅署'甲子'，而不书'顺治'年号。"[1]

萧云从创作《离骚图》是从顺治元年甲申（1644年），朱由检吊死煤山以后开始的，而完成于顺治二年乙酉（1645年）秋天，他的学生张秀壁在《天问图跋》中说："余侍师侧，备较[2]录，计逾年而图始成，……而购者欲穿铁限矣。"萧云从自题《离骚序》，末署"乙酉中秋七日题于万石山之应远堂"。这时萧云从避居在高淳，正是国破家亡之际，写这些插图，感慨尤深。所以能超过前人的作品。

查《离骚》篇目有《离骚》《九歌》《天问》《九章》《远游》《卜居》《渔父》《九辩》《招魂》《大招》《香草》等，萧云从画的《离骚图》计《九歌》九图，《天问》五十四图，《三闾

---

[1] 见郑振铎：《劫中得书记》。

[2] "较"即"校"，明人避明熹宗朱由校名讳。

大夫》《卜居》《渔父》合一图。而目录凡例所称《离骚》《远游》诸图，因兵燹阙佚。仅有原文及章句小叙。《香草》一图，则自称有志未逮。故总共六十四图。每图后面各载原文，并加注解。这些注解重在阐明作图的意义。这些图都以人物为主，衬以怪兽、龙蛇、山川、云雾、花草、飞禽、楼阁、钟鼓、弓箭等，每一幅都表现出屈原作品的某一段内容。而构图和人物、鸟兽等形象刻画，也适当地表达这些内容。为《离骚》作插图，必须了解屈原的生平历史，对《离骚》有精深的研究；对古代中国的神话传说、古代的历史、服饰、器物等有多方面的知识；对人物、山水、花鸟、走兽等有高度的描绘技巧；更重要的，要有爱祖国、爱人民的思想感情，有丰富的想象力和创作力，才能描绘得好。萧云从正具备这些条件，又经过一年多的时间，集中精力，苦心经营，进行辛勤的技术劳动，才取得这样的成就。郑振铎称赞"其衣冠履杖，古朴典重，雅有六朝人画意，若黄钟大吕之音，非近人浅学者所能作也。"[1]这样的评价是不算过分的。

《九歌》名为九，而实为《东皇太一》《云中君》《湘君》《湘夫人》《大司命》《少司命》《东君》《河伯》《山鬼》《国殇》和《礼魂》十一篇。"九"是"纠"的意思，"纠"是多数的意思，而不是数目字。前十篇每一篇祭一个神，最后一篇是送神曲，都是楚国各地的民间祭歌，而经过屈原加工整理的。它们所祭祀的大都是与生产有关的自然神祇：如《东皇太一》是祭天神的，《东君》是祭日神的，《云中君》是祭云神的，《湘君》《湘夫人》《河伯》是祭水神的，《山鬼》是祭山神的，等等。《九歌》内容除爱国思想外，就是写男女相爱，男神与女神相爱，或扩大为

---

[1] 见郑振铎：《劫中得书记》。

人与神恋爱，反映出楚国人民对生产的热爱和幸福的追求。《国殇》一歌则反映出他们对于为国牺牲者的崇敬，是战斗者悲壮的挽歌。

萧云从的《九歌图》合《湘君》《湘夫人》为一图，《大司命》《少司命》为一图，他认为两"司命"相类，两"湘"相类，神同类，所祭的时间和地点也相同，歌辞可以合起来同时唱，所以这四篇合写两图，加上《东皇太一》《云中君》《东君》《河伯》《山鬼》《国殇》《礼魂》七图，共九图。也可能为了合成"九"字的意思吧。下面分别介绍几幅：

《东皇太一》（图19）：是祭天神的乐歌。东皇太一是楚人所祀五帝之一。他是五帝之首，乃天神之最尊贵的神。东皇谓其方，太一崇其位。其神为岁星，为战神。他在哪国，哪国就吉昌；他冲哪国，哪国就遭殃。传说在战争上，他起"所在国不可伐，而可以伐人"的作用。楚人祭他是为了借其神威以战胜秦国。但楚怀王不听屈原革新主张，受张仪之骗，终于为秦国所败。

通篇歌辞不见标目主神活动，这与其他各篇有明显的区别。歌辞在揭示"穆愉上皇"的主旨之后，接写巫之主祭者在祭坛上抚剑前进，镇席布芳，进肴蒸，奠桂酒。然后写坛下群巫姣服偃蹇，曼舞相侍。她们缓节安歌，在竽瑟中浩唱。

萧云从着重描绘东皇太

图19 萧云从 《东皇太一》

一身着帝服，手持宝剑，态度庄严肃穆。四位女巫中二人在镇席、布芳、进肴、奠酒，二人试吹竽、鼓瑟，动作都表示虔诚、严肃。"浩唱"不是独唱，而是集体歌唱。萧云从不写坛下群巫姣服偃蹇，合唱曼舞场面，而能使人想象大型歌舞即将开始。这种表现手法是可取的。

图20　萧云从《云中君》

《云中君》（图20）：这是祭祀云神的乐歌。云中君是云神。在劳动生产过程中一刻不能离的，除了阳光，就是雨水。云行雨施，祀云也就是祀雨；人们对云神的深厚情感是包含着极其现实的生活意义的。楚人祭祀时，由男巫扮云神。歌辞全是歌舞员所唱。通篇叙祭者沐浴以招云神，神的德泽与日月齐光，他承车奉驾，自天上送东皇太一以降临于楚国寿宫，在天空翱翔，游览四方。由于神降临为时短暂，又返回云中。于是祭者为之太息。萧云从描绘云神驾龙车，头偏向祭者；并将龙头也牵向祭者。而把龙身、龙车和云神的一部分隐在云中，以说明云神暂时降临，倏忽即去，游览四方，而象征云在天空飘荡，来去不定之意。云神和龙的形象刻画都富有感情。在画面的下方，萧云从写两祭者手捧祭品，相对跪于地上，头仰向云神，表现出无限虔诚的神态，深厚的感情；同时也有叹息忧伤的心情。

《东君》（图21）：东君是太阳神，本篇是祭太阳神的乐歌。

234

它表现人们对太阳神的崇拜和歌颂，歌颂其伟大无私。楚人祭祀时，由男巫扮太阳神。歌辞有扮神的男巫所唱，有歌舞员所唱。祭典隆重，场面热闹，但太阳神并未降临，仅在高空的俯瞰中表示愉悦之意。他之所以不能停留，是为了"撰高驼辔"，不息地运行，放射光和热，使人们持续不断地生存着。不但如此，他还为人们除去天上的狼。原文还描写了迎神的歌舞及人们欢欣的情形。

图21　萧云从《东君》

　　萧云从描绘东君双手捧日、俯瞰下方，驾龙车，车上的云旗飘扬。随行男女二神，男背弓，双手捧箭，为射天狼之用。女手执灵芝，象征东君永恒不灭。他更巧妙地画了五个鼓散在车轮下的云中，来说明车轮不断转动，发出巨响如雷声。它从东方吐出光明到渐渐升起，从丽影当空到西山坠落，始终运行不息，给人以光明的、伟大的、具有永久意义的美感。似乎还能听到太阳神在天上歌唱：

　　　　我穿着青云袍子白霓裳，
　　　　手挽长箭射杀了恶星——天狼。
　　　　我又拿着雕弓往西降，
　　　　举起北斗作酒杯来酌桂浆。
　　　　我抓紧辔头向高空驰翔，

暗暗地又跑向东方。

萧云从不描写巫女歌唱、舞蹈场面，而侧重绘出弹大琴、击大鼓、吹大笙、鸣大篪、叩钟、摇动钟架柱等的情景，而这些祭祀的情景，也是歌舞员的唱辞。在画面右下方的一位灵巫，可能是主祭者，他负责指挥乐队。这些灵巫也都在云中，他们跟着东君运行，对太阳的礼赞，使整个画面也有运行不息的感觉。

《山鬼》（图22）：这篇是祭祀山鬼的诗歌。山鬼就是山神，因为不是正神，所以称它为鬼。山鬼虽是一种通称，但篇中所描绘的则是一位女神失恋的悲哀情景，作品本身又说明了它并非泛指。楚国境内的名山很多，这里的山是指于山，于山就是巫山，所以篇中所写的女神就是

图22　萧云从《山鬼》

楚国民间神话传说中的巫山神女。楚人祭祀时，大概是由女巫扮山鬼，而由男巫迎神，互相酬答着歌唱并舞蹈。所以歌辞是一对男女的对话，而有人神恋爱的意味。

萧云从绘这篇插图，不描写山鬼住在巫山竹林深处的情景，而重在刻画山鬼的性情温和，姿容秀丽，身被薜荔衣裳，系着女萝带子，眼似秋波含情，而又嫣然浅笑的美女形象。她驾着赤豹拉辛夷做的车子，文狸在旁边推，石兰做车盖，杜衡做飘带；她一手拿桂枝旗，飘扬天空，一手执香花，打算送给她的爱人。萧云从画了雷公和猿猴，使人们可以想象演唱到最后一段，雷填填、雨冥冥、天昏昏、猿啾啾、风飒飒、木萧萧的凄凉景象，以衬托山鬼思念情哥忧伤的气氛。

《国殇》（图23）：这篇是楚人祭祀以大将军屈匄为代表的于

236

图23 萧云从《国殇》

丹阳之战为国牺牲的战士的乐歌。古代把男年未满二十岁、女年未满十五岁而死的叫作殇。引而申之，凡是死在战场的青年、壮年，当然都可称殇。他们都是为国牺牲，国家是他们的祭主，所以称作国殇。这篇反映出楚国人民为国牺牲的精神，及其作战的英勇；也反映出楚国人民对于国殇的崇高敬意。

屈原写这篇祭歌，描写战争的场面从敌胜我败着笔，这是具有极其现实的客观历史意义的。楚国在怀王后期，就和秦国发生几次战争，都是秦胜而楚败。楚国人民为了保卫国家，所付出的牺牲代价是非常惨重的。所以当怀王受秦欺、被秦俘，死在秦国之后，强烈的复仇情绪，在民间就出现了"楚虽三户，亡秦必楚"的坚决口号。

因而在祭神时不但最后一篇列入阵亡将士，而且用极其沉痛的心情，历史地描绘战争实况，以示不忘，而资激发。这里可以看出屈原爱国情感与人民血肉相连之处。

萧云从对这篇体会最深，他的爱国情感与屈原是一脉相承的。他画这幅《国殇》插图有其独创性的。他塑造了英勇不屈的战士形象，身体魁梧，气宇轩昂，手里拿着秦弓和长剑，身披犀牛皮的铠甲，与敌人奋勇作战，虽然敌强我弱，敌兵冲破了我们的阵地，践踏了我们的戎行，车上四匹马，左边的骖马阵亡，右边的又负了刀伤。在这种情况下，原文是"埋了两车轮，不解马头缰"，萧云从却画出中间夹车辕的两匹服马[1]，仍在拉着战车前进。车上的旌旗仍

---

[1] 周时驾车，用马四匹，在中间夹车辕的两匹叫作"服"，两旁的两匹叫作"骖"。

在空中飘扬，以示与敌人顽抗到底，而与"诚既勇兮又以武，终刚强兮不可凌。身既死兮神以灵，魂魄毅兮为鬼雄"的精神相合。他歌颂了在卫国战争中英雄们的崇高品质，坚强斗志。人们看了这幅画对国耻的洗雪寄予无穷希望，它体现了当时广大人民反清复明的敌忾心情。

关于萧云从的《九歌图》就简单介绍这五幅。

《九歌》自顾恺之、李公麟以来，作插图的很多，但萧云从所作与众不同。罗振常说："余所见《离骚图》，绘者有李龙眠、陈章侯、萧尺木三家，李、陈均图《九歌》，萧则兼及《天问》。论其笔意，则龙眠高古，章侯奇诡，尺木谨严，同绘一图，而落墨不同，为状各异。其不肯苟且沿袭，而能自用其心思，以各臻妙境如此，古人所为不可及也。"[1]如以萧云从的《离骚图》与陈洪绶的《九歌图》相比较，则陈洪绶为单独表现所歌的主神，稍涉谲诡，是其所短。而萧云从则繁及巫觋从者，仪仗背影，用力真实，考据精慎，特有独到。考其笔意，陈则简古、俊美，萧则精细斟酌。至于萧云从的《天问》五十四图，功力尤为深密，设想实为繁茂。索考之精，仍在其为《九歌》所作图之上。且完全自出心裁，他之前没有第二个方家画过这类插图，这就难能可贵了。

《天问》是屈原在《九歌》以后的一首长诗，全篇共三百七十四句（脱简的不算），一千五百五十三个字，从头到尾，一口气提出一百七十多个问题。这些问题：有的是关于自然界的，如天地的开辟、天体的构造、日月的晦明、地上的布置等；有的是关于神话的，如女岐九子、羲和扬光，以及石林、雄虺、灵蛇、黄熊等；有的是关于历史的，如尧、舜、鲧、禹、桀、纣，以及齐

---

[1] 见罗振常：《九歌图及屈子行吟图序》。

桓、晋文诸人的事迹，治乱兴衰的缘故，等等。"天问"二字的意思，王逸以来的《楚辞》注家都解作问天，游国恩同志认为不大正确，他说："《天问》就是天的问题。"我同意这个意见。因为屈原问的事物，有的属于天象的范围，有的属于天道的范围。在古代人们认为天统治万物，一切天文、地理、人事的纷然杂陈、变化莫测的现象，都可以统摄于天象、天道之中，屈原把这些问题简称"天问"，故不应解作问天。这篇相传屈原被放逐之后，看到楚国的先王庙宇及公卿祠堂内的壁画，而题在壁上的。这完全是揣测之辞。因为第一，屈原具有对自然和历史的怀疑精神，提出这么多的问题是前无古人的；第二，任何大的庙宇祠堂，不可能有这么多的壁画；第三，当时不可能有这样的画家能画出如此丰富多彩的壁画，尤其是天地未辟，人类未生以前的无形无象的壁画。所以，

《天问》是屈原放逐，忧心愁悴时，把平时所积累的自然、历史和神话传说几方面的知识，采取问难的方式，而写出的一首奇诡的长诗。

这篇奇文，词句难懂。不消说，萧云从对它做过一番研究，才创作出这部插图的。他根据原文制图，有的是一个问题作一幅，有的是两个问题合作一幅，有的是几个问题共作一幅，所以一百七十多个问题只作了五十四幅。在这些作品中，除人物画外，还有龙蛇、怪兽、奇花、异鸟等，内容丰富多采，构图形式多样，没有一幅雷同的。下面介绍几幅：

"女岐无合夫，焉取九子？"（图24）：这是问女岐没有相亲相爱的丈夫，为什么会生了九个儿子？萧云从刻画了温柔、贤惠、健康、美丽的女岐形象。她左手抱了最小的儿子，右

图24 萧云从 《女岐九子》

239

手抚摸着一个儿子的头，他以右手牵着妈妈的衣裳，表现出母子相爱之情。另五个孩子紧紧地站在女岐的身旁，一个在后面，好像聆听着什么，四个的视线都集中在两个弟弟的身上。这两个弟弟的动作很有趣，一个以右手招呼最小的弟弟，我们虽然看不到他的面部表情，但从他举起的右手动作，可知他在逗小弟弟发笑。在他的背后，一个弟弟举起拳头，准备打他一下。母亲和小弟弟也都在看着他俩天真的动作表情。这些孩子虽然没有父亲，但他们在母亲的教养下，仍然过着活泼愉快的幸福生活。他们都爱母亲，兄弟之间也相亲相爱。这幅画重在说明这些问题。至于女岐有无丈夫让读者去考虑吧。

"灵蛇吞象，厥大如何？"（图25）：在《山海经》上有一种传说，南方有巴蛇，长八百尺，吃象，三年才吐出骨头。屈原问："大蛇能把大象囫囵吞下，它究竟有多大？"在当时秦国与楚国作战，都是秦胜楚败。秦国要想灭楚，屈原是热爱楚国的，他认为秦国再强悍也不能把伟大的楚国灭掉。屈原对大蛇吞象发问，实有这种含义。萧云从画这幅插图时，正是清兵占据芜湖，他逃难到抗清据点的高淳，满怀反清复明的决心，在他心目中清朝是不能把明朝亡掉的。这种爱国主义精神与屈原是相通的。所以他画了一条长蛇，蛇身似乎包围着象，蛇嘴咬着象的屁股的一边，而象稳定地站着。使人们一看便知

图25　萧云从　《灵蛇吞象》

这条大蛇是吞不下这个象的。这样处理是与屈原的诗意相一致的。

"羿焉彃日？乌焉解羽？"（图26）：屈原问后羿怎能射着太阳呢？太阳里金乌怎能被羿射死而脱落了羽毛呢？原来古代神话传说，尧时天上有十个太阳，每个太阳里有一只乌鸦。十个太阳轮流运行。可是后来，忽然十个太阳都出现天空，造成旱灾。帝尧使后羿射中九个太阳，把九个太阳里的乌鸦都被射死，连羽毛掉了下来，最后只有一个

图26　萧云从　《彈乌解羽》

太阳在天空运行（见《山海经》《淮南子》等书）。萧云从根据这个传说，描绘干旱情景，山地、平原都不生一根草，树木都枯萎而死。后羿就在这种干旱的情况下正挽弓对天空瞄准，准备放矢。在地面上画三只乌鸦被箭穿而死。羿的腰间箭囊中尚有四支箭待发。人们看了这幅画不免要问，既然有九个太阳要射，为什么在画面只有八支箭呢？怎么少画一支箭呢？考其原意是这一箭已射出，由于地面与天空太阳的距离很远，从发箭到射中乌鸦落地需要一定的时间，这一箭正在空中运行。这里可以看出画家创作这幅画确实非常精细的。至于后羿的身体魁梧，射箭的神态，栩栩如生。服饰纹样，也丝毫不苟，这些也都是他创作精细之处。

"舜服厥弟，终焉为害，何肆犬体，而此身不危败"（图27）：这四句郭沫若同志译为："虞舜顺从他的兄弟，但是象终于

图27 萧云从 《舜害不危》

傲慢不驯，何以那样猪狗一般的坏人，反而保全着性命？"

关于舜与象的故事，是舜弟名象，象为人很坏，他想奸淫他的嫂子，要谋害他的哥哥，可是舜没有杀象。屈原对这样的事情发问。萧云从根据这个故事作画，他刻画了象的凶恶形象，一手拿火炬，一手执刀剑，准备杀人放火。另画两个后妃，后名娥皇，妃名女英，都是尧的女儿，美貌而贤惠，她俩都在劝告象不可这样胡作非为。她俩与象之间只隔着一个六角的盆子，上面放着一块石头，这表明是在舜的庭院中，也以此作为阻挡象为非作恶的障碍。从他们的动作上可知已围绕这个盆子搏斗过几圈，但终于被娥皇、女英制止了象的罪恶活动。象的面孔凶狠地看着娥皇、女英，但他的脚步已在娥皇的手势制止下，止步不前了。

萧云从的《离骚图》就介绍到这里。他这部伟大创作，既成以后，就于顺治二年（1645年）刻版刊行，当时咸推其工妙。

到了乾隆四十七年（1782年），高宗命内廷诸臣门应兆（一作诏）等补绘萧云从《离骚图》，为《离骚》三十二图，《九章》九图，《远游》五图，《九辩》九图，《招魂》十三图，《大招》七图，《香草》十六图，计九十一图。合萧氏原作六十四图，共一百五十五图。名《钦定补绘萧云从离骚全图》。至此《楚辞》始有全部的插图本了。

总之，萧云从的艺术成就是多方面的，他是诗人，是山水画家，也是人物画家。他的山水画多有题跋，这些题跋和他那俊秀的书法与画结合，充分表现了"诗中有画，画中有诗"的境界。他虽然受当时崇尚临摹仿古的影响，但能融化宋元诸家笔墨、丘壑在一起，又认真观察大自然，作必要的写生，既师造化，又师古人，这样来描绘祖国的大好河山，反映现实生活，形成自己的独特风格。特别是长卷山水画中的丘壑布置，千变万化，层出不穷，使人"观之不厌意弗舍"。至于岩石树木的表现，正如萧云从自己所说："以黄公望瘦树山石为之纵横，润以马远泼墨之法"，而能"随意成卷丈余"。的确，萧云从对古人的画法下过很大功夫，又有写生技巧，故绘出的岩石浑厚坚实，林木穿插有致。不论水墨或着色，皴擦渲染都苍劲秀润而多变化，呈现出空间的深度。点景的人物生动自然，屋宇、舟车、驮马等也都安排得灵活有生气。他的人物画继承和发展了李公麟的白描技法，其代表作《离骚图》不但人物造型准确，神态动人，即点缀的景物也认真描绘，赋以生命，增加人物画的内容。这些表现技法和他的现实主义精神是我们应该学习并加以发扬的。

萧云从既非清代官员，又不是宫廷御用画家，他对当时的官僚是深恶痛绝的，作为明代遗民，当清代统治初年，他抱节守志，不但自己不肯臣事新朝，也不愿与那些奴颜婢膝，以求显贵的官僚往还。这种志行在当时有一定的进步性的。他志行既高，蕴蓄又富，所以他的画不守绳墨，气势磅礴，精致入微。其山水画中出现的人物多为士农工贾。至于《离骚图》更足以说明他的志行了。

自董其昌等分南北二宗以后，画坛受其影响很深，各自分派，互相攻击。正如王石谷所说："犟自龆时搦管，仡仡穷年，为世俗流派拘牵，无繇自拔。大抵右云间者，深诋浙派；祖娄东者，辄诋吴门。"[1]萧云从的作品内容和风格，都不与吴门、虞山、娄东、浙派等相同。他一生从事诗画创作，并团结当时的画家，他们共同研究，相互提高。这对继承和发展民族绘画传统，繁荣创作是有益的。他们不像当时江苏、浙江画派的画家们那样相互吹捧，或相互讥诋。这种风度是值得敬佩的。

三 给后世的影响

萧云从用了毕生的精力，经历几十年的诗画创作实践，他的诗虽然遗留不多，但在几十首作品中也能看出他直接、间接地反映了当时的现实；他灵活运用古人的技法，创作了许多反映祖国河山面貌的山水画；他的人物画《离骚图》以古喻今，发展了李公麟的白描人物技法。当时学他画的人很多，形成"姑孰画派"，而萧云从则被称为"姑孰派"始祖。

给清代画家的影响

明末清初芜湖画家很多，直接学萧云从的画家有他的弟弟云倩，他的儿子一旸，侄子一荐、一箕，犹子一芸。

萧云倩字小曼，年少俊才，崇祯丙子举人。诗文、山水都与云从相似。有"二陆"[2]之誉。

萧一旸字梦旭，云从子。工画，酷似其父。诗亦佳，其题画云："野菊花全谢，霜林叶半残。茅堂人独座，未作布袍寒。曳杖来何处？孤亭在翠微。一条黄叶路，带得白云归。村雪已迷路，推窗对古梅。今年春信早，树杪一枝开。"方兆曾称其高尚绝俗，不

---

[1] 见王石谷：《清晖画跋》。
[2] 二陆是指西晋文学家陆机与弟陆云的并称。

坠家法。

萧一芸字阁友，云从犹子，工画。一荐字盥升，一其字位歆，云从侄，皆善山水，不失家法。他们三人并称"三萧"。

在这些"姑孰派"画家中，萧一芸"参以唐、沈技法，用笔清逸"[1]。他又游历了衡湘和江苏、安徽等地名山大川，写生过许多真山真水，自己天资又高，环境又好，所以成就最大。萧云从晚年有些应酬作品是一芸代笔的。萧云从说他自己因为生活不安定，齿落眼蒙，"遂握笔艰涩，间有索者则假手犹子一芸。芸年才廿余，即游雪苕，溯湘衡，以画著声。复归余，益加精励，而门已铁限矣"[2]。萧一芸算是能推陈出新自成面貌的画家。

除了萧家这些画家外，当时芜湖画家尚有：

陈延字遐伯，潜山人，迁芜湖。幼而多慧，见技之善者，即为模仿。折右手，书画用左腕。尤精篆刻，著《孤竹斋集》。与萧云从称"画苑二妙"。

孙逸字无逸，号疏林。海阳人，流寓芜湖。山水兼法南北宗各家，人以为文徵明后身。歙令靳某所雕《歙山二十四图》是其笔也。前与查士标、汪之瑞、释渐江称"四大家"，后与萧云从并称"孙萧"，又有"江左二家"之称。

韩铸字冶人，休宁人，居芜湖。善山水，初师子久，笔颇苍洁。晚任意泼墨，自成一格。曾为汤岩夫写《袁公听琴图》甚工。他的住处与萧云从一样，有古梅。子名之汶，字非隐，亦能画。冶人有些作品是之汶代笔的。

孙据德，芜湖人，善画山水。笔墨不让萧云从。"少与其友某客扬州，友以事系狱，据德谋脱其罪，无资，悬所画于市卖之。数

---

[1]　见《画名家录》。
[2]　萧云从《青山高隐图卷·题跋》。

日不售，忿甚，裂而焚之，有识者于烈焰中攫其一幅，委金而去，据德追还之。乃归芜湖，尽弃其产，得千金，卒出友于狱。遂焚笔砚，终身不复画。"[1]

方兆曾字沂梦，号省斋，先世歙人，寓芜湖。少为萧云从所称赏。工画，尝自题云："几时不作画，握管如握棘。舒此尺余茧，往往穷日力。"又云："昔者方壶翁，笔墨有余乐。至今三百年，后起殊落落。"这可见他精能自负了。所著有《古今四略》四卷，诗三卷，在芜湖萧璟家，未刊行。

释海涛善山水。萧云从尝赠以诗，有"砚添江水无多勺，瓢挂荒祠便是庵"之句。

潘士球字天玉，芜湖人，善山水。

王履瑞字元律，芜湖人。学萧云从的人物画，为当时有名的人物画家。

萧云从与渐江的关系：渐江在芜湖城里和宣城湾沚住过多年，与萧云从、汤燕生往还甚密。萧云从比渐江大十四岁，他们的画风有相似之处，这无疑是萧云从的艺术影响渐江。渐江在四十八岁客居南京时，为胡致果作《十竹斋图》，画上有曹寅题诗并跋："逸气云林逊作家，老来闲手种梅花。吉光片羽休轻觑，曾敌梁园玉画叉。渐师学画于尺木，而品致迥出其上……"我们再看渐江的《黄山图册》，后面萧云从的题跋（图28、图29），也可知他们的关系。其跋云：

山水之游，似有前缘。余尝东登泰岱，南渡钱塘，而邻界黄海，遂未得一到。今老惫矣，扶筇难陟，惟喜听人说斯奇耳。渐公

---

[1] 见黄钺《画友录》。

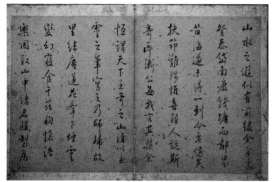

图28　渐江《黄山图册》萧云从题跋之一　　　　图29　渐江《黄山图册》萧云从题跋之二

每（为）我言其概。余恒谓天下至奇之山，须以至灵之笔写之。乃师归故里，结庵莲花峰下，烟云变幻，寝食于兹，胸怀浩乐。因取山中诸名胜，制为小册。层峦怪石，老树虬松，流水澄潭，丹岩巨壑，靡一不备。天都异境，不必身历其间，已宛然在目矣。诚画中之三昧哉！余老画师也，绘事不让前哲，及睹斯图，令我敛手。钟山梅下七十老人萧云从题于无闷斋。

在这跋里"渐公每（为）我言其概"，可见他们交往密切。"余恒谓天下至奇之山，须以至灵之笔写之"。可知萧云从经常对渐江说，要以至灵之笔写至奇之山，怎样才能有"至灵之笔"呢？那就要深入生活，仔细观察。渐江照萧云从的意见去做，从芜湖回歙县，再登黄山，"结庵莲花峰下，烟云变幻，寝食于兹，胸怀浩乐"。这样才创作出这部《黄山图册》，"层峦怪石，老树虬松，流水澄潭，丹岩巨壑，靡一不备"。最后四句，自称老画师，绘事不让前哲，但看了《黄山图册》，谦虚地说"令我缩手不能再画了"。这些都是老师的语气。总之，萧云从这篇题跋与程邃、唐允甲、查士标、杨自发、饶璟、汪家珍等人的题跋语气不一样。正是因为他们与渐江的关系是朋友，而不是师生。

萧云从与渐江的艺术观点和创作方法相同，他们都是明代遗民，爱国思想和反清复明的政治态度也都一致。他们都以倪、黄为师，结合运用古人的传统技法写当时的祖国河山，而能自成面貌。萧云从在渐江之先，并将取得的经验传之渐江，《黄山图册》就是很好的说明。不但如此，我们现在看到的渐江作品，以庚子后为多为好。也就是渐江五十一岁以后的作品质量提高了。这固然是由于他的生活实践和创作实践的结果，但也是与萧云从的指导和帮助分不开的。

萧云从爱种梅花，爱画梅花，渐江出家后，也爱梅，自称"梅花古衲"。这种爱好，他们也是相同的。他们合作过《墨梅图轴》赠给珍厂上人。渐江为汤元翼画的《梅花图轴》，萧云从在上面题诗：

移棹西寻湖上隈，春花独上越王台。海天如遇山中客，风雪惟存画里梅。

梦转三更空自语，心伤一折待谁来？岁寒岂复关人意，且对南枝卧草莱。

萧云从题这幅画时，渐江已示寂于五明寺。这首诗表达了萧云从哀念渐江的心情是多么深切。

这些也都说明他们的关系密切。因此萧云从的艺术影响渐江，有师承关系是可以相信的。

渐江俗姓江，其祖先为齐梁后裔，其江为萧江，萧江本姓萧，至唐有名桢者，才改姓江，渡江居歙县黄墩，其子孙即世居其地。渐江可能与萧云从叙过家谱，他们原是一家。这样，渐江跟萧云从学画，是传家学，他们的爱好和画风相同就更自然了。

以后，清代画家中学萧云从的人很多，一般青年学山水的多先临摹他的《太平山水图》，学人物的则从临摹他的《离骚图》入手。因为这两部画册顺治年间都有刻本，便于流传。关于从清初到民国，学萧云从的画家略举三人：

黄钺字左田，当涂人。乾隆庚戌进士，官户部尚书。山水得萧云从余韵，层峦叠嶂，不使人一览而尽。善书，工诗文。他对萧云从的一生和诗画做了深入细致的研究，辑《萧汤二老遗诗合编》，著《画友录》。在《画友录》中，第一个画友就是萧云从，以后就分别记录"姑孰派"各画家。黄钺花了很长一段时间学习了萧云从的山水画和诗文，取得一定成绩以后，进行创作。在创作实践中，他继承和发展了萧云从的技法。晚年又本萧云从吸取诸家之长，自成一格的精神，学习王原祁、王石谷的画法，笔趋苍厚。所作青绿山水和水墨山水都各有特色。他兼善花卉，尤长画梅。在"姑孰派"中是一位能推陈出新、自成面貌的画家。

施长春字淡吟，小字曼郎，芜湖诸生。善画山水，工诗，著《淡吟诗草》。早卒。其友秦涧泉索诗以吊："江南才子泪如丝，来说琼林损一枝。金谷未窥潘岳貌，秋坟已唱鲍家诗。梅花爱好春风去，黄卷无灵白骨知。惆怅山松歌薤露，不同欢笑只同悲。"施长春诗、画流传很少。

施道光字杲亭，长春侄孙，乾隆戊子举人。少孤贫力学，工诗。其《还家》云："北风吹雨雪，游子返故土。入门四壁立，日中尚悬釜。可怜堂上人，白发已如许。仓皇闻儿来，喜极转悲楚。不说饥寒情，但劳风霜苦。长跪向高堂，欲说半吞吐。恐伤慈母心，低头泪如雨。"有《海桐书屋诗集》若干卷。三十后始学画，笔颇超脱，惜未竟所业，年逾四十卒。所存《戊戌登高合图》，数笔而已。

帮汤天池创造铁画

萧云从帮助汤天池创造铁画，这是他的特殊贡献。

汤天池名鹏，芜湖锻工，住萧家巷，与萧云从为邻。他一有空就到萧家看画。萧云从见他很聪明，手艺也很好，一天问他："你是铁工，常来看画何益？"汤答："我要学画。"萧云从说："你能画吗？"汤坚决说："能，请给我一张画稿试试。"萧云从画了一幅兰草[1]给他，他照样画了一张请萧云从看，萧笑着说："你画的兰草叶子都是直条条、硬邦邦的，像铁打的一样，还是回去打铁吧。"汤天池从这几句话中得到启发，他想："我的画像铁打的一样，我用铁打画不好吗？"乃锻铁作兰草。他觉得用铁打画，比用笔作画要容易些，于是将打成的《铁兰》送给萧云从看。萧一见甚惊喜，对汤说："你锻铁成画，比用笔作画要好得多，以后就用铁打画吧。"萧云从画了一套梅、兰、竹、菊给他，并教他多观察真花草打画。汤天池确实是聪明、熟练的锻工，他照画稿锻铁作花、叶，然后按照物体的真实情况和笔墨的浓淡，分前后左右焊接，看上去颇有立体感。于是铁画乃成。从此，汤天池便以打铁画为业。萧云从则经常予以帮助。

后来，他们一直合作，表现的对象日多，铁画的技巧日进。不但用铁打花卉，还"锻铁作山水、人物以及虫鱼、鸟兽，作为屏对堂幅，均极其妙"。[2]汤天池取得这样的成就，成为全国知名的铁画家，如果没有萧云从的启发、帮助、合作是不可能的。现在我们看汤天池的铁画，无论花卉、山水、人物及虫鱼、鸟兽等，其构图和风格都与萧云从的画相似，因为这些铁画都是根据萧云从的画稿制

---

[1] 汤燕生有题《萧尺木画兰》诗："冒雪停霜韵早含，惊香悼色散余酣。燕妃梦里芬如积，蜀客琴中思未堪。念欲操壶临水岸，誓将毕赏就烟岚。高情散朗传疏叶，逸事犹夸郑所南。"以证萧云从亦精画兰。

[2] 见《芜湖县志》。

成的。当然，后来汤天池也能创稿制铁画。今天芜湖铁画家储炎庆继承和发展汤天池的铁画，已驰誉中外，人民大会堂中的铁画《迎客松》就是他照画家王石岑画稿制成的代表作之一。

给日本的影响

萧云从的艺术不仅影响我国，而且给予日本以较大的影响。他的《太平山水图》顺治五年戊子（1648年）刻本，和《离骚图》顺治二年乙酉（1645年）刻本，先后流传到日本，在日本美术界起了一定的作用。

日本十八世纪画家祇园南海藏有萧云从《太平山水图》，他自己认真学习过这部画册，收获很大，并教柳里恭、池大雅临摹。白井华阳写《祇园南海传》云：

祇园南海纪伊人，仕本藩，才调无双，声闻四方，又善丹青。柳里恭、池大雅并就问画法，南海出旧储清《萧尺木画谱》，嘱仿其格也。

池大雅从祇园南海那里得到这部《太平山水图》，刻意临摹，不但仿其丘壑和描绘技法，连萧云从的题字也加意模仿，进步很快。白井华阳又在《池大雅传》中写道：

池大雅初学伊孚九山水，后从柳里恭模其秘迹。相传贷成（即池大雅——笔者）病其画不进，质之祇园南海。南海出旧储清《萧尺木画谱》，因谓贷成曰："子学画当学文人学士画。"乃以画谱与贷成。贷成大喜，出入不释手，遂得其风趣，于是其技大进。书亦仿佛萧氏。

再据梅泉的注释：

小田海仙语余曰："尝于蒹葭堂亲观大雅所学萧尺木《太平三山图》，有萧氏自跋。大雅书体亦颇相似，南海所贻者岂谓是乎？"余得此说释然。

1722年，日本南宗文人画开始勃兴，这时祇园南海四十六岁。池大雅在1750年拜访南海，南海以萧云从的《太平山水图》赠给这位年方二十八岁的池大雅，并教以学习方法。池大雅刻意临摹，日有进步。这不仅改变了日本画的面貌，还奠定了日本南宗文人画的基础。秋山光夫说："祇园南海是日本南宗文人画的开拓者，池大雅则是日本南宗文人画的完成者。"又说："萧尺木艺术的影响，在我国绘画发达史上有很深的意义，这是谁都应该承认的。而南海以《萧尺木画谱》给大雅这件事，在我国艺苑已成为脍炙人口的佳话了。"[1]我们看池大雅所作《余杭胜幽图》《白云红树图》和《十便图》[2]不仅构图、用墨、运笔等模仿萧云从，就是题款的字体也都与萧云从相似。秋山光夫说得好："萧云从的绘画不独影响南海和大雅，而且对以后日本的绘画也有重大的意义。"

萧云从这部《太平山水图》后归大阪木村蒹葭堂收藏。其友人鼎春岳制作了精致的摹本。在日本文化（"文化"是日本年号）六年、七年间，海屋生苞来大阪，与蒹葭堂、鼎春岳、滨田杏堂、户田黄山、清濑白山、森川竹窗等文人墨客交游，结翰墨缘，叹赏春岳临摹的《太平山水画帖》。后来这些人都相继逝世，这个摹本在大阪天满鼎家珍藏甚密，未被大盐平八郎之乱烧毁。弘化二年乙巳

---

[1]　见秋山光夫《萧尺木与秋山行旅图卷》。
[2]　这三幅画都载《世界美术全集》第二十五卷。

（1785年）秋，春岳的儿子金城携此摹本来京都访海屋生苞，请为跋语。海屋追忆三十五六年前往事，写了两篇题跋，赞"帖之精致巧妙，览者莫不叹赏"，而敬慕萧云从之情更洋溢纸上。

萧云从的《太平山水图》，日本翻印后，又叫《太平三山图》。由于广泛地被日本人临摹，所以它们也被称为《萧尺木画谱》《太平山水画帖》等。

再说，萧云从的《秋山行旅图卷》散佚到日本，为东京帝室博物馆所藏。审美书院把这幅高八寸二分五厘，长一丈八尺纸本小青绿山水，照原尺寸大小复制发行。从此，萧云从的山水画在日本流传更广，学习的人更多，使日本的南画发展得更快了。

萧云从的《离骚图》，日本泷川君山藏有一部。大正十三年，日本美术史家大村西崖把它收入《图本丛书》中刊行。泷川君山在跋文中写道：

> 清高宗得萧尺木《离骚图》，命侍臣补绘重刻。又题其《山水图卷》云："四库呈览《离骚图》，始识云从其人也。……览观长卷四丈余，观之不厌意不舍。"我邦祇园南海所得其《太平三山图》称为士大夫画，传诸池霞樵（即池大雅——笔者），霞樵因悟六法，南宗之画于是盛行。尺木绘事之妙可知也。《离骚图》原本刊于顺治乙酉，而流传綦少，归堂大村君博古能画，闻余家藏一本，请影刻以弘其传，予喜诺焉。……呜呼！一野老耳，而遗迹为王所宝重。异邦之人亦欣赏私淑，岂非以忠之气流露笔墨间欤。则知是书之可尚不独绘事也。

这里又进一步说明日本画家对萧云从的研究、学习，不遗余力。《离骚图》出版以后，给予日本人物画以较大的影响，这也是日本美术界所公认的。

253

四 小结

萧云从的一生正当明末清初七十八年间，他在明代就"避世不仕"，到了清代，更不与清朝统治者合作。他参加"复社"，企图挽救明朝危亡，而与阮大铖等展开激烈的斗争，虽然失败了，但反清复明的思想始终是坚定不移的。这种爱国思想和具有民族气节的精神，在当时是有进步意义的。

他在少年读书时，即"笃志绘事，寒暑不废"，早年就临摹唐寅的《鹤林玉露册》，所以人们都称颂他幼年岐嶷；以后又认真学习唐、宋、元、明各家传统技法，东登泰山，南渡钱塘，漫游长江两岸，向大自然学习。他一生创作了许多山水画，在这些山水画中长卷尤为出色，其构图、运笔、用墨、设色都能推陈出新。他的《太平山水图》四十三幅，用古人的技法写家乡所熟悉的风景，无一雷同。他的人物画则继承李公麟的白描法，创作《离骚图》六十四幅。这些作品在一定程度上反映了时代的面貌和人民的愿望。他这种既师古人，又师造化，继承和发展古人的传统技法创作山水画和人物画，形成自己的独特风格，在当时崇尚临摹仿古的风气下，这种创新的精神是可贵的。

萧云从的诗文集《梅花堂遗稿》已散失，在现存的几十首诗中，可见其悲愤填膺、怀念故国的沉痛心情，感人深切。其中也有记述反抗民族压迫的事件，歌颂抗清殉国的英雄。其题画诗则形象生动，以俊秀的书法与画结合，三者互相补充，使主题更突出，内容更丰富。

萧云从的艺术成就是多方面的。他给当时和后世的影响较大。由于《太平山水图》和《离骚图》都在清初刻版刊行，流传更广。不仅我国画家临摹学习，日本画家尤刻意模仿而影响日本画的面貌。其最早学习萧云从绘画的祇园南海和池大雅，则被称为日本南宗文人画的开拓者和完成者。

萧云从帮助汤天池创造铁画，树立了画家与工人合作的典范。在封建社会中他有这种思想感情和实际行动，值得我们敬佩和学习的。新中国成立后，芜湖铁画在党的领导和关怀下，重新设厂生产，很需要像萧云从这样的画家与他们合作，以便更好地继承和发展汤天池的传统技术，使这朵铁花开得更美丽多姿。

今天，我们接受民族绘画遗产，应本着"取其精华，去其糟粕"的精神，来学习、继承和发展古人的绘画传统。萧云从是古典现实主义画家，我们应该向他学习；也要像他一样地师古人、师造化，形成自己的风格，以反映祖国社会主义革命和建设的精神面貌，更好地创作为工农兵所喜爱的作品，以满足他们的精神生活，进一步发展民族绘画。这是研究古代画家的共同目的。但由于我的水平限制，这里所介绍的可能是片面的，或者是错误的，敬希读者不吝教正！

校订说明：本次整理校订王石城先生此著，文字录入工作由朱寅完成，王永林负责全文校订。为保持原著面貌和阅读方便，本次校订处未再加注释，特此说明。（2023年6月6日）

编后记

王永林

  编辑《萧云从研究文丛》是萧云从研究会一项重要工作内容，2021年4月第一辑出版后，反响颇佳，得到学术界与社会各方面的肯定，因此，我们便又积极地投入到第二辑的编辑工作中。

  今年适逢萧云从逝世三百五十周年纪念，故本辑的编辑出版亦是对乡贤前辈献上的一份敬意也。

  本辑分三个部分：第一部分为"大家名论"，以国内当代书画史论艺评大家研究萧云从的文论为内容；第二部分为"近论新研"，以2020年至今这三年多来芜湖本土萧云从研究成果（即第一辑出版后的研究成果）为主要内容；第三部分则或可称为"经典钩沉"，以前人研究萧云从的成果为史料基础进行整理研究。全辑共收入10篇文论、3篇史料和1部专著。

  第一部分的"大家名论"，我们选取了安徽美术史评耆宿郭因作品《我看萧云从——在芜湖市"纪念萧云从诞生410周年学术讨论会"上的讲话》与江苏著名书画鉴定家萧平先生《萧云从与新安画派》一文。

  第二部分展现的则是三年多来本土学人的努力，这三年来我们经历了太多太多的突如其来之变，好在学术研究没有停步，一些小小的收获大略收录于此，虽然没有什么重大成果，但也可算是点滴之功吧。

第三部分"经典钩沉"中，我们共收录前人研究的经典：清人两篇，20世纪六七十年代的两篇（部）。对于萧云从的研究，前人做的虽然不算多，但却有一些经典的存在。今人做的比较多，但能称经典的却寥寥。因此，挖掘整理研究已被历史长河几近淹没的前人经典，成为我们这一次编辑《萧云从研究文丛·第二辑》的一项重要工作。这似乎是我们萧云从研究会，特别是文丛编委会同仁们的一个共识。

不过，我们知道，前人的经典也有它历史的局限，在今天博物馆与出版极度发达的时代，对这些经典进行整理修订研究是有必要的，因此，我们以目前可见的可靠资料（原始第一手资料）做对照，对这些经典进行了笺注校订，以期让这些经典更符合历史的"原貌"。

最后，我还想借此机会再阐述一下对本丛书未来的畅想，这次蒙研究会同仁们同意我提出的封面装帧效果的设想，即以赤橙黄绿青蓝紫为丛书的序列书脊色，形成系列；当然，这样做不光是寻求色彩的变化，也代表着我们对每一辑内容的求"变"、求"新"；但，我们总的编辑指导思想却是一以贯之的、不变的，那就是研究、整理、记录与萧云从相关的学术研究成果及方方面面的人与事也。

癸卯夏五月记于青弋江畔无尘居中

简讯

2023年5月，芜湖市美术馆（书画院）进行了萧云从研究会新一届组成人员的聘任，名单如下：

名誉会长：高　飞
会　　长：吴晓明
执行会长：白启忠
副 会 长：王永林　唐俊

萧云从研究会学术委员会
主　　任：高　飞
副 主 任：王永林　唐　俊
研 究 员：高　飞　顾　平　王永林　唐　俊　李丛芹
　　　　　陈　琳　杨岸森　刘诗能
委　　员：王　屹　程国栋　公丕普　祝　虹　吴　杨
　　　　　朱　寅

图书在版编目（CIP）数据

萧云从研究文丛.第二辑 / 萧云从研究会编 . -- 北京 : 北京时代华文书局 , 2024.4
ISBN 978-7-5699-4930-8

Ⅰ.①萧… Ⅱ.①萧… Ⅲ.①萧云从（1596-1673）－人物研究－文集 Ⅳ.① K825.72-53

中国国家版本馆 CIP 数据核字 (2023) 第 012547 号

XIAO YUNCONG YANJIU WENCONG（DI–ER JI）

出 版 人：陈　涛
责任编辑：李　兵
执行编辑：王　灏
装帧设计：王艾迪
责任印制：訾　敬

出版发行：北京时代华文书局 http://www.bjsdsj.com.cn
　　　　　北京市东城区安定门外大街 138 号皇城国际大厦 A 座 8 层
　　　　　邮编： 100011　电话： 010-64263661　64261528
印　　刷：北京盛通印刷股份有限公司
开　　本： 787 mm×1092 mm　1/16　　　　成品尺寸： 185 mm×255 mm
印　　张： 16.5　　　　　　　　　　　　　字　　数： 260 千字
版　　次： 2024 年 4 月第 1 版　　　　　　印　　次： 2024 年 4 月第 1 次印刷
定　　价： 79.00 元